AF875559

Fragen des deutschen und internationalen Insolvenzrechts

Schriften zum deutschen,
europäischen und internationalen
Insolvenzrecht

S-INSO Band 11

Schriften zum deutschen, europäischen und internationalen Insolvenzrecht

Herausgegeben von

Professor Dr. Stefan Smid, Kiel
Rechtsanwalt Dr. Mark Zeuner, Hamburg
Rechtsanwalt Michael Schmidt, Berlin

S-INSO Band 11

De Gruyter Recht · Berlin

Fragen des deutschen und internationalen Insolvenzrechts

Insolvenzrechtliches Symposium
der Hanns-Martin Schleyer-Stiftung
in Kiel 19./20. Mai 2006

De Gruyter Recht · Berlin

Wissenschaftliche Leitung: Professor Dr. *Stefan Smid*, Kiel
Tagungsleitung: Dr. *Silke Wehdeking*, Strande

Für die Unterstützung bei der Finanzierung der Tagung und der Herausgabe des Tagungsbandes danken Herausgeber und Verlag der Hanns-Martin Schleyer-Stiftung, der Herbert Karner GmbH, der STP AG Karlsruhe, der D. A. S. Prozessfinanzierung München, der Sparkasse Kiel (heute: Fördersparkasse, der GVI-GmbH und der August-Maria Berges-Stiftung.

∞ Gedruckt auf säurefreiem Papier,
das die US-ANSI-Norm über Haltbarkeit erfüllt.

ISBN 978-3-89949-431-0

Bibliografische Information der Deutschen Nationalbibliothek

Die Deutsche Nationalbibliothek verzeichnet diese Publikation in der Deutschen Nationalbibliografie; detaillierte bibliografische Daten sind im Internet über http://dnb.d-nb.de abrufbar.

© Copyright 2007 by De Gruyter Rechtswissenschaften Verlags-GmbH, D-10785 Berlin

Dieses Werk einschließlich aller seiner Teile ist urheberrechtlich geschützt. Jede Verwertung außerhalb der engen Grenzen des Urheberrechtsgesetzes ist ohne Zustimmung des Verlages unzulässig und strafbar. Das gilt insbesondere für Vervielfältigungen, Übersetzungen, Mikroverfilmungen und die Einspeicherung und Verarbeitung in elektronischen Systemen.

Printed in Germany
Umschlaggestaltung: Christopher Schneider, Berlin
Datenkonvertierung/Satz: jürgen ullrich typosatz, Nördlingen
Druck und Bindung: Hubert & Co., Göttingen

Inhaltsverzeichnis

Verzeichnis der Verfasser

Dr. Silke Wehdeking
Leonhardt und Partner, Kiel

Stellv. Staatssekretär Dr. Eberhard Schmidt-Elsaeßer
Minister für Justiz und Europaangelegenheiten, Kiel

Professor Dr. Stefan Smid
Christians-Albrechts-Universität zu Kiel

Diplom-Volkswirt, Rechtsanwalt und Notar Dr. Wilhelm Wessel
Lübeck

Rechtsanwalt, Banksyndikus Dr. Friedrich L. Cranshaw
Mutterstadt

Univ.-Prof. Dr. Walter H. Rechberger
Wien

Rechtsanwalt Mag. iur. Markus Stender
Wien

Rechtsanwalt und Insolvenzverwalter Peter Leonhardt
Leonhardt und Partner, Berlin und Kiel

Rechtsanwältin Dr. Solveig Lieder
Kiel

Dr. Katrin Lindenberg
Kiel

Dr. Klaus-Peter Busch, Insolvenzrichter
Detmold

Grußwort

Silke Wehdeking

Meine Damen und Herren,

ich habe heute die Freude, Sie zum Zweiten Kieler Insolvenzrechts-Symposium begrüßen zu dürfen.

Diese Veranstaltung führt Studierende, Doktoranden und Hochschullehrer der Christian-Albrechts-Universität zu Kiel und Insolvenzpraktiker zusammen, um gemeinsam mit hochrangigen Referenten Fragen des deutschen und internationalen Insolvenzrechts zu diskutieren. Dieses Konzept scheint nicht ohne Reiz zu sein, wie die rege Teilnahme auch in diesem Jahr beweist.

Die Terminierung der Veranstaltung mit der Fußballweltmeisterschaft, der Kieler Woche und der Einschätzung der diesjährigen zwei Tagen Kieler Sommer in Einklang zu bringen war nicht ganz einfach, deshalb freut uns der Zuspruch zu unserem Symposium über die Grenzen Norddeutschlands hinaus, und wir freuen uns über diejenigen unter uns, die besonders weite Anreisewege hinter sich gebracht haben, um an dieser Veranstaltung teilnehmen zu können.

Warum nicht Insolvenztag oder -tagung – von denen es ja in Deutschland nun schon einige gibt – und nun auch noch in Kiel? Warum nicht Seminar? Warum „hier" Symposium?

Die Bedeutung des Wortes „Symposium" ist aus der Übersetzung im frühen 19. Jahrhundert als „Gastmahl" bekannt, das der sophistischen Unterrichtungsform den Rahmen abgab. Gelehrte Gespräche und gemeinsame Speisen.

Die beiden Historiker *Danny Danziger* und *Nicholas Purcell* haben in ihrer ausgezeichneten Darstellung der Glanzzeit Roms unter *Hadrian* das Symposium am Kaiserhof in Tivoli beschrieben. Um 120 nach Christi Geburt hatte man sich unter einem Symposium ein Gelage vorzustellen, in dem die Speisen rasch durch den Genuss eines zwar verdünnt, aber in erheblichen Mengen getrunkenen Weines abgelöst wurde – was den Verlauf der Gespräche nach Danzigers und Purcells Quellenstudium in nicht unerheblicher Weise beeinflusst haben soll.

Damit muss ich Sie an dieser Stelle nun schon mit der ersten – aber hoffentlich letzten – Enttäuschung dieses Tages konfrontieren. Die Einheit, die sowohl das griechische als auch das hadrianische Symposium ausgemacht hat, ist heute zerbrochen – und zwar bewusst und gewollt. Ob die *Götter* die Arbeit vor den Wein gestellt haben, will ich offen lassen – seien Sie aber versichert, dass die Veranstalter diese Reihenfolge hier strikt einhalten werden.

Für Ihre Enthaltsamkeit werden Sie reich belohnt. Es ist uns auch in diesem Jahr gelungen, hervorragend ausgewiesene Insolvenzrechtler aus dem In- und Ausland für diese Veranstaltung zu gewinnen. Ich möchte aber an dieser Stelle nicht auf inhaltliche Dinge vorgreifen, hierzu wird noch etwas gesagt werden, wenn das thematisch Gemeinsame der Vorträge zur Sprache gebracht wird.

Last but not least freue ich mich, dass dieses Symposium wieder unter der Schirmherrschaft des Herrn Justizministers steht, der heute verhindert ist und an dessen Stelle ich Herrn stellv. Staatssekretär Dr. *Schmidt-Elsaeßer* begrüßen darf. Leider ist auch der Herr Dekan der Juristischen Fakultät der Christian-Albrechts-Universität, Herr *Jikeli* verhindert, er nimmt an einer Tagung teil, zu der über die Zukunft der Norddeutschen Bundesstaaten diskutiert wird.

Ich räume nun Ihnen, Herr Staatssekretär, gern den Platz für Ihr Grußwort.

Grußwort

Eberhard Schmidt-Elsaeßer

Sehr geehrter Herr Professor Smid,
sehr geehrte Damen und Herren,

ich begrüße Sie im Namen der Landesregierung, insbesondere im Namen von Justizminister Uwe Döring und Staatssekretär Peter Nissen, sehr herzlich zum Kieler Insolvenzrechts-Symposium!

Meine Damen und Herren,

„einmal ist keinmal“, heißt es, aber mit dem zweiten Mal beginnt bekanntlich eine Tradition. Das nunmehr zum zweiten Mal veranstaltete Symposium scheint demnach auf einem guten Weg zu sein. Das ist schon deshalb erfreulich, weil das Insolvenzrecht nach wie vor ein besonders heißes Pflaster der Rechtspolitik ist und der Diskussionsbedarf entsprechend hoch. Dies belegt schon der flüchtige Blick in die Zeitungen und Zeitschriften der letzten Wochen und Monate. Ich möchte – aus aktuellem Anlass und wegen der Kürze der Zeit – nur zwei Themen kurz ansprechen:

Das Anfechtungsrecht des Insolvenzverwalters und die Reform des Verbraucherinsolvenzrechts.

Meine Damen und Herren,

das Insolvenzrecht bezweckt laut § 1 Satz 1 InsO die möglichst gerechte Befriedigung der Gläubiger und die Sanierung eines Unternehmens. Darüber hinaus soll sich nach Satz 2 der redliche Schuldner von seinen Schulden befreien können. Ich möchte ein Insolvenzrecht auch in Zukunft erhalten, das diesen Zwecken gerecht wird. Dazu muss das Insolvenzrecht nach Möglichkeit von Wertungen, die dem Insolvenzrecht fremd sind, freigehalten werden. Insbesondere sollte die Gleichbehandlung der Gläubiger nicht aufgehoben oder relativiert werden. Genau dies wäre der Fall bei der Einführung von Privilegien der öffentlich-rechtlichen Gläubiger beim Anfechtungsrecht nach den §§ 129 ff. InsO.

Ich verkenne nicht die Nöte der Sozialversicherungsträger. Als ehemaliger Abteilungsleiter im Finanzministerium ist mir auch die Leere der öffentlichen Kassen nur allzu gut bekannt. Dennoch glaube ich, dass die Gläubigergleichbehandlung als Grundsatz beibehalten werden muss. Auch private Haushalte sind oft Not leidend. Es entstünde ein fragwürdiger Eindruck, wenn sich die öffentliche Hand kraft ihrer Gesetzgebungsmacht hier eine bessere Behandlung ausbedingen würde. Darüber hinaus lehrt die Erfahrung, dass ein Unternehmen nur mit Hilfe einer massegenerierenden Anfechtung saniert werden kann und Arbeitsplätze erhalten werden können. Dadurch wird nicht nur eines der Ziele des Insolvenzrechts erreicht, sondern die Steuern und Sozialabgaben des geretteten Unternehmens entlasten auf Dauer auch die öffentlichen Haushalte.

Meine Damen und Herren,

ich werde mit dem eben Vorgetragenen bei den meisten von Ihnen vermutlich keinen Widerspruch ernten. Dies könnte bei meinen Gedanken zur geplanten Reform des Verbraucherinsolvenzrechts vermutlich anders sein: Denn gerade die Insolvenzrechtspraktiker sehen die geplanten Änderungen, namentlich die Abschaffung der Stundungsregelung des § 4a InsO mit gemischten Gefühlen. Gerade vor dem Hintergrund vieler kritischer bis ablehnender Stimmen möchte ich folgenden Punkt betonen: Bei den meisten Verbraucherinsolvenzen erhalten die Gläubiger aus der Masse keinen Cent. Entweder ist gar keine Masse vorhanden oder die Masse reicht gerade, um die Verfahrenskosten abzudecken. Welchen Sinn hat in solchen Fällen das aufwändige und teuere Verbraucherinsolvenzverfahren, wenn keiner der Hauptzwecke des Insolvenzrechts erreicht werden kann, also weder Gläubigerbefriedigung noch eine Sanierung? Wenn diese Verfahren nur der Restschuldbefreiung dienen, was läge näher, als ein auf diesen Zweck zugeschnittenes Verfahren zu schaffen?

Genau dies soll mit dem Entwurf für ein „Gesetz zur Entschuldung völlig mittelloser Personen" geschehen. Dieses Verfahren wird kein Gesamtvollstreckungsverfahren sein. Da es keine Verteilungsmasse gibt, muss auch kein Treuhänder eingesetzt werden. Die Insolvenzordnung bietet nur den Rahmen, in dem Gläubiger und Schuldner sich zu bewegen haben. Es ist Sache des Schuldners, sich durch Redlichkeit und Erfüllung seiner Obliegenheiten die Entschuldung zu verdienen, und Sache der Gläubiger, den Schuldner dabei zu überwachen. Ich meine, dieses Modell ist nicht nur Ausdruck von Sparzwängen, sondern entspricht auch dem Menschenbild des Grundgesetzes. Denn grundsätzlich ist jeder selbst verantwortlich für die Gestaltung seines Lebens. Ist jemand – aus welchen Gründen auch immer – hoch verschuldet, so sollte grundsätzlich dem Betroffenen selbst die Aufgabe zufallen, sich wieder aus dem Schlamassel zu befreien. Letztlich ist das Entschuldungsverfahren Ausfluss des Subsidiaritätsprinzips. Der Staat soll nur eingreifen, wenn anderweitige Hilfe, insbesondere Selbsthilfe, keinen Erfolg verspricht.

Meine Damen und Herren,

mit diesem Gedanken möchte ich enden – schließlich bedeutet Subsidiarität im Lateinischen auch *„zurücktreten"*, was mir angesichts des auf diesem Symposium versammelten Sachverstands besonders leicht fällt. Ich wünsche Ihnen allen ein ertragreiches Symposium und lebhafte Diskussionen!

Herzlichen Dank!

Insolvenzrecht: Etatistisches Ordnungsinstrument oder Freiraum für Rechtsgestaltung – zum Verbindenden disparat anmutender Themenkreise

Stefan Smid

Dieses Symposium stellt Themen zur Erörterung, die der flüchtigen Betrachtung zufällig zu sein scheinen, jedenfalls aber eines inneren Zusammenhangs entbehren. Es wäre zu weit gefasst, sollte als Bindeglied der heute und morgen erörterten Fragen unterstellt werden, sie beträfen das Recht. Erlauben Sie mir daher bitte diese einführenden Bemerkungen, die zugleich die Referenten kurz vorstellen sollen.

I.

Wenn das europäische Recht einen Vorrang vor dem autonomen deutschen Recht genießt – und dies vorbehaltlich der Maastricht-Entscheidung des BVerfG[1] jedenfalls in Deutschland ist der Fall, weil das letztere an das erste gebunden ist –, dann lässt es sich nicht leugnen, dass vom europäischen Recht grenzüberschreitender Insolvenzen (der EuInsVO) nicht unerhebliche Anpassungswirkungen auf die nationalen Insolvenzrechte ausgehen.[2] Vor fast einem Jahr ist dies Thema des Ersten Kieler Insolvenzrechtssymposiums gewesen[3]; auch in diesem Jahr 2006 wird dies leitmotivisch anklingen. Es erscheint mir nicht allein aus regionalen Gründen bedeutsam, dass wir diese Fragen hier im Kontext eines Bereichs zur Sprache bringen, der außerhalb des europäischen Horizonts des Recht grenzüberschreitender Insolvenzen zu liegen scheint – und doch mitten in Europa liegt. *Lars Lindencrone Petersen*, Richter an einem höchsten Gericht Dänemarks und Universitätsprofessor, wird zu uns über das dänische Insolvenzrecht sprechen, dessen Fortentwickler er als Lehrbuchautor und dessen Kommentator er ist. Die EuInsVO gilt nicht in Dänemark[4], das aus allen historischen und geographischen Gründen für Schleswig-Holstein von größter Bedeutung ist. Das dänische Recht ebenso wie das Recht anderer EU-Staaten ist aber – wenn auch nicht an positiv-gesetzliche Regelungen, so aber an die – Standards des europäischen Rechts gebunden. Das ist übrigens

---

1 BVerfGE Bd. 89, 155.

2 Ich habe dies für das internationale europäische Insolvenzrecht früh behauptet: *Smid*, Europäisches internationales Insolvenzrecht, 2002, § 2 Rn. 2.

3 *Konecny*, Probleme grenzüberschreitender Insolvenzen, in: *Smid* (Hrsg.), Neue Probleme des deutschen und internationalen Insolvenzrechts, 2006, 106 ff.

4 Art. 1 und 2 des Protokolls über die Position Dänemarks, das dem Vertrag über die EU und dem EGV beigefügt ist, EuInsVO Erwägungsgrund Nr. 32.

dem dänischen Insolvenzrecht, für das hier mit Fug und Recht *Lars Lindencrone Petersen* stehen und sprechen wird, sehr vertraut – weshalb er – weltweit von Changcha[5] und Beijing bis Kiel und Wien Gehör findet. In Dänemark nicht anders als in anderen europäischen Rechtsordnungen ist das Wissen um – altertümlich, aber mir liebgewonnen ausgedrückt: das *proprium* des Insolvenzrechts präsent. Damit sind solche strukturbildenden Regelungen angesprochen, ohne die Verfahren nicht denkbar sind, in denen die bürgerlichrechtliche allseitige Haftungsordnung[6] im Fall der Insolvenz eines Schuldners zu Ungerechtigkeiten führen würde. Ich spreche dabei sowohl solche Grundregeln an, die nicht nur auf einer *zufälligen* Entscheidung europäischer Institutionen beruhen, sondern von anderen supranationalen Institutionen als für die Konstitution eines funktionstüchtigen *und* gerechten Insolvenzrechts wesentlich angehen werden – und über die in den Ausarbeitungen der *UNCITRAL*[7], der *World Bank*[8] oder des *Weltwährungsfonds*[9] gestritten wird, wenn es um die Maßstäbe geht, die bei der Beurteilung der Standards zugrundezulegen sind, wenn es um die Kreditwürdigkeit eines Staates aufgrund des Grades der *sophistication* seiner Rechtsordnung geht. Auch Dänemark, das seine Vorbehalte gegenüber dem Inkrafttreten ausgeübt hat, die ihm aufgrund Art. 1 und 2 des Protokolls über die Position Dänemarks, das dem Vertrag über die EU und dem EGV beigefügt ist[10], zustehen, kann sich der normativen Kraft dieser Strukturen nicht entziehen – im Gegenteil – wie die Arbeiten *Lars Lindencrone Petersens* eindrucksvoll deutlich machen, macht sich das dänische Recht diese prägenden Strukturen im Gegenteil zu Eigen.

Erlauben Sie mir, dies gleichsam in Gestalt eines Syllogismus zu formulieren, dessen Unvollkommenheit ich Sie mir nachzusehen bitte.

Das europäische Insolvenzrecht steht in einer eigenartigen Wechselbeziehung zu den autonomen nationalen Insolvenzrechten. Es bestärkt dabei die Geltung von Rechtsgrundsätzen, die für die nationalen Insolvenzrechte tragend sind.

Das dänische Insolvenzrecht steht zwar außerhalb des Geltungsbereichs des für das Feld grenzüberschreitender Insolvenzen geltenden positiv-gesetzlichen europäischen Rechts. Da es aber allgemeinen europäischen Rechtsstandards zwingend verpflichtet ist, gibt es eine gemeinsame Grundlage, auf der die Lösungen des dänischen Insolvenzrechts und die der Insolvenzrechte seiner Nachbarstaaten als richtig, angemessen und gerecht angesehen werden können.

Daher kommt das europäische Insolvenzrecht – vermittelt – auch für die Auslegung des dänischen Rechts zur Geltung.

---

5 Die Hauptstadt Hunans, in der Mao Tsetung ein Lehrerseminar besuchte. Dort habe ich auf einem Hearing des National Peoples Congess *Lars Lindencrone Petersen* kennengelernt.

6 *Häsemeyer*, Insolvenzrecht, 3. Aufl. 2003 Rn. 1.14 ff.

7 UNCITRAL Legislative Guide on Insolvency Law, New York 2005 (www.uncitral.org.pdf).

8 extsearch.worldbank.org

9 Vgl. nur *Rogoff/Zettelmeyer*, Bankruptcy procedures for Sovereigns, IMF Staff Paper Vol. 49 Nr. 3.

10 EuInsVO, Erwägungsgrund Nr. 33.

Es fehlt mir schlicht an jedwedem rechtstatsächlichem Material, ob (das halte ich für wahrscheinlich) und in welchem Umfang (davon habe ich gar keine Vorstellung) es im „Grenzland" Schleswig-Holstein zu grenzüberschreitenden dänisch-deutschen Insolvenzen kommt. Der freie Verkehr von Waren und Dienstleistungen innerhalb der EU lässt solche Fälle keinesfalls als Ausnahmen erscheinen. Dies zeigt die vorliegende Judikatur – übrigens des OLG Frankfurt/M.[11]

Aus der Sicht des deutschen autonomen internationalen Insolvenzrechts, das in Fällen dänisch-deutscher grenzüberschreitender Insolvenzverfahren von den deutschen Gerichten zu berücksichtigen ist[12], stellt sich im übrigen die Rechtslage durchweg weitaus weniger dramatisch von derjenigen unterschieden dar, die in übrigen europäisch-grenzüberschreitenden Insolvenzverfahren zu berücksichtigen ist, in denen die EuInsVO als unmittelbar geltendes Recht[13] zur Anwendung gelangt.

In Schweden gilt die EuInsVO unmittelbar. Es ist reizvoll, die Ausführungen zum dänischen Recht zu ergänzen, vielleicht zu kontrastieren mit einem Blick auf die brandneuen schwedischen Ausführungsregeln zur EuInsVO. Dazu werden wir einen vorbereiteten Diskussionsbeitrag *Katrin Lindenbergs* hören. Da die EuInsVO europäisch autonom auszulegen, diese Auslegung dem EuGH anvertraut und von ihm jüngst Anfang Mai in Sachen Eurofood zu Fragen des Mittelpunkts des hauptsächlichen Interesses, des Prioritätsgrundsatzes im Lichte europäischen Vertrauens und des ordre publique im grenzüberschreitenden europäischen Insolvenzverfahrens für die Insolvenzpraxis unmittelbar bedeutsam wird, werden wir einen weiteren vorbereiteten Diskussionsbeitrag *Solveig Lieders* hören.

II.

Das europäische Recht grenzüberschreitender Insolvenzen lenkt den Blick auf das Wesentliche – und öffnet nicht zuletzt damit dem Denken zwischen Rechtsdogmatik und Rechtspolitik neue Perspektiven.

Soweit die bisherigen Überlegungen darin Zustimmung erfahren, dass die europäische Kodifikation von Regeln grenzüberschreitender Insolvenzen für das Verständnis allgemein-strukturierender Grundsätze eines jeden (jedenfalls eines jeden „europäischen") Insolvenzrechts bedeutsam ist, wird die Frage danach spannend, welches denn diese Grundregeln seien. Auch wer die Beschränktheit „positivistischer" Argumentationen bedenkt, sieht nach der Eurofood-Entscheidung des EuGH sogleich, dass Insolvenzrecht im Kern das Recht der allseitigen Haftungsverwirklichung ist – das durch die Einrichtung eines Gesamtverfahrens mit Gesamtbeschlag über das Schuldnervermögen gekennzeichnet wird.

---

11 OLG Frankfurt/M., B. v. 24.1.2005, 20 W 527/04.

12 *Smid,* Deutsches und europäisches internationales Insolvenzrecht, Kommentar, 2004, Vor § 335 InsO Rn. 2–4.

13 *Smid* (Fußn. 12) Vor Art. 1 EuInsVO Rn. 4.

Wolfram Henckel hat vor sechsunddreißig Jahren[14] darauf aufmerksam gemacht, dass gleichsam am gemeinsamen Beginn von materiellem Recht und seiner Verwirklichung in den verschiedenen zivilgerichtlichen Verfahren die Frage nach der Rechts- ebenso wie der damit korrespondierenden Parteifähigkeit steht. Zweiunddreißig Jahre später hat *Wolfram Henckel*[15] dann darauf aufmerksam gemacht, dass im Bereich des Insolvenzrechts der Ausdruck der *Insolvenzfähigkeit* wirklich insignifikant sei – da eine jede auch nur peripher am Wirtschaftsleben teilnehmende rechtliche Entität insolvent – die fälligen Verbindlichkeiten zu begleichen unfähig werden kann. Er hat vorgeschlagen, stattdessen von Insolvenzverfahrensfähigkeit zu sprechen. Denn ob mit Hoheitsakt – wie der EuGH im Eurofood-Urteil uns nun erkennen lässt: in Deutschland: dem Eröffnungsbeschluss gem. § 27 InsO – eine Vermögensbeschlagnahme in einem insolvenzrechtlichen Gesamtverfahren statthaft ist, hängt von den Entscheidungen des jeweiligen Rechts ab.

Dies sei an zwei Beispielen verdeutlicht: Lange war in Belgien die Eröffnung des Konkursverfahrens über das Vermögen natürlicher Personen nicht statthaft, während in Nordamerika chapter 9 des nordamerikanischen bankruptcy codes die Eröffnung des Insolvenzverfahrens über Gemeinden regelt.

Sowohl die Regelungsvorschläge des UNCITRAL-model law on cross border insolvencies als auch die EuInsVO schränken die Geltungsweite ihrer Regelungen oder Vorschläge – vereinfacht ausgedrückt – auf die Insolvenz bestimmter Privatrechtssubjekte ein. Finanzdienstleistungsunternehmen, deren Insolvenz Sonderregelungen folgt, die im Ersten Kieler Insolvenzrechtssymposium *Dr. Klaus Pannen* eindrucksvoll in Erinnerung gerufen hat[16]. Die EU hat nämlich in Richtlinien die Insolvenz von Finanzdienstleistungsunternehmen – Banken und Versicherungsunternehmen – gesondert geregelt, weil deren Tätigkeit von außerordentlichem öffentlichen Interesse sind: Sowohl wirtschaftliche als auch politische Folgen im europäischen ebenso wie im innerstaatlichen Raum wären unabsehbar, wollte man die Insolvenz dieser Unternehmen allgemeinen Regelungen des Insolvenzrechts unterwerfen.

Was für Banken und Versicherungen allgemein fraglos anerkannt wird, trifft vordergründig „erst recht" – a maiore ad minus – auf juristische Personen des öffentlichen Rechts zu. Daraus kann aber zunächst nur darauf geschlossen werden, dass juristische Personen des öffentlichen Rechts ebenso wie Finanzdienstleistungsunternehmen besonderen insolvenzrechtlichen Regelungen unterworfen werden sollten. Ein Satz *apriori*, juristische Personen des öffentlichen Rechts seien an sich nicht insolvenzverfahrensfähig, lässt sich indes nicht deduzieren.

In der Tat. Bislang trifft das deutsche Insolvenzrecht eine eigenartige Regelung, aus der nicht ohne weiteres auf die Abwesenheit einer Insolvenzverfahrensfähigkeit juristischer Personen des öffentlichen Rechts geschlossen werden kann. § 12

14 *Henckel*, Parteilehre und Streitgegenstandsbegriff im Zivilprozeß, 1961, bes. 37 ff.
15 *Henckel* ZIP 2000, 2045, 2046.
16 *Pannen*, Bankenkrise: Insolvenz, Reorganisation und Sanierung, in: *Smid* (Fußn. 3) 34 ff.

InsO bestimmt in seinem Abs. 1, dass das Insolvenzverfahren über das Vermögen des Bundes oder eines Landes von vornherein unzulässig ist. M.a.W. gibt es keinen Staatsbankrott zugunsten der betroffenen Gläubiger. Gerade hierüber wird Dr. *Friedrich L. Cranshaw* sprechen; nur am Rande sei daran erinnert, dass der Bankrott der DDR in der jüngsten deutschen Geschichte mit § 40 DMBilG eine Regelung hervorgebracht hat, mit der die Haftung des übernehmenden Staates als wirtschaftlichem Rechtsnachfolger geregelt wurde.

Weiter bestimmt bekanntlich § 12 Abs. 1 InsO in seiner Nr. 2, dass eine juristische Person des öffentlichen Rechts, die der Aufsicht eines Landes untersteht, dann – und nur dann – nicht insolvenzverfahrensfähig ist, wenn das Landesrecht dies bestimmt.

Juristische Personen des öffentlichen Rechts sind alle Körperschaften des öffentlichen Rechts, die keine staatliche Verfassung haben, also öffentlich-rechtliche Anstalten, Städte, Gemeinden[17] und andere Gebietskörperschaften wie Kreise und Bezirke, öffentlich-rechtliche Stiftungen, Kammern freier Berufe. Ebenso gelten diese gesetzlichen Regelungen für Gemeindeverbände und für Zweckverbände von Gemeinden[18].

Dadurch soll eine Weiterführung der Verwaltung und Versorgung der Bevölkerung gewährleistet werden.[19] Nun ist dieser topos aber für sich genommen augenfällig durchaus nicht tragfähig.

Umgekehrt versagt freilich ein allein positivistisch begründetes Argument, grundsätzlich seien nach § 11 Abs. 1 InsO auch juristische Personen des öffentlichen Rechts insolvenzverfahrensfähig. § 12 Abs. 1 InsO träfe bislang nur eine nähere Regelung der Insolvenzverfahrensfähigkeit dieser juristischen Personen.[20] Die inneren Differenzierungen zeigen bereits an, dass nach den eigentlichen Sachgesichtspunkten bei dem einzelnen Träger hoheitlicher Entscheidungsgewalt in differenzierender Weise nachzufragen ist.

In diesem Symposium wird es um einen Sonderfall gehen – die Insolvenz von Gemeinden, deren Insolvenzverfahrensfähigkeit ausdrücklich durch die deutschen Gemeindeordnungen im krassen Gegensatz zu chapter 9 bankruptcy code ausgeschlossen ist. Hier ist nicht der Ort, die gegenwärtige wirtschaftliche, fiskalische und politische Lage einer Beurteilung zu unterziehen. Wenige Eckpunkte seien aber markiert:

Die Finanzlage der deutschen Gemeinden ist schwierig. Das „Dresdner Modell" einer Haushaltssanierung durch Verkauf von „assets" scheint nicht verallgemeinerungsfähig zu sein, zumal sich fragt, ob damit auf mittlere Sicht die eigentlichen

---

17 *Fink*, ZinsO 1999, 127 ff. zur Durchsetzung von Darlehensansprüchen gegen zahlungsunfähige Gemeinden.
18 LG Halle, B. v. 15.7.1998, 58 N 164/98, DZWIR 1999, 258; *Kuhn/Uhlenbruck*, KO, § 213 RdNr. 2; vgl. auch *Jaeger/Weber*, KO, § 213 Anm. 2 f.
19 *Smid*, Insolvenzordnung. Kommentar, § 12 Rn. 3.
20 *Smid*, Insolvenzordnung. Kommentar, § 12 Rn. 2.

Probleme in den Griff zu bekommen sein werden. Diese liegen in der Kopflastigkeit von Verwaltungen und der Hypertrophie von kommunalen Aufgaben. Das Insolvenzrecht hält Mittel bereit, auf beiden Feldern Einschnitte vornehmen zu können.

Wer ihn kennt, ist nicht überrascht, dass Dr. *Wilhelm Wessel* diesen Fragen mehr als seine Aufmerksamkeit widmet. *Wilhelm Wessel* hat mit seiner hamburger Dissertation zum Sachverständigen im Insolvenzverfahren[21] Neuland betreten (noch bevor Insolvenzrecht zur „Modeerscheinung" wurde) und rechtsdogmatisch vermessen; seit deren Erscheinen hat sich das Gesetzesrecht verändert; seine Ausführungen haben eher an Bedeutung gewonnen. Sich als weit über Schleswig-Holstein hinaus in ganz Deutschland bekannter und anerkannter Insolvenzverwalter mit der Finanzkrise von Gemeinden zu beschäftigen, zeugt indes nicht allein von professionellem Interesse – sondern – es sei dieses Bekenntnis gewagt – von nichts weniger als gelebtem Bürgersinn. Der Streit um seine Positionen zur Finanzkrise der Gemeinden im Einzelnen mag diesen Befund eher zu belegen als ihn zu widerlegen.

Die Vorträge von Dr. *Wilhelm Wessel* und Dr. *Friedrich L. Cranshaw* versprechen, aufregend zu sein – denn sie lassen nicht nur rechtspolitische Forderungen erwarten, die nicht nur angesichts der deutschen Wirklichkeit mehr Enttäuschungen als Problemlösungen erwarten ließen. Denn es ist angesichts der verfassungsrechtlichen Garantie der gemeindlichen Autonomie in Art. 28 GG überzeugend, dass eine Gemeinde jedenfalls nicht in der Weise einer privatrechtlich verfassten GmbH insolvenzverfahrensfähig sein kann – der Streit wird im Schrifttum im übrigen bereits darüber geführt, wieweit in privatrechtlicher Form organisierte juristische Personen insolvenzverfahrensfähig sein können, derer sich die Gemeinden bei der Erfüllung ihrer Aufgaben bedienen. Interessant ist freilich, welche Instrumentarien des Insolvenzrechts besondere Verfahren für die Abwicklung einer Insolvenz der Gemeinden genutzt werden können.

An dieser Stelle wird deutlich, dass es bei der Frage nach der Insolvenz von Gemeinden darum geht, ob und inwieweit die privatrechtlichen Instrumentarien des Insolvenzrechts an die Stelle einer staatlichen Aufsicht treten können – was es besonders den betroffenen Gläubigern ermöglicht, ihre Rechte geltend zu machen.

Im Rahmen dieses Symposiums geht es *Wilhelm Wessel* darum, wie die Arbeitsweise des Insolvenzverwalters für die Beilegung von gemeindlichen Finanzkrisen nutzbar gemacht werden kann. Dr. *Friedrich L. Cranshaw*, ein durch seine monolithische Monographie zum Zusammenhang von EU-Beihilfen und Insolvenzrecht[22] ausgewiesener Experte, wird die von Dr. *Wilhelm Wessel* aufgeworfenen Fragen aus der Sicht der Kreditwirtschaft – namentlich kommunal ausgerichteter Kreditinstitute – beleuchten.[23]

---

21 *Wessel,* Der Sachverständige im Konkurseröffnungsverfahren, 1993.

22 *Cranshaw,* Einflüsse des europäischen Rechts auf das Insolvenzverfahren, 2006.

23 Sein Vortragsthema hat *Cranshaw* mittlerweile auch monographisch ausgearbeitet: Insolvenz- und finanzwirtschaftliche Perspektiven der Insolvenz von juristischen Personen des öffentlichen Rechts, insbesondere Kommunen, 2007.

III.

Die Gläubigersicht ist nämlich viel wichtiger, als es in der deutschen Insolvenz*praxis* häufig erscheinen mag. Im grenzüberschreitenden Insolvenzverfahren stellen sich Fragen, die unmittelbar auf die Gläubigerautonomie verweisen – aber sich nicht ohne weiteres lösen lassen:

So ist es problematisch, in welcher Weise denn die Forderungen eines Insolvenzverfahrens über das schuldnerische Vermögen im Mitgliedsstaat A in dem über das schuldnerische Vermögen im Mitgliedsstaat B berücksichtigt werden können. Nach Art. 32 Abs. 2 EuInsVO melden die Verwalter des Hauptinsolvenzverfahrens und der Sekundärinsolvenzverfahren in den anderen Verfahren die Forderungen an, die in dem Verfahren, für das sie bestellt sind, bereits angemeldet worden sind.[24] Diese Vorschrift korrespondiert mit Art. 20 EuInsVO.[25] Die Frage, nach welchen Kriterien und wie die angemeldeten Forderungen zu prüfen sind, ist dunkel. Vorschläge wie der, eine „europäische Gläubigerversammlung" zu institutionalisieren, sind nicht ohne Reiz, erscheinen aber bei näherer Prüfung etwas vorschnell.

In dieser Lage erscheint eine Rückbesinnung auf allgemeine Strukturen hilfreich. Wenn nämlich insbesondere das Recht europäisch-grenzüberschreitender Verfahren heute deutlich macht, dass die streitige Durchsetzung von Forderungen vor den staatlichen Gerichten der Mitgliedsstaaten auf Schwierigkeiten eigener Art stoßen kann, wird die Frage nach Schiedsverfahren im Insolvenzverfahren attraktiv, der Prof. Dr. *Walter Rechberger* nachgehen wird. Prof. Dr. *Walter Rechberger* muss man dem deutschen Zivilprozessualisten nicht vorstellen. Langjähriges Mitglied des Vorstandes der Vereinigung der Zivilprozessrechtslehrer, in der österreichische, deutsche und schweizerische Prozessualisten zusammenkommen, langjähriger Dekan des Juridicum zu Wien, Verfasser einer großen Zahl vielbeachteter verfahrensrechtlicher Lehrbücher – neben anderen eines Lehrbuchs des Konkursrechts – ist Prof. Dr. *Walter Rechberger* wie kein anderer berufen, das Verhältnis von Schiedsverfahren und Konkurs zu beleuchten – und im Zusammenhang ihrer historischen und systematischen Bezüge zu erklären. Bei einem Gespräch über das Verfahren der Gruppenbildung nach dem Insolvenzplan deutschen Rechts merkte er einmal an, hier finde sich die Wiederkehr der itio in partes des Verfassungsrechts des alten (Heiligen Römischen) Reichs; *Rechberger* überzeugt durch den Reichtum historischer und systematischer Konnotationen, die auf den Reichtum der eigenen Rechtsentwicklung ebenso zurückgreift, die das österreichische Recht genommen hat, wie auf die tiefe Auseinandersetzung mit den Spezifika, die das deutsche Recht auszeichnen.

Auf der Grundlage des *rechbergerschen* Vortrages werden im Workshop I die Herren Rechtsanwälte Dr. *Lucas Flöther* und Mag. iur. *Marcus Stender* mit Vorträgen zu Fra-

---

24 *Smid* (Fußn. 12) Art. 32 EuInsVO Rn. 4 ff.
25 *Smid* (Fußn. 12) Art. 20 Rn. 15 ff.

gen der „Arbitrage im grenzüberschreitenden Insolvenzverfahren – Techniken der ‚Kooperation'" die Diskussion anregen.

IV.

Die Gläubigerinteressen stehen im deutschen Insolvenzrecht aber überhaupt durch die Ausgestaltung des Verfahrens selbst auf dem Spiel. Der Gesetzgeber hat in der Insolvenzrechtsreform freilich das Ziel der Stärkung der Gläubigerautonomie verfolgt[26] – mit welchem Erfolg, mag hier vorerst dahinstehen. Er hält in den gegenwärtigen Reformansätzen daran fest.[27] Das durch die Inanspruchnahme des Insolvenzgeldes als Mittel der Massemehrung über seine eigentliche Funktion hinaus zeitlich stark ausgedehnte deutsche Eröffnungsverfahren wird von vielen in Europa als hypertroph empfunden. Hier ist nicht der Ort, diesem Gedanken nachzugehen; es mag die Notiz genügen, dass in diesem zeitlich ausgedehnten Eröffnungsverfahren die Selbstbestimmung der Gläubiger ausgehebelt, an den Rand gedrängt und durch *fait accomplits* in ihrem Kernbereich getroffen zu werden droht.[28]

Das ist an sich bereits ein beunruhigender Befund. Es ist weder das Geld des Gerichts noch gar des Verwalters, um das es geht – vielmehr wird das der Zwangsvollstreckung unterworfene Vermögen des Schuldners *den Gläubigern* durch den mit Eröffnungsbeschluss ausgesprochenen Insolvenzbeschlag haftungsrechtlich zugewiesen.[29] Wären wir in Bayern, genügte der Hinweis – „wer zahlt, schafft an".

Ohne die Gläubiger lassen sich Verfahren freilich nicht abwickeln, in denen die Verwertung der Masse im übrigen nicht ohne Schwierigkeiten möglich wäre. Regelmäßig finden sich in der Unternehmensinsolvenz kaum werthaltige Vermögensgegenstände, deren Verwertung im Rahmen einer Liquidation des Vermögens des Schuldners sich wirklich lohnte. Und übertragende Sanierungen setzen voraus, dass sich überhaupt ein Erwerber findet – und sich ein Unternehmenswert feststellen lässt. *Peter Leonhardt* hat nicht nur im bundesweit bekannt gewordenen Fall der Herlitz-AG Sanierungen in solchen Lagen *against the odds* verwirklicht; er hat Insolvenzpläne *der Sache nach* verhandelt, bevor dieses Instrument Eingang in das Gesetz gefunden hat. Er wird über „Voraussetzungen erfolgreicher Unternehmenssanierungen in der Insolvenz" sprechen und dabei auf weit über drei Jahrzehnte Sanierungspraxis zurückgreifen. Ohne seinem Vortrag vorgreifen zu wollen, zeigen diese Erfahrungen jedenfalls, dass erfolgreiche Sanierungen darauf beruhen, dass der Insolvenzverwalter sich intensiv mit den Gläubigern abstimmt. Eine Sanierung gegen die Gläubiger würde nicht allein der Aufgabe des Verfahrens

---

26 Allg. Begr. InsO BT-Drucks. 12/2443 S. 99.

27 InsolvenzverfahrensvereinfachungsG Art. 1 Nr. 24 m. Anm. *Smid,* in: *ders.,* Große Insolvenzrechtsreform 2006, 193, 218.

28 *Smid,* in: Sechster Leipziger Insolvenzrechtstag, 2005 „Richtermacht", „Insolvenzverwaltermacht" und Gläubigerautonomie, 47 ff.

29 *Häsemeyer* (Fußn. 6).

nicht gerecht, weil sie die Rechtspositionen der Gläubiger missachten würde – was im geltenden Recht in den komplizierten Regelungen des § 245 InsO zum Ausdruck kommt; sie wäre im übrigen kaum erfolgversprechend. Noch *vor* dem Erlass des Eröffnungsbeschlusses müssen sich alle Verfahrensbeteiligten unter Einschluss des Gerichts darüber Klarheit verschaffen, welche Maßnahmen zur Verfahrensabwicklung sinnvoll und von mehrheitlicher Unterstützung durch die Gläubiger getragen sind.

Ob die Gläubiger auf den Gang des Verfahrens Einfluss nehmen können, hängt daher wesentlich davon ab, ob das Insolvenzgericht *frühzeitig* den Gläubigern die Teilnahme ermöglicht, die im übrigen von Verfassungs wegen geboten erscheint. *Dr. Peter Busch* praktiziert mit Erfolg als Insolvenzrichter in Ost-Westfalen die frühzeitige Kontaktaufnahme des Insolvenzgerichts mit den bekannten Gläubigern bereits im Eröffnungsverfahren. Dieses „Detmolder Modell" ist – wie könnte es bei guten Ideen anders sein – heftig angefeindet worden. Das Hauptargument dagegen lautet, es seien zu einem frühen Zeitpunkt doch nicht *alle* Gläubiger dem Gericht bekannt, das „Detmolder Modell" bevorzuge einseitig „Großgläubiger". Zudem könnten deren Vorschläge gar nicht berücksichtigt werden, da dann der Verdacht bestünde, der zu berufende Insolvenzverwalter sei von den Gläubigern in unangemessener Weise abhängig. Eines aber ist gewiss. Sicher darf nur eine die Anforderungen des § 56 Abs. 1 InsO erfüllende Person zum Insolvenzverwalter im konkreten Fall berufen werden.

V.

Die Diskussion insbesondere über die Auswahl des Verwalters hat den Gesetzgeber auf den Plan gerufen. Mehr noch. Betrachtet man die drei großen Gesetzgebungsvorhaben auf dem Gebiet des Insolvenzrechts, die derzeit von der Justizministerkonferenz bzw. bereits in den zuständigen parlamentarischen Gremien diskutiert werden, scheint nicht weniger als eine Generalrevision des deutschen Insolvenzrechts anzustehen. Wie im Ersten Kieler Insolvenzrechtssymposium haben wir auch in diesem Jahr Herrn Ministerialrat Dr. *Klaus Wimmer* gewinnen können, uns in den Sach- und Streitstand der gegenwärtigen Reformbemühungen auf dem Felde des Insolvenzrechts einzuführen.

VI.

Diese einleitenden Randglossen zu Sachfragen, die mit den hier zu behandelnden Themen angeschnitten werden, seien hier zur Diskussion gestellt – die Referenten bieten jede Gewähr dafür, dass ihre Vorträge ganz eigene Fragen aufwerfen. Eines mag aber deutlich geworden sein. Die Themen dieses Symposiums decken ein weites Feld ab, das aber leitmotivisch durch die Aufgaben, die möglichen Leistungen des Insolvenzverfahrens und deren Gefährdungen bestimmt wird.

Die Finanznot der Gemeinden – ein Betätigungsfeld für Insolvenzverwalter?

*Wilhelm Wessel**

Inhaltsübersicht

I. Einleitung/Problemstellung

a) Die Gemeindehaushaltsentwicklung im Allgemeinen

Die große Koalition in Berlin hat nach Aufnahme ihrer Tätigkeit die Zügel bei der Finanzpolitik straff gehalten.

Soweit das Insolvenzrecht tangiert ist, soll der Bundeshaushalt nicht weiter durch die Herabqualifizierung der Umsatzsteuerforderungen im Insolvenzeröffnungsverfahren auf den Stand einer einfachen Insolvenzforderung nach § 38 InsO eingeschränkt werden, sondern diese Forderungen sollen zur Sicherstellung geschätzter 170 Mio. € p.a. qualifiziert werden als Masseverbindlichkeiten.

Die Landeshaushalte, die von dem „Druck von oben" betroffen sind, sollen ihre Ausgaben für Verbraucherinsolvenzen auf „Nullbasis" einschränken mit der Folge, dass die Landeshaushalte gar nicht mehr mit den Kosten eines Verbraucherinsolvenzverfahrens belastet werden sollen. Das Entschuldungsverfahren unter Mitwirkung der Gerichte soll den Schuldner zur Selbstdisziplin führen und zum eigenen Treuhänder inthronisieren.

Die Gemeinden leiden unter Kostensteigerungen und unter explodierenden Haushaltsdefiziten. Der „Druck" der Länder führt darüber hinaus dazu, dass die

* Dr. iur., Rechtsanwalt (Fachanwalt für Insolvenzrecht) und Notar, Lübeck.

Gemeinden zukünftig mit weniger Einnahmen aus den Landeshaushaltskassen rechnen können. So hat die Regierung Carstensen für Schleswig-Holstein für das Jahr 2007 im Rahmen des kommunalen Finanzausgleichs Zuwendungen in Höhe von 120 Mio. € gestrichen.

b) Die Haushaltsentwicklung am Beispiel der Hansestadt Lübeck

Die Hansestadt Lübeck hat im Jahr 1999 zuletzt einen ausgeglichenen Haushalt vorlegen können. Das Haushaltsdefizit ist auf 153,5 Mio. € für 2006 gestiegen. Die Verschuldung beträgt knapp 500 Mio. € im Jahr 2004. Geht man unverändert von einem jährlichen Haushaltsdefizit von 153,5 Mio. € für die nächsten fünf Jahre unter Berücksichtigung eines Zinssatzes von 5 Prozentpunkten aus, so wird im Jahre 2010/2011 die Verschuldung bei 1,8 Milliarden € sein.

Die Politik ist machtlos. Die Verantwortlichen fordern von dem Land die Zuweisung weiterer Finanzmittel, jedoch ohne Erfolg. Auf welche Weise kann die Einnahmeseite angereichert werden? Nach § 3 KAG darf die Gemeinde nur örtliche Verbrauchs- und Aufwandssteuern erheben, soweit sie nicht dem Land vorbehalten sind.

Das kommunale Steuerfindungsrecht ist eingeschränkt. Die Steuerschraube für die Gemeinde kann nur ansetzen bei der Erhöhung von Hebesätzen auf die Gewerbesteuer. Dies ist allerdings wirtschaftlich kontraproduktiv und führt zu Abwanderungen mittelständischer Betriebe.

Eine Erhöhung der Grundsteuer ist auch beschränkt. Sie unterliegt den Schranken des Art. 14 und unterliegt gerade der Überprüfung der Verfassungsmäßigkeit in einem Klagverfahren vor dem Bundesverfassungsgericht.

Der Ansatz der Problemlösung kann nur die Korrektur der Ausgabenseite sein.

Der Wirtschaftsrat der CDU Schleswig-Holstein hat daher ein Sanierungsprogramm für die Hansestadt Lübeck entwickelt, das sich bezieht auf

- eine Privatisierung des städtischen Hafenbetriebs
- eine Vermarktung für Museen und Kulturstätten
- eine Teilprivatisierung von Museen unter Heranziehung privater Stiftungen
- Privatisierung des Theaters
- Einforderung einer sozialen Verantwortung der großen Stiftungen für diese Aufgabenbereiche
- Einstellung der Zuwendungen an Vereine und Verbände
- Veräußerung der Flussbäder
- Privatisierung der Hallenbäder bzw. Schließung einzelner Bäder
- Privatisierung städtischer Eigenbetriebe/städtische Gebäudereinigung
- Privatisierung der Grünflächenpflege, der Straßenreinigung und -unterhaltung sowie der Kanalreinigung
- Optimierung des Gebäudemanagements und der Gebäudekapazität, ggf. Veräußerung der Kapazität (so wie es in Hamburg geschehen ist)

- eine private Facilitymanagementgesellschaft
- Veräußerung und Privatisierung städtischer Gesellschaften:
  - Wohnungsgesellschaft Trave (Gewinn 2004: 324 T€)
  - Musik- und Kongresshalle (Verlust 2005: 2.000 T€)
  - Lübecker Hafengesellschaft (+/–/0 aber Bürgschaftsrisiko)
  - Bäderbetriebe Lübeck (Verlust 2004: 4.800 T€)
  - Lübeck und Travemünder Tourismuszentrale (Verlust 2004: 3.500 T€)
  - Grundstücksgesellschaft Kurhausbetriebe Travemünde (Verlust 2004 300 T€)
  - Media Docks (sechs- bis siebenstelliger Verlust)
- Veräußerung von Kunstgegenständen in den Archiven, die stadtgeschichtlich nicht von außerordentlicher Bedeutung sind und touristisch nicht genutzt werden
- eine optimale Personalstruktur mit höherer Effizienz
  Der Personalkostenanteil beträgt 35% am Lübecker Verwaltungshaushalt (12,5% über dem Durchschnitt vergleichbarer Städte)[1]
- Entbürokratisierung.

Ausgenommen werden sollen soziale Angebote in städtischen Brennpunkten, die Jugendbetreuung, der Betrieb der Volkshochschulen sowie der Betrieb der Stadtbücherei.

c) Postulat

Das Anstreben eines ausgeglichenen Haushalts durch Ausgabenkürzung ist unabdingbar. Dabei muss sich die Kommune der Forderung nach Privatisierung ganzer Aufgabenbereiche stellen und zumindest Formen des Public private partnership umsetzen. Es bedarf der Abgrenzung der Aufgabenbereiche, die absolut für die Daseinsvorsorge aller Bürger notwendig sind unter Abgrenzung zu den Aufgaben, die nicht unbedingt erforderlich sind.

Die Aufgaben der Gemeinde sind spezifisch auf die Kernaufgaben zurückzuführen. Alle darüber hinaus genommenen, in der Vergangenheit aufgenommenen, Aufgabenbereiche sind einzustellen oder zu privatisieren, soweit sie für sich genommen nicht finanziell tragbar sind.

Dabei muss und kann die kommunale Selbstverwaltung nach Art. 28 Abs. 2 GG gewährleistet bleiben. Das Recht der Selbstverwaltung besteht freilich nur im Rahmen ihres gesetzlichen Aufgabenbereichs. Aufgabe der Selbstverwaltung ist die Aktivierung der Beteiligten für ihre eigenen Angelegenheiten, die die in der örtlichen Gemeinschaft lebendigen Kräfte des Volks zur eigenverantwortlichen Erfüllung öffentlicher Aufgaben der engeren Heimat zusammenschließt, mit dem Ziel, das Wohl der Einwohner zu fördern und geschichtliche und heimatliche Eigenart zu wahren.[2]

---

1 Siehe Bund der Steuerzahler, Stellungnahme zum Haushalt der Hansestadt Lübeck 2004.

2 So Konrad *Hesse*, Grundzüge des Verfassungsrechts der Bundesrepublik Deutschland, 9. Auflage 1979, S. 189 und BVG, 11. Band, Seite 266, 275.

II. Zulässigkeit der Insolvenz einer Gemeinde

Sowie die vorstehend genannten Möglichkeiten nicht zu einem ausgeglichenen Haushalt führen, stellt sich die Frage – auch aus Gläubigersicht –, kann ich eigentlich mit einer Gemeinde kontrahieren, ist die Gegenleistung (Zahlung) gewährleistet oder aber muss mit einer Insolvenz gerechnet werden?

Dabei stellt sich natürlich die Frage, ob überhaupt eine Insolvenzfähigkeit der Gemeinde besteht.

a) Bisherige Rechtslage nach der KO

§ 213 KO sah generell die Konkursfähigkeit juristischer Personen, und damit auch der Gemeinden, vor.[3]

Die tatsächliche Durchführung des Konkurses stößt aber, da auch bei der Gemeinde öffentlich-rechtliche Aufgaben im Vordergrund stehen, die der allgemeinen konkursrechtlichen Behandlung widerstreiten, auf kaum zu überwindende Hindernisse.

Die Sanierung gemeindlicher oder Staatsfinanzen kann nicht mit den Vorschriften einer Konkurs- oder Insolvenzordnung erfolgen.

Die Sanierung eines Unternehmens ist im übrigen nicht der Hauptzweck des Insolvenzverfahrens sondern nur Mittel zum Zweck der Gläubigerbefriedigung; anders als im Falle des Staatsbankrotts, in dem die Sanierung des Gemeinwesens von vorrangiger Bedeutung ist.

Ein Übergang der Verwaltungs- und Verfügungsbefugnis über das Staatsvermögen auf den Insolvenzverwalter wäre mit den verfassungsrechtlichen Kompetenzen der staatlichen Organe unvereinbar.[4]

Für die Gemeinden und Gemeindeverbände ergab sich die Konkursunfähigkeit aus landesgesetzlichen Regelungen der Gemeindeordnungen.

b) Rechtslage nach der InsO

1.

Gemäß § 12 InsO ist das Insolvenzverfahren über das Vermögen einer juristischen Person des öffentlichen Rechts, die der Aufsicht eines Landes untersteht, wenn das Landesrecht dies bestimmt, unzulässig.

Das Land Schleswig-Holstein hat in § 131 Abs. 2 Gemeindeordnung für Schleswig-Holstein (GO) in der Fassung vom 23.7.1996 (GVOBL, Seite 529), zuletzt geändert durch Gesetz vom 16.12.1997 (GVOBL, Seite 474), 1998 (GVOBL, Seite 35) bestimmt, dass die Insolvenzunfähigkeit besteht.

---

3 *Jaeger,* Lehrbuch des deutschen Konkursrechts, 1. Auflage 1932, § 5, S. 22.
4 *Ott,* Münchener Kommentar zur InsO 2001, 1. Auflage, § 12, Rdn. 10.

§ 131 II GOSH lautet: Ein Insolvenzverfahren über das Vermögen der Gemeinde findet nicht statt.

Ergo: Gemeinden sind nicht dem Insolvenzverfahren unterworfen. Sie nehmen ihre Selbstverwaltungsaufgaben eigenverantwortlich wahr und unterstehen dabei, wie alle juristischen Personen des öffentlichen Rechts, als Organe der mittelbaren Selbstverwaltung, nicht der Sachaufsicht sondern der Rechtsaufsicht.[5]

2.

Nicht insolvenzfähig sind ebenfalls kommunale Eigenbetriebe. Kommunale Eigenbetriebe werden zwar als organisatorisch verselbstständigte Einheiten wirtschaftlich tätig, sie verfügen allerdings nicht über ein haftungsrechtlich verselbstständigtes Vermögen, sondern sind vermögens- und haftungsrechtlich als Teil der Gemeinde aufzufassen.[6]

3.

Nicht ausgeschlossen ist dagegen das Insolvenzverfahren über das Vermögen kommunaler Eigengesellschaften, die in Form von juristischen Personen des Privatrechts in der Regel in der Rechtsform der GmbH geführt werden und im Allein- oder Mehrheitsbesitz der Gemeinde stehen.[7]

Der Umstand, dass die Gemeinde Gesellschafter ist, schließt die Durchführung des Insolvenzverfahrens jener Gesellschaft nicht aus. Die Tatbestände der Überschuldung bzw. Zahlungsunfähigkeit müssen gesondert geprüft werden, wobei der Frage von Patronatserklärungen eine besondere Bedeutung zukommt. In den Länderhaushalten kann festgelegt werden, wie hoch diese Verpflichtungen bei einer Beteiligung sein dürfen. Sie können ziffernmäßig begrenzt werden, so § 65 Hamburger Landeshaushaltsordnung. Nach § 102 I, 2 GOSH muss die Haftung und die Einzahlungsverpflichtung der Gemeinde auf einen ihrer Leistungsfähigkeit angemessenen Betrag begrenzt sein.

4.

Im Ergebnis bleibt aber, dass die Gemeinde selbst nicht insolvenzfähig ist. Dies entspricht auch den Regelungen der Einzelvollstreckung. Nach § 882 a Abs. 2 ZPO ist die Einzelvollstreckung beschränkt auf Vermögensgegenstände, die nicht zur Erfüllung hoheitlicher Aufgaben erforderlich sind. Das öffentliche Interesse lässt eine Vollstreckung bei Kunstschätzen, Archiven, Bibliotheken und Einrichtungen der Kulturpflege nicht zu.[8]

---

5 *Maurer*, Allgemeines Verwaltungsrecht, 12. Auflage, 1999, § 23 Rdn. 12 ff.

6 Ulrich *Ehricke*, Jaeger InsO, 1. Auflage 2005, § 12 Rdn. 12; Claus *Ott*, Münchener Kommentar zur InsO, § 12 Rdn. 16.

7 Claus *Ott*, a. a. O., § 12, Rdn. 16, m. w. H.

8 *Zöller*, ZPO, 24. Auflage, 2004, § 882 a, Rdn. 6.

Die Abwicklung und Überwindung eines Staats- oder Gemeindebankrotts kann nur außerhalb des Insolvenzverfahrens im Rahmen der verfassungs- und verwaltungsrechtlichen Ordnung erfolgen.

III. Konsequenzen aus der finanziellen Notlage einer Gemeinde

a) Die Einstandspflicht der Länder im Allgemeinen

Im Falle der Finanznot schaltet sich die Rechtsaufsicht des Landes ein. Spezielle gesetzliche Regelungen, in welcher Weise dieses erfolgt und welcher Handlungsspielraum der Rechtsaufsicht zusteht, gibt es nicht.[9]

Die Gemeindeordnung Schleswig-Holstein regelt in § 120 GO, dass das Land die Aufsicht darüber ausübt, dass die Gemeinden die Selbstverwaltungsaufgaben rechtmäßig erfüllen. Die Kommunalaufsichtsbehörden sollen die Gemeinden unterstützen. Nach § 124 GO kann die Kommunalaufsicht anordnen, dass die Gemeinde innerhalb einer bestimmten Frist das Erforderliche veranlasst (z.B. Ausgabenkürzung).

Nach § 127 GO kann ein Beauftragter bestellt werden, der die einzelnen Aufgaben der Gemeinde auf Kosten der Gemeinde wahrnimmt. In der Politik wird auch von dem öffentlich-rechtlichen Zwangsverwalter die Rede sein.

Nach den mir vorliegenden Informationen gab es in der Bundesrepublik eine Bestellung eines solchen Verwalters bisher noch nicht.

Im Ausland ist die Zwangsverwaltung der Stadt New York im Jahre 1975 bekannt geworden, die Insolvenz der Stadt Neapel im Jahre 1993 und die derzeitige Zahlungsunfähigkeit der Stadt Marbella.[10]

Die Einsetzung eines solchen Zwangsverwalters begründet aber keine Einstandspflicht der Aufsichtsbehörde für die insolvente Gemeinde.[11]

Eine allgemeine finanzielle Gewährleistungspflicht des Staates ist nur dort möglich, wo sie gesetzlich gesondert geregelt ist.[12] Eine solche gesetzliche Normierung fehlt.

b) Finanzausstattungspflicht

Eine Finanzausstattungspflicht indiziert eine Insolvenzabwendungspflicht der öffentlichen Hand. Ein solcher Anspruch kann abgeleitet werden aus dem Rechtsstaats- und dem Sozialstaatsprinzip[13].

---

9 S. *Stoll*, Insolvenz und hoheitliche Aufgabe, KTS 1992, S. 521, 538; Ulrich *Ehricke*, a.a.O., § 12, Rdn. 50.

10 *Uhlenbruck*, InsO, 12. Auflage 2004, § 12, Rdn. 2.

11 Uhlenbruck/*Hirte*, InsO, 12. Auflage, § 12, Rdn. 8.

12 S. *Stoll*, a.a.O., KTS 1992, S. 521 ff.

Das Sozialstaatsprinzip könnte den Staat grundsätzlich dazu verpflichten, rechtsgebietsübergreifend für eine gerechte Sozialordnung zu sorgen, um so den Schutz des Schwächeren und das allgemeine Ziel eines menschenwürdigen Daseins für alle zu gewährleisten.

Darüber hinaus wäre möglicherweise die Pflicht zum Erhalt der institutionalisierten Träger abzuleiten. Dies könnte gerade auch für Organisationen in privatrechtlicher Form gelten. Grundgedanke dessen ist es, dass die öffentliche Hand als Gesellschafter ein besonderes Vertrauen in die Gesellschaft und deren Liquidität begründet[14].

Eine solche Argumentation kann jedoch unter der Gesamtproblematik weder aus rechtsdogmatischen noch aus praktischen Gesichtspunkten überzeugen, denn solche Maßnahmen stellen als staatliche Maßnahmen zur Insolvenzabwendung einen Vorteil für dieses Unternehmen dar, mit dem das Beihilfenverbot des Art. 87 EG-Vertrag vereinbart ist.

Darüber hinaus kann der Versorgungsanspruch des Bürgers nicht zu einer extensiven Auslegung des Sozialstaatsprinzips führen, weil dieser selbst durch die Gewährleistungspflicht des Staates geschützt ist und damit seine Versorgung in diesen Bereichen sichergestellt wird. Insbesondere in der Wahl der Mittel seiner Pflichtenwahrnehmung ist der Staat frei, weshalb eine Existenzgewährung einer privaten Gesellschaft durch Insolvenzabwendungspflicht nicht begründbar ist.[15]

Hieraus folgt, dass es keine Finanzausstattungspflicht gibt, es sei denn sie sei gesetzlich normiert. In der Literatur ist die Forderung allerdings gestellt worden, dass die Länder verpflichtet seien, ihren Kommunen eine angemessene Finanzausstattung zu sichern.[16]

Soweit die Länder den Forderungen nach einer angemessenen Finanzausstattung nicht genügen, müsste wegen der spezifischen Funktion der öffentlichen Aufgabenerfüllung ein gesondertes Insolvenzrecht für öffentliche Gebietskörperschaften geschaffen werden.[17]

Die Frage der Ausgestaltung des Verfahrens ist naturgemäß schwierig zu beantworten.[18]

Paulus verweist auf das us-amerikanische Chapter 9-Verfahren, wonach bereits seit 1981 über 100 Fallerfahrungen ermittelt wurden.[19]

---

13 Ulrich *Ehricke*, a. a. O., § 12, Rdn. 51.

14 Ulrich *Ehricke*, a. a. O., § 12, Rdn. 51 und *Kuhl/Wagner*, Das Insolvenzrisiko der Gläubiger kommunaler Eigengesellschaften, ZIP 1995, S. 433 ff.

15 BVerfGE, Band 1, S. 97, 105.

16 Felix *Engelsing*, Schriften zum deutschen und europäischen Kommunalrecht, Band 10, 1999, S. 230 ff.

17 Angela *Faber*, Insolvenzfähigkeit für Kommunen DVBl. 2005, S. 933.

18 Christoph *Paulus*, Überlegungen zur Insolvenzfähigkeit von Gemeinden, ZinsO 2003, S. 869, 870.

19 Christoph *Paulus*, a. a. O., Seite 871.

Die Zahlungsunfähigkeit einer Gemeinde führt derzeit zur Anordnung der Zwangsverwaltung, allerdings verliert sie dadurch nicht ihre Finanzhoheit, denn der Beauftragte der Kommunalaufsicht hat die Stellung eines Gemeindeorgans. Durch seine Einsetzung entsteht daher nicht etwa eine Einstandspflicht der Aufsichtsbehörde für die insolvente Gemeinde.[20]

IV. Ergebnis und Ausblick

1.

Die spannende Frage bleibt, in welcher Weise ein von der Kommunalaufsicht zu bestellender Zwangsverwalter nach § 127 GOSH tätig wird. Erfüllt er alle gemeindlichen Verpflichtungen oder lässt er Verpflichtungen unerfüllt. Es ist damit zu rechnen, dass ein solcher Zwangsverwalter die Mittel freigeben wird, die er für verhältnismäßig und erforderlich hält, d. h. er wird die Mittel freigeben, die für die Erfüllung der Kernaufgaben der Gemeinde erforderlich sind.

2.

Soweit die Gemeinde Aufgabenbereiche aus der Kommunalverwaltung auf Beteiligungsgesellschaften ausgegliedert hat, wird der bestellte Zwangsverwalter zu prüfen haben, ob er die Patronatsverpflichtungen erfüllt und den Verlustausgleich weiter garantiert.

Meines Erachtens ist hier damit zu rechnen, dass eben die Patronatserklärungen gekündigt werden, zumindest für die Zukunft, und dass hier die Insolvenz der Gesellschaften droht, an denen die Gemeinde beteiligt ist.

3.

Die Kommune nimmt keine Sonderstellung gegenüber Gläubigern ein. Insbesondere bei den kommunalen Eigengesellschaften und auch bei den Beteiligungsgesellschaften gelten die allgemeinen zivilrechtlichen Bestimmungen (Auf die Haftung für existenzvernichtende Eingriffe nach der Rechtsprechung des BGH wird verwiesen.)[21].

Das OLG Düsseldorf hat im Falle einer Haftung einer kommunalen Gesellschaft dargetan, dass die Bürgschaft, die lediglich sozialpolitischen Zwecken dient – in jenem Fall zur Unterstützung einer Beschäftigungsförderungs-GmbH – einer Haftung im allgemeinen nicht entgegensteht.[22]

---

20 So Uhlenbruck/*Hirte*, § 12 Rd.Nr. 8.
21 BGH, ZIP, 2002, Seite 1578.
22 Zitat: OLG Düsseldorf, Urteil vom 23.9.1994, ZIP 1995, Seite 465.

Ein Gläubiger hat keinen Anspruch gegen die Kommunalaufsicht auf Einschreiten gegen die Gemeinde mit Aufsichtsmitteln;[23] jener Gläubiger hat aber, wie jeder Staatsbürger auch, die Möglichkeit der Publizierung seines Interesses und der Politisierung seines Interesses, die faktisch das Land zur Anwendung von Maßnahmen gegen die Gemeinde zwingt.

4.

Die eingangs aufgeworfene Frage war nach einem neuen Betätigungsfeld für Insolvenzverwalter gestellt. Hier kann nur angeregt werden, dass Insolvenzverwalter mit ihrer Erfahrung auf dem Gebiet der

- Analyse von Vermögensverhältnissen
- Kostenreduzierung
- übertragenden Sanierungen
- Planverfahren

auch den zuständigen Bürgermeister unterstützend beraten und begleiten können, insbesondere Gesellschaften mit kommunaler Beteiligung zu erhalten und fortzuführen. Selbstverständlich sollte es auch zu empfehlen sein, sich kommunalpolitisch zu engagieren, um Fehlentwicklungen rechtzeitig vorzubeugen.

Exkurs:

1.

Es ist anzumerken, dass die Kommunen sowie auch die kommunalen Beteiligungsgesellschaften am Finanzmarkt in der Regel 100% ihre Finanzbedürfnisse erfüllt bekommen. Es gibt seitens der Banken bisher keine Vorbehalte bei der Kreditvergabe. Die Finanzbeschaffung wird einen erheblichen Schaden nehmen, wenn in einer finanziellen Notlage einer Gemeinde auch nur Teilbeträge aufgenommener Darlehen nicht zurückgezahlt werden können. Das Vertrauen in die Kreditwürdigkeit der öffentlichen Hand wäre dann erheblich erschüttert. Schon aus diesem Grunde muss der Fall einer Zahlungsunfähigkeit vermieden werden. Hierdurch erhöht sich der Druck auf die Gemeinden zur Privatisierung.

2.

In der Regel lassen sich nur ertragreiche Beteiligungsgesellschaften oder Aufgabenbereiche einer Kommune privatisieren. Allgemein ist bekannt, dass z.B. das Theater in der Regel ohne Subventionen nicht auskommt. Hier sind große private Stiftungen gefordert, diese Aufgabenbereiche zu übernehmen, um ihrer eigenen sozialen Verantwortung nachzukommen.

---

23 Ulf *Gundlach*, DZWIR, 2000, Seite 175, m.w.N.

Dieser Punkt ist gerade in der Hansestadt Lübeck in hohem Ausmaße erörtert worden. Noch wollen sich die privaten Stiftungen nicht in die Verantwortung nehmen lassen. Schon gar nicht wollen sie sich öffentlicher Kritik an ihrer Mittelverwendung und ihrer Mittelrekrutierung stellen (die Possehlstiftung Lübeck ist beteiligt an der Possehl Holding GmbH). Im Jahre 2005 wurde nur ca. 1/8 des ausschüttungsfähigen Gewinns an die Stiftung für satzungsgemäße Zwecke ausgeschüttet.

Insolvenz- und finanzrechtliche Perspektiven der Insolvenz von juristischen Personen des öffentlichen Rechts, insbesondere Kommunen

*Friedrich L. Cranshaw**

Inhaltsübersicht

---

* Dr. iur., Rechtsanwalt, Banksyndikus.

Friedrich L. Cranshaw

I. Einleitung

Die Verschuldung der öffentlichen Hand in der Bundesrepublik hat ernste Ausmaße angenommen. Besonders betroffen sind die Kommunen und die Länder, wenn auch im Jahr 2006 eine gewisse Entspannung eingetreten ist. Das BVerfG hat 2006 den Antrag Berlins auf Zuerkennung von weiteren Finanzmitteln zurückgewiesen. Der wissenschaftliche Dienst des Bundestags habe in einem Gutachten vom 19. Juli 2006 festgestellt, der Bund könne im Wege des Bundeszwangs (Art. 37 GG) gegen ein Bundesland vorgehen, das „... gegen ein verbindliches Sanierungsprogramm im Zusammenhang mit der Gewährung von Finanzhilfen" verstoße und einen Bundeskommissar einsetzen, der das Sanierungsprogramm dann durchsetze.[1] In der wissenschaftlichen Diskussion der Finanz-, Kommunal- und Rechtswissenschaften wird postuliert, es müsse ein dem Insolvenzverfahren ähnliches Entschuldungsverfahren der Gebietskörperschaften in Deutschland entwickelt werden.

Nachfolgend werden einige Aspekte zu der angeschnittenen Problematik zusammengestellt, die das komplexe System der Finanzierung und der Verschuldung der öffentlichen Hand in Umrissen beleuchten sollen. Die Thematik war Gegenstand des Vortrages, den der Verfasser anlässlich des 2. Kieler insolvenzrechtlichen Symposiums (Wiss. Leitung: Univ.prof. Dr. Stefan Smid, Christian-Albrechts-Universität Kiel) am 19. Mai 2006 halten durfte. Die Untersuchungen zu einer Reihe der angesprochenen Themen wurden zu einer Monographie unter dem obigen Titel erweitert, die in der vorliegenden Reihe als S-INSO Band 7 erschienen ist. Die folgenden Ausführungen stellen Ausschnitte davon dar.

II. Die Ausgangslage für Überlegungen zur Insolvenz von Gebietskörperschaften

1. Die Verschuldung der öffentlichen Hand und die Folgen

Die Bundesrepublik einschließlich der Länder und Gemeinden ist im Jahr 2006 mit ca. 1,5 Billionen Euro und damit ca. 70% des Bruttoinlandsprodukts verschuldet, die Maastrichtkriterien waren jedenfalls zur Jahresmitte nicht eingehalten. Dabei waren die latenten Renten- und Pensionsansprüche nicht berücksichtigt, unter deren Einbeziehung sich eine Verschuldensquote von 270% des (heutigen) Bruttoinlandsprodukts ergeben soll. Der Zinsendienst benötigt 16% der Steuereinnahmen des Staates. Je 1% p.a. steigende Zinsen belasten danach die Haushalte mit jeweils 15 Mrd. €.[2] Die Verschuldung der Kommunen beläuft sich auf ca. 84 Mrd. €, die der Länder auf 443 Mrd. €.[3]

---

1 Vgl. FAZ v. 2.8.2006, S. 9 „Der Bund kann einen Sparkommissar entsenden"; Zitat nach FAZ, aaO.

2 Siehe z.B. Frankfurter Allgemeine Zeitung (FAZ) v. 6.5.2006, S. 13 „Staatsschuld erstmals über ....". Angaben der FAZ nach dem Sachverständigenrat bzw. dem Bund der Steuerzahler.

3 *Budäus*, Rating von Bund ..., wie kreditwürdig ist die öffentliche Hand? Speyer, 7.4.2005; Schuppert/Rossi, Bausteine eines bundesstaatlichen Haushaltsnotlagemanagements, Hertie School of Governance, No. 3, 2006, S. 35.

Auf Länderebene zeigt die Krise des Landes Berlin, in der sich Haushaltsprobleme eines Bundeslandes mit kommunalen Themen verbinden, brennpunktartig das gesamte Spektrum der zur „extremen Haushaltsnotlage" führenden Umstände.[4] Zugleich zeigt sich aber auch, wie der Bundesstaat die Problematik löst, nämlich über Sanierungshilfen des Zentralstaats an seine in existenzgefährdender Haushaltsnotlage befindliche Gebietskörperschaft.[5] In dem Urteil des BVerfG aus dem Jahr 1992[6] hat der Senat im Verhältnis Bund/Länder zum Ausdruck gebracht, dass bei extremer Haushaltsnotlage eines „Gliedes der bundesstaatlichen Gemeinschaft" das bundesstaatliche Prinzip eine Pflicht begründe, die notwendige Hilfe zur „haushaltswirtschaftlichen Stabilisierung in geeigneter Form zu leisten.[7] Das aktuelle Berlin-Urteil vom Oktober 2006 hat die Konturen schärfer herausgearbeitet. Auf der Ebene der Kommunen haben Landesverfassungsgerichte geurteilt, das Recht auf gemeindliche Selbstverwaltung umfasse einen Anspruch gegen das Land auf hinreichende Finanzausstattung. Es bestehen also rechtliche Instrumentarien, um „Zahlungsunfähigkeitsszenarien" zu steuern. Die Sanierung spielt sich dabei ausschließlich auf den verschiedenen staatlichen Ebenen ab, die eine hilft der anderen aus ggf. selbst „verschuldeter" Notlage. Dieses sog. bail out wird verschiedentlich in Frage gestellt[8] und ist auf EU-Ebene ausgeschlossen.[9] Es wundert nicht, dass auch nach anderen Auswegen aus der Krisensituation gesucht wird. Dabei geht es schlagwortartig auch um Maßnahmen zur Ordnung des „Staatsbankrotts".[10]

2. Mögliche Konzepte zur Steuerung der Haushaltsnotlage

Die betroffene Gebietskörperschaft kann zur Haushaltsentlastung diverse Wege beschreiten. Einen „Königsweg" wird es nicht geben. Zur Besserung oder Behebung der Haushaltsnotlage kommen z.B. in Frage Kosteneinsparungen durch die Beschränkung der freiwilligen Aufgaben, Einnahmensteigerungen durch Neuein-

---

4 Vgl. zu Details der Haushaltsnotlage Berlins die unter „www.berlin.de/sen/finanzen/haushalt/notlage/index.html „ zugänglichen Dokumente (Stand: Ende Juni 2006).

5 Das Land Berlin hatte danach 2002 einen Schuldenstand von 47,5 Mrd. €, der auf 66,8 Mrd. € im Jahr 2007 steigen soll bzw. sogar auf 68,2 Mrd. € im Jahr 2009 (FAZ v. 27.4.2006, Tabelle S. 2). Die Länder Bremen und das Saarland haben ebenfalls (abgestimmt) Klagen wegen extremer Haushaltsnotlage beim BVerfG eingereicht, deren Erfolg nach dem Berlin-Urteil freilich fraglich erscheint. Zu Bremen siehe die Pressemitteilung des Senators für Finanzen vom 7.4.2006. Die Eckpunkte der Klagebegründung sowie die die Klage untermauernden Gutachten stellt Bremen unter www.finanzen.bremen.de/ zur Verfügung. Die Dokumente aus dem Saarland können unter www.finanzen.saarland.de/... eingesehen werden (beides Stand Ende Juni 2006).

6 BVerfG, Urt. v. 27.5.1992 – 2 BvF 1, 2/88, 1/89, 1/90 – BVerfGE 89, 148 ff.

7 BVerfG, aaO, LS 6, Ls 6 b), 6 c).

8 Siehe das Gutachten des Wissenschaftlichen Beirats beim Bundesministerium der Finanzen aus dem Jahr 2005, „Haushaltskrisen im Bundesstaat", S. 11 ff./ Tz. .2.2.1, 2.2.2 und 2.3.

9 Art. 103 Abs. 1 EG; ratio legis ist, die Kreditfähigkeit der Mitgliedstaaten nicht auf Solidarität, sondern auf Haushaltsdisziplin zu gründen, *Hattenberger,* in: Schwarze (Hrsg.), EU-Kommentar, 2000, Art. 103 Rdnr. 1.

10 Siehe *Reinhard Müller,* „Ordnung des Staatsbankrotts", zur Verfassungsklage des Landes Berlin vor dem BVerfG, FAZ v. 27.4.2006, S. 2.

führung oder Erhöhung von Steuern und sonstigen Abgaben,[11] die Veräußerung werthaltiger Assets (z.B. Grundstücke, Unternehmensbeteiligungen)[12], die Ansiedlung von Gewerbetreibenden[13], die „(Teil-)Privatisierung" von Infrastrukturen (z.B. durch public private partnership[14]), die Bündelung von gemeinsamen Ressourcen von Kommunen in Zweckverbänden und die Durchführung von Vergabeverfahren auch unterhalb der Schwellenwerte.

Für die Nutzer öffentlicher Einrichtungen stellt sich dies ggf. anders dar: Die Entgelte können sich verteuern, u.a. durch die Reduzierung öffentlicher Zuschüsse, und die Leistungen können beeinträchtigt werden, z.B. durch die Herabsetzung von Standards wie Personalschlüsselreduzierung oder die Hinnahme von Qualifikationsminderungen.

Ein massives Problem für die Gebietskörperschaften sind die Personalkosten, zumal ein Personalabbau politisch wie rechtlich erschwert ist. Hinzu kommen Altersversorgungs- und Pensionslasten, die nicht durch Rückstellungen oder Fonds gedeckt sind. Durch Ausgliederungen der Eigenbetriebe usw. nutzt man daher personalpolitisch die Möglichkeiten des Betriebsübergangs nach § 613 a BGB iVm § 324 UmwG.[15]

3. Die Fremdfinanzierung der Staatsaufgaben

a) Unter **„Fremdfinanzierung"** soll nicht die Finanzierung der Ausgaben durch Abgaben verstanden werden, sondern diejenige aufgrund privatrechtlichen Vertrages durch Investoren bzw. Kreditgeber, die die Mittel zur Verfügung stellen, weil sie für ihr Investment einen vernünftigen Ertrag ohne Risiko erwarten. Dazu gehören z.B. der klassische Kommunalkredit, Finanzierungsformen, die den Haushalt nicht unmittelbar tangieren, Leasing und leasingähnliche Strukturen, die Finanzierung durch die Begebung von Anleihen sowie Bürgschaften für öffentliche Unternehmen, um diesen günstigere Refinanzierungsmöglichkeiten zu eröffnen (mit mittelbaren Vorteilen für die Kommune als Gesellschafterin).

b) Seit einigen Jahren sind in Deutschland alternative Finanzierungskonzepte in der Diskussion: Mit **„public private partnership („PPP")"**[16] werden Finanzie-

---

11 Siehe auf Bundesebene die massiven Steuererhöhungen zum 1.1.2007.

12 Vgl. das Beispiel Dresdens mit erfolgreicher Veräußerung der dortigen Wohnungsbaugesellschaft 2006.

13 Auf diesem Sektor herrscht ein reger europaweiter Standortwettbewerb.

14 Vgl. dazu *Weber/Schäfer/Hausmann* (Hrsg.), Praxishandbuch Public Private Partnership, 2006. Beispiele sind etwa Schulgebäude mit Teilbetrieb, Schwimmbäder, kulturelle Einrichtungen, Sportanlagen; Justizvollzugsanstalten mit Teilbetrieb, andere öffentlich genutzte Bauten wie Rathaus usw., aber auch Abfallentsorgung, kommunale Krankenhausbetriebe, Hafenbetriebe, Öffentlicher Personennahverkehr, Energieversorgung („Stadtwerke"), Wasserversorgung, Verkehrserschließung, Rettungs- und Krankentransportdienste, Pflegeeinrichtungen, Freizeiteinrichtungen, Kinder- und Jugendhilfe.

15 Jedenfalls nach Ablauf der Nachhaftungsfristen der §§ 613 a BGB, 133 UmwG.

16 Zu Einzelheiten siehe *Weber/Schäfer/Hausmann* (Hrsg.), Praxishandbuch Public Private Partnership, München, 2006. Siehe auch das sog. „PPP-Beschleunigungsgesetz" v. 1.9.2005, BGBl.

rungsmodelle umschrieben, die sich für alle investiven Ausgaben eignen und die eine Beteiligung privater Investoren an einem öffentlichen Projekt vorsehen. Der generelle Vorteil liegt in der klaren Strukturierung dessen, was gewollt ist von Anfang an, denn das Vorhaben wird ausgeschrieben und soll nach Vertragsschluss ohne kostentreibende Änderungen auskommen. Dazu gehört auch der Fernstraßenbau auf Mautbasis, ggf. mit Verkauf von bisher im öffentlichen Eigentum zum Gemeingebrauch stehenden öffentlichen Straßen. Die LKW-Maut und die im politischen Raum diskutierte PKW-Maut würden sich zweifellos für weitergehende Planungen zur Privatisierung gut eignen, denn ein bereits vorhandener Ertrag erleichtert dem Bieter die Investitionsrechnung. Die öffentliche Hand bedient sich also bereits alternativer Finanzierungsstrukturen, die den Haushalt nicht nur aktuell entlasten, sondern möglichst auch zur Risikoverlagerung von Folgekosten der Infrastruktur auf einen privaten Investor führen.

Die Entscheidung für solche Modelle ist mehrschichtig. Insbesondere geht es um die Alternative, die benötigte oder jedenfalls gewünschte Infrastruktur durch Private zu erhalten oder überhaupt nicht. Die Infrastruktur wird dabei fungibel, und zwar sowohl in Gestalt der Infrastruktureinrichtungen selbst, als auch in Gestalt des Investment in die Gesellschaft, die die Infrastrukturen im Besitz hat und/oder betreibt. Damit verbunden sind der Natur der Sache nach erhebliche potentielle Interessenkonflikte zwischen dem Investor und dem Staat als demjenigen, der den Bürgern die Infrastruktur zu ökonomisch vertretbaren Bedingungen zur Verfügung stellen will. Als Fazit bleibt festzuhalten, dass dergleichen Finanzierungsmodelle Chancen bieten, die fortentwickelt werden sollten. Sie entbinden im Kernbereich der Daseinsvorsorge den Staat nicht von der Verantwortung, für die notwendigen Infrastrukturen Sorge zu tragen, womit er tendenziell zugleich das Risiko der Insolvenz des privaten Betreibers trägt.

III. Wege aus der Schuldenfalle? Staatskonkurs und Strukturen zu dessen Vermeidung

1. Kreditaufnahmen des Staates, „Schuldenfalle“ aus Sicht der Akteure

Kreditaufnahmen des Staates decken generell entweder ein aktuelles Haushaltsdefizit ab, oder sie dienen der Finanzierung außerordentlicher Ausgaben. In beiden Fällen werden damit die künftigen Staatseinnahmen zur Abdeckung bereits getätigter Ausgaben benötigt, d.h. der Spielraum des künftigen Haushaltsgesetzgebers wird beschränkt. Bei hoher Staatsverschuldung, deren Abbau den Akteuren (auch langfristig) kaum machbar erscheint, ist es daher nicht überraschend, wenn der Verschuldungsgrad als „Schuldenfalle“ empfunden wird. In der Ge-

---

2005 I 2676ff. Vgl. zur Motivation und zum derzeitigen Umfeld auch *Schwenn*, Die große Infrastruktur-Koalition, FAZ v. 22.7.2006, S. 11.

schichte sind Staatskonkurse nicht selten. Die Thematik ist auch in der Wissenschaft schon vor mehr als hundert Jahren diskutiert worden.[17]

2. Historische Erfahrungen mit dem Staatskonkurs

Eine „bewährte" Methode von Staaten zur Behebung ihrer Insolvenz ist historisch betrachtet die Münzverschlechterung[18] bzw. die Finanzierung der Staatsschuld mit der Notenpresse durch „Hyperinflation". Der Staatsbankrott ist historisch nicht neu. Im 16. Jahrhundert hatte z.B. Spanien während der Regierung Philipps II. allein dreimal den Staatsbankrott erklärt, ein Ereignis, das sich unter seinen Nachfolgern im 17. Jahrhundert noch fünfmal wiederholte.[19] Die Staatsbankrotte Spaniens brachten das damals schon „global" agierende Handelshaus der Fugger an den Rand eigenen Ruins (1564). Im 18. Jahrhundert war die Entschuldung des Staates auf dem Wege des erklärten Staatsbankrotts gleichfalls üblich, aber auch, ggf. sogar parallel, die Münzverschlechterung. Adam Smith stellt dazu fest, bei Überschreitung einer bestimmten Grenze der Staatsverschuldung sei die „gerechte" und „vollständige" Rückzahlung nie gelungen. Soweit man die Staatsfinanzen überhaupt in den Griff bekommen habe, sei dies durch Bankrott geschehen. Teilweise habe man zwar Rückzahlungen geleistet, deren Wert aber durch die oben erwähnten Methoden (der Manipulation) des Währungswertes (drastisch) gemindert wurde, wodurch eben das „materielle" Ergebnis eines Konkurses erreicht wurde, nämlich die Befreiung von der Schuldenlast zum Nachteil der Gläubiger.[20] Smith kritisiert diese Methoden heftig als betrügerisch. Aus dem 19. Jahrhundert darf auf den Staatsbankrott Dänemarks im Jahre 1813 als Folge der napoleonischen Kriege hingewiesen werden, der die Herzogtümer Schleswig und Holstein als Teil des dänischen Gesamtstaates ebenfalls in den Bankrott trieb; Dänemark behalf sich nicht nur mit der Beschlagnahme der Edelmetallbestände der Herzogtümer, sondern mit einer 6%-igen Zwangssteuer auf den Immobilienbesitz mit einschneidenden Folgen für die grundbesitzende Bevölkerung.[21]

---

17 Siehe die umfangreichen Fundstellenangabe von *Jaeger,* Kommentar zur Konkursordnung, 6./7. Aufl. 1936, § 213 Anm. 1.

18 Münzverschlechterung ist die Heraufsetzung des Münzwertes bei gleichem Metallgehalt an (Edel)metallen oder die Herabsetzung des Metallgehaltes, auch beides parallel. Die Methode wertet die Währung ab und erleichtert die nominale Rückzahlung der Staatsschuld.

19 *Edelmayer,* Der Aufstieg zur Hegemonialmacht unter Karl V. ... bzw. Das 17. Jahrhundert – eine Epoche der Dekadenz?, in: Schmidt, Kleine Geschichte Spaniens, 2004, S. 145 ff. bzw. S. 180 ff.

20 *Adam Smith,* An Inquiry into the Nature and Causes of the Wealth of Nations, 1776, in der Übersetzung von Recktenwald (Hrsg.), *Adam Smith,* Der Wohlstand der Nationen, 11. Aufl. 2005, S. 803 ff. [219 ff.].

21 Zu Einzelheiten siehe *Kratzmann,* Der Staatsbankrott, JZ 1982, 319 ff./319 re. Sp./320 li. Sp. sowie *Haese/Prawitt-Haese,* „Zur Beförderung des heilsamen Sparkassenwesens", Schleswig-Holstein im dänischen Gesamtstaat (1790er–1864), S. 11 f.

3. Strukturen zur Vermeidung des Staatskonkurses in der Bundesrepublik und auf europäischer Ebene

a) Strukturen in der Bundesrepublik Deutschland (Überblick)

aa) Wesentliches Strukturelement zur Vermeidung der Haushaltskrise auf Bundes- und Länderebene ist der Finanzausgleich nach Art. 107 GG und dem Finanzausgleichsgesetz (Bund). Daneben existiert eine Fülle von Bestimmungen der Länder über den landesinternen Finanzausgleich und Zuwendungen an die Regionalkörperschaften. Neben den Landesverfassungen, spezifischen Gesetzen über die Gemeindefinanzierung und den Finanzausgleichsgesetzen stehen Regelungen der Gemeindeordnungen. Pauschalierungssysteme führen dazu, dass nicht jede Kostenbelastung, die mit der Übertragung von Aufgaben verbunden ist, individuell ausgeglichen wird. Damit wird verhindert, dass derjenige kommunale Leistungsträger, der die auferlegte Aufgabe ökonomisch ineffizient erledigt, hierfür honoriert wird. Der interkommunale Finanzausgleich belastet „reiche" Gemeinden.

bb) Im Mittelpunkt der Gemeindefinanzierung steht das kommunale Selbstbestimmungsrecht, das eine Ausstattungspflicht des Landes[22] generiert. Als Kern ist im Schrifttum und in der Rechtsprechung von Landesverfassungsgerichten die Pflicht des Landes zu einer Mindestausstattung zur Erfüllung der Pflichtaufgaben und eines gewissen Maßes an freiwilligen Aufgaben der Selbstverwaltung, z.T. abhängig von der Leistungsfähigkeit des Landes, herausgearbeitet worden.

cc) Diese Strukturen sollen den Haushaltsnotstand vermeiden. Es handelt sich um allein innerhalb der Staatsverwaltung angesiedelte Vermögensverschiebungen. In der Literatur ist zwar diskutiert worden, ob Gläubiger Zahlungsansprüche gegen kommunale Gebietskörperschaften auch gegen das jeweilige Bundesland durchsetzen könnten. Im Ergebnis sind diese Erwägungen zutreffend aber ganz überwiegend auf Ablehnung gestoßen.[23] Ein unmittelbarer Anspruch der Gläubiger gegen das Land aus einer Ausstattungsgarantie besteht somit nicht.

dd) Die eine Säule der Kommunalfinanzierung ist das eigene Steuererhebungs- und Steuerfindungsrecht der Kommunen[24]. Dadurch verwirklicht sich deren Finanzhoheit. Hierzu gehören aber als weiteres Standbein auch die staatlichen Zuweisungen aufgrund Bundesrechts und der Finanzausgleich. Damit ist noch nicht beantwortet, wer Aufgaben bezahlt, die den Kommunen vom Staat neu übertragen werden oder deren Erledigungsstandards er mit der Folge von Verteuerungen ändert. Das ist die Frage nach der Tragweite des staatsrechtlichen Konnexitätsbegriffs. Die neuere verfassungsrechtliche und kommunalrechtliche Entwicklung

---

22 Vgl. zu der Thematik *Faber,* Insolvenzfähigkeit für Kommunen?, LKT 2005, 441 ff./444 mwN; *Nierhaus,* Verfassungsrechtlicher Anspruch der Kommunen auf finanzielle Mindestausstattung, LKV 2005, 1 ff. mwN; *Henneke,* Kommunale Finanzgarantien in der Rechtsprechung, in: Henneke/Pünder/Waldhoff (Hrsg.) Recht der Kommunalfinanzen, 2006, § 24, S. 443 ff.

23 Ablehnend *Faber,* LKT 2005, 444; ebenso *Engelsing,* Zahlungsunfähigkeit von Kommunen ..., S. 207, 211 ff.

24 Vgl. hierzu *Waldhoff,* Örtliche Verbrauch- und Aufwandsteuern, in: Henneke/Pünder/Waldhoff (Hrsg.), Recht der Kommunalfinanzen, 2006, § 13, insb. Rdnr. 5 f.

ist von der wohl einhelligen Anerkennung der dem zugrunde liegenden Erkenntnis geprägt, dass Aufgaben – und Ausgabenverantwortung in Einklang gebracht werden müssen.[25]

ee) Nicht überraschend ist angesichts der Situation, dass die Zahl der Streitigkeiten vor den Landeserfassungsgerichten nicht unbeträchtlich ist.[26] Brennpunkt sind die Finanzausgleichsgesetze der Länder. Die Rechtsstreite zeigen die dramatische Situation, die angesichts knapper Kassen die Kommunen und die Länder veranlasst, die Verteilungsauseinandersetzungen um die knappen Ressourcen gerichtlich auszutragen. Betrachtet man die neuere Rechtsprechung der Landesverfassungsgerichte, so ergeben sich die folgenden Befunde: Die Kommunen haben Anspruch auf angemessene Finanzausstattung. Es genügt nicht, wenn die zur Verfügung stehenden Mittel den Gemeinden nur erlauben, die Pflichtaufgaben zu erfüllen. Vielmehr muss ein Spielraum für die freiwilligen Selbstverwaltungsaufgaben zur Verfügung stehen. Der Landesgesetzgeber hat ein weites Ermessen, dessen Grenzen nach jeweiligem Landesrecht etwas unterschiedlich ausfallen. Richtig ist aber, wenn der Thüringer Verfassungsgerichtshof zum Ausdruck bringt, sofern die Finanzkraft der Kommunen nicht ausreiche, müsse man Standards absenken, die Kommunen von Aufgaben entlasten oder ihnen neue Einnahmequellen erschließen.[27] Zutreffend ist auch, wenn das LVerfG Mecklenburg-Vorpommern das Begehren von Kommunen nach erweiterter Finanzierung daran misst, wie die Finanzausstattung in vergleichbaren anderen Flächenbundesländern aussieht, und wenn es die einzelnen freiwilligen Leistungen analysiert.[28]

---

25 Zur Begrifflichkeit siehe *Henneke,* aaO, sowie *Mückl,* Konnexitätsprinzip in der Verfassungsordnung, in: Henneke/Pünder/Waldhoff (Hrsg.) Recht der Kommunalfinanzen, 2006, § 3, insb. Rdnr. 17, 18, 59 ff., der Autor spricht sogar von einem „Siegeszug des Konnexitätsprinzips", aaO, Rdnr. 59.

26 Aus der Rechtsprechung der letzten Jahre darf nur beispielhaft hingewiesen werden auf folgende Entscheidungen **1. Bayern:** Bayerischer VerfGH, Entscheidung v. 27.2.1997 – Vf. 17-VII-94 – Bay. VBl. 1997, 303 ff. **2. Baden-Württemberg:** StGH, Urt. v. 10.5.1999 – GR 2/97 – VBl. BW 1999, 294 = JZ 1999, 1049 ff. m. Anm. *Ferdinand Kirchhof.* **3. Mecklenburg-Vorpommern:** Urt. v. 11.5.2006 – LVerfG 1, 5, 9/05 – siehe www.landesverfassungsgericht-mv.de/prozesse/aktuelle. **4. Niedersachsen:** Nds. StGH, Urt. v. 16.5.2001 – StGH 6/99–9/99, 1/00, Nds.VBl. 2001, 184 ff. **5. Nordrhein-Westfalen:** VerfGH, Urt. v. 9.7.1998 – VerfGH 16/96, 7/97 – DVBl. 1998, 1280 ff. **6. Sachsen:** VerfGH, Urt. v. 18.11.2004 – Vf. 89-VIII-03. **7. Sachsen-Anhalt:** LVerfG Sachsen-Anhalt, Urt. v. 13.6.2006 – LVG 21/05 – www.lverfg.justiz.sachsen-anhalt.de/. **8. Thüringen:** Thüringer VerfGH, Urt. v. 21.6.2005 – VerfGH 28/03 – NVwZ-RR 2005, 665 ff. = DöV 2005, 92; vgl. die Anmerkung von *Henneke,* in: Kommunale Finanzgarantien in der Rechtsprechung, in: Henneke/Pünder/Waldhoff, Recht der Kommunalfinanzen, § 24, S. 443 ff., Rdnr. 151 ff.

27 Thüringer VerfGH, Urt. v. 21.6.2005, DöV 2005, 92. Daher wäre die derzeit geforderte „flächendeckende" Ganztagesbetreuung von Kindern in Kinderkrippen und ab dem Kleinkindalter sowie die bildungspolitisch diskutierte (Fach)hochschulausbildung des Erziehungspersonals – ggf. ohne Elternbeiträge – deren Kosten zu Lasten der kommunalen und freien (kirchlichen) Träger gingen, finanziell verantwortungslos, wenn nicht das Konnexitätsprinzip angewandt wird und Bund und Land die Zusatzkosten vollständig übernehmen.

28 LVerfG Mecklenburg-Vorpommern, Urt. v. 11.5.2006 – LV 1, 5, 9/05, s.o. In dem konkreten Fall scheiterte die Klage u. a. daran, dass noch genügend freiwillige Leistungen möglich waren bzw. dass einer der beteiligten Kommunen eine krasse finanzielle Fehleinschätzung unterlaufen war.

ff) Die jüngste Entwicklung markiert das Berlin-Urteil des BVerfG vom 19.10.2006.[29] Kern ist die Aussage, die von Berlin geforderten Sonderbedarfsergänzungszuweisungen seien nur im Rahmen eines „strengen Ultima-Ratio-Prinzips“ gestattet. Daher seien sie nur zulässig (aber auch geboten), wenn eine existenzbedrohende Notstandsituation besteht. Die Sanierungshilfe des Bundes erfordert die vorherige Ausschöpfung aller anderen Möglichkeiten des Hilfe begehrenden Landes, die Leistung durch den Bund muss der „einzig verbliebene Ausweg“ sein. Die Bundeszuweisungen dienen nicht dazu, Fehlentscheidungen eines Landes auszugleichen, auch nicht der Korrektur „finanzieller Schwächen“.[30] Die Notlage ist aus der Sicht des Senats stets endogener Natur, sie beruht auf den Folgen früherer politischer Entscheidungen, die zu übermäßiger Verschuldung geführt haben. Daneben steht etwa unzureichende Finanzausstattung in der Vergangenheit.[31] Der Begriff der extremen Haushaltsnotlage und derjenige der Leistungsschwäche eines Landes nach Art. 107 GG wird zugleich dynamisch aufgefasst und zwar relativ im Verhältnis zu den anderen Bundesländern.[32] Kritik an dem Urteil übt die Finanzwissenschaft, wenn gefordert wird, das BVerfG hätte entscheiden müssen, es gebe auch dann keine Bundeshilfe, wenn Berlin seine Zinsen nicht mehr zahlen könne. Dann komme es zur Insolvenz, die durch notwendige Verzichte der Gläubiger zur Sanierung führe. Daraufhin setze das ordnungsgemäße Funktionieren der Kreditmärkte ein. Die bloße Möglichkeit einer Insolvenz wirke bereits präventiv.[33]

gg) Die **Föderalismusreform 2006**[34] bringt auch Änderungen in der Finanzverfassung mit sich. Damit soll eine „klarere Zuordnung der Finanzverantwortung“ erfolgen.[35]

Nach der Neuregelung von Art. 104a Abs. 4 GG sind Gesetze, die von den Ländern als eigene Angelegenheit oder im Auftrag des Bundes ausgeführt werden und die Pflichten der Länder zu Geldleistungen oder diesen vergleichbare geldwerte Leistungen zum Gegenstand haben, zustimmungspflichtig, wenn der Bund nicht die Kosten vollständig trägt.[36] Art. 104a GG erhält zudem einen weiteren Absatz 6, der bei Verletzungen der „supranationalen oder völkerrechtlichen Verpflichtungen Deutschlands“ eine Aufteilung der „Lasten“ zwischen Bund und Ländern nach weiterer Bestimmung des parallel geschaffenen Lastentragungsgesetzes vorsieht.[37] Grundsätzlich soll die Körperschaft die Lasten tragen, die dafür verantwortlich

29 BVerfG, Urt. v. 19.10.2006 – 2 BvF 3/03 – www.bverfg.de/entscheidungen/fs2006/019_2bvf000303.html; zum Vortrag Berlins siehe Absatz-Nr. 44 ff. des Urteils.

30 BVerfG, aaO, Absatz-Nr. 181.

31 BVerfG, aaO, Absatz-Nr. 187 ff./188.

32 BVerfG, aaO, Absatz-Nr. 192 ff./194.

33 Vgl. *Blankart*, Für Berlin bringt nur noch die Insolvenz die Rettung, Frankfurter Allgemeine Sonntagszeitung v. 22.10.2006, S. 42.

34 Vgl. das Gesetz zur Änderung des Grundgesetzes v. 28.8.2006, BGBl. 2006 I Nr. 41 v. 31.8.2006, S. 2034 ff. Zur Gesetzesbegründung vgl. BR-Drs. 16/813 und 462/06.

35 BR-Drs. 16/813, S. 10.

36 BR-Drs. 16/813, S. 18 f. zu den hierunter zu subsumierenden Leistungen nach der Koalitionsvereinbarung v. 18.11.2005.

37 BT-Drs. 16/813, S. 4, 19; zum Lastentragungsgesetz vgl. BT-Drs. 16/814, S. 10 f., 21 ff. sowie BGBl. 2006 I 2098 ff./2105.

ist.[38] Art. 104b Abs. 1 GG n.F. ermöglicht unverändert Finanzhilfen des Bundes für besonders bedeutsame Investitionen der Länder und Kommunen zur „Abwehr einer Störung des gesamtwirtschaftlichen Gleichgewichts ... zum Ausgleich unterschiedlicher Wirtschaftskraft im Bundesgebiet ... (und) zur Förderung des wirtschaftlichen Wachstums"). Dies allerdings unter weitgehendem Gesetzesvorbehalt und nicht mehr in Angelegenheiten der ausschließlichen Gesetzgebungskompetenz der Länder. Art. 105 Abs. 2a GG wird um einen weiteren Satz ergänzt, der den Ländern Steuerautonomie beim Grunderwerbsteuersatz ermöglicht. Ein ebenfalls neuer Art. 109 Abs. 5 GG regelt die Verteilung der aus Sanktionen der EU resultierenden Belastungen bei Verletzung der Haushaltsdisziplin gem. Art. 104 EG. Das dazu erlassene Sanktionszahlungs-Aufteilungsgesetz füllt die verfassungsrechtliche Bestimmung näher aus.[39] Inwieweit die Länder den dadurch erzeugten Druck an ihre Gemeinden weitergeben, muss offen bleiben. In Niedersachsen sieht z.B. Art. 57 Abs. 7 LV den Rückgriff des Landes auf die Kommunen generell vor.

b) Das europäische Gemeinschaftsrecht und die Staatsverschuldung

Einen mittelbaren Zwang auf die Bundesrepublik, die Staatsverschuldung nicht überborden zu lassen, üben die Regelungen der Art. 98ff. EG über die Wirtschafts- und Währungspolitik aus, insbesondere die Maastricht-Kriterien der Währungsunion innerhalb der EU. Zum einen statuiert Art. 103 Abs. 1 EG ein Verbot der Haftung des einen für Verbindlichkeiten des anderen Mitgliedstaates oder seiner Gliedkörperschaften. Ziel ist die Disziplinierung der öffentlichen Schuldner in den Mitgliedstaaten.[40] In der Literatur wurde gar unzutreffend die Insolvenzfähigkeit der Mitgliedstaaten daraus abgeleitet.[41]

Des Weiteren ordnet Art. 104 EG Abs. 1 an, dass die Mitgliedstaaten „übermäßige öffentliche Defizite" vermeiden. Adressat ist der Mitgliedstaat, betroffen sind aber auch seine sämtlichen Gliedkörperschaften und sonstigen Organisationen. Die Bestimmung dient der Geldwertstabilität. Maßgeblich ist eine Gesamtbetrachtung, wobei jedoch bestimmten Referenzgrößen, nämlich dem jährlichen Finanzierungsdefizit und dem öffentlichen Schuldenstand, jeweils im Verhältnis zum Bruttoinlandsprodukt, „insbesondere" Bedeutung zukommt (Art. 104 Abs. 2 Satz 2 EG). Diese Referenzgrößen betragen 3% des BIP beim Finanzierungsdefizit und 60% des BIP beim Schuldenstand.

---

38 BR-Drs. 16/813, S. 19.

39 BT-Drs. 16/813, S. 5, 20; zum Sanktionszahlungs-Aufteilungsgesetz siehe BT-Drs. 16/814, S. 9, 21 sowie BGBl. 2006 I 2098 ff./2104.

40 Siehe *Calliess/Ruffert/Häde,* Kommentar zu EU-Vertrag und EG-Vertrag, 2. Aufl. 2002, Art. 103. Rdnr. 1 f.; *Hailbronner/Wilms/Jochum,* Recht der Europ. Union, Band 2, 2004, Art. 103 EGV Rdnr. 1, 3 f.

41 Vgl. dazu *Calliess/Ruffert/Häde,* aaO, Art. 103 Rdnr. 7 und Fn. 16 mwN.

IV. Vorschläge und Modelle einer Insolvenz von Staaten und Regionalkörperschaften

1. Regelungswerke zur Staatsentschuldung an den Beispielen des Staatskonkurses des vormaligen deutschen Reichs und der „municipalities“ in den USA

a) Die Abwicklung der Schulden des Deutschen Reiches nach dem 2. Weltkrieg

Die junge Bundesrepublik hat sich nach ihrer Gründung mit dem Staatskonkurs des Deutschen Reichs auseinander gesetzt. Art. 134 Abs. 4, 135a GG[42] sowie das Allgemeine Kriegsfolgengesetz aus dem Jahre 1957[43] stellen ein Haftungssystem zur Bewältigung der Altschulden dar.[44] Das Gesetz ordnet in § 1 Abs. 1 AKG das Erlöschen der gegen das Deutsche Reich, das Land Preußen[45] und verschiedene Sondervermögen gerichteten Ansprüche an, soweit nicht das AKG eine andere Bestimmung trifft. § 1 Abs. 3 AKG enthält eine überraschend flexible Regelung dergestalt, dass durch ein weiteres Bundesgesetz über das AKG hinaus Entschädigungen gewährt werden können, wenn die Erfahrungen beim Vollzug des AKG dies notwendig machten. Das AKG entschuldet ferner Bund und andere „öffentliche Rechtsträger“ von Ansprüchen, die allein auf Vermögensübernahme oder Funktionsnachfolge gestützt werden könnten (§ 2 Nr. 1 AKG). Länder und Gemeinden wurden ferner von etwaigen Haftungsrisiken im Zusammenhang mit Maßnahmen befreit, die auf Anordnungen der alliierten Militärbehörden (bis 1.8.1945) durchgeführt wurden oder die zur Beseitigung eines „kriegsbedingten Notstandes“ erfolgten und die Aufgabe des Reichs waren (§ 2 Nr. 4 AKG).

Der BGH hat in seinem Urteil zum AKG aus dem Jahre 1961[46] zur Frage der Haftung des beklagten Landes herausgearbeitet, der Zusammenbruch des Reiches habe angesichts des „ungeheuren Ausmaßes der Verbindlichkeiten des ... Reichs ...“ Regelungen „unvermeidlich“ gemacht, die sich am Konkursrecht orientierten. Man habe im großem Umfang Ansprüche streichen oder kürzen müssen, um andere wichtigere Ansprüche, z.B. aus „sozialpolitischen ... Gründen zu erfüllen“.

Das BVerfG hat sich in zwei Entscheidungen mit dem AKG auseinandergesetzt.[47]

In dem Beschluss aus dem Jahr 1961 hat das Gericht die Bankrottsituation des vormaligen Reichs dargestellt, das, wie es auch im Parlamentarischen Rat ausge-

42 In das Grundgesetz eingefügt durch Gesetz v. 22.10.1957, BGBl. 1957 I 1745.
43 AKG v. 5.11.1957, BGBl. 1957 I 1747 mit Änderungen idF von Art. 2 Abs. 16 des Gesetzes v. 12.8.2005, BGBl. 2005 I 2354.
44 Nur am Rande sei hier auch auf das Londoner Schuldenabkommen vom 27.2.1953 hingewiesen, das Auslandsschulden der jungen Bundesrepublik mit den Hauptgläubigern aus dem Ausland regulierte, siehe BGBl. 1953 II 333.
45 Im Hinblick auf die vormals ganz oder teilweise preußischen heutigen Bundesländer.
46 BGH, Urt. v. 21.12.1961 – III ZR 157/60 – BGHZ 35, 245 ff./251.
47 BVerfG, Urt. v. 24.11.1962 – 1 BvR 987/58 – BVerfGE 15, 126 ff./135, „Staatsbankrott“; Beschl. v. 3.11.1965 – 1 BvR 62/61, BVerfGE 19, 150 = NJW 1966, 196 = DÖV 1966, 510.

drückt worden sei, nicht nur „vorübergehend zahlungsunfähig, sondern … konkursreif" gewesen sei. Mangels künftiger Einnahmen des Reichs aufgrund der staatlichen Neuordnung haben ihm auch die für die Schuldtilgung nötigen Einnahmen gefehlt. Das allgemeine Konkursrecht sei hierfür ungeeignet, so dass ein neues Regelwerk habe entwickelt werden müssen. Ein Wettlauf der Gläubiger sei zu vermeiden gewesen, die Aktiven des Reichs hätten den „neuen Berechtigten und ihren öffentlichen Interessen nutzbar" gemacht werden müssen. Anders als bei dem Konkurs von Unternehmen sei eine Liquidation nicht möglich, vielmehr komme nur eine Sanierung des Gemeinwesens in Frage. Im Vordergrund stehe, der Blick nach vorn in die Zukunft und nicht die „Abrechnung über die Vergangenheit".[48] Dies sei im Interesse gesunder Staatsfinanzen, die die Basis für die Entwicklung des Gemeinwesens sind, nicht vermeidbar und historisch bei Staatskonkursen „allenthalben" zu finden. Das Gericht stellt weiter fest, dass die Finanzpolitik sich in der Lage der Bundesrepublik nach der staatlichen Neuordnung nicht allein auf die Bewältigung der Konkurslage fokussieren konnte oder auf die Behebung der Kriegsfolgen, der Staat habe vielmehr sämtliche anderen Staatsaufgaben zu erfüllen, wozu (insbesondere) der Wiederaufbau gehörte.

Die Strukturen des Art. 134 Abs. 4 GG und des AKG ebenso wie die Rechtsprechung des BVerfG sind nicht analog auf die heutige Verschuldungssituation der öffentlichen Hand auf allen Ebenen zu projizieren. Die historische Situation war völlig anders als heute.

Das AKG ist dennoch ein Insolvenzgesetz zur Entschuldung eines Staates, das sehr langfristig wirkt, wie das Urteil des BVerwG vom 3.11.2005 zur Verneinung der Haftung des Bundes für Rüstungsaltlasten des Reiches zeigt.[49]

Art. 135 a GG sieht eine ähnliche Gestaltung für Staatsschulden der ehemaligen DDR vor. § 40 Abs. 1 DM-BilanzG ermöglichte „Geldinstituten und Außenhandelsbetrieben" zur Bilanzstabilisierung den Ausweis einer Forderung gegen den Ausgleichsfonds „Währungsumstellung".[50]

b) Das US-amerikanische Konzept der Insolvenz von „municipalities"[51] in 11 USC Chapter 9

Die Vereinigten Staaten haben ein „Zahlungsunfähigkeitsverfahren" von municipalities in 11 USC Chapter 9 „Adjustment of debts of a municipality" bundesgesetzlich geregelt.[52] Ausgangspunkt war die wirtschaftliche Depression der dreißiger Jahre des 20. Jahrhunderts.[53] Das US-amerikanische Verfahren wird als

48 BVerfG, 24.11.1962, aaO, IV A 1 b), 2 a) der Gründe; Umstellungsgesetz v. 20.6.1948, FNA 7601-0.
49 BVerwG, Urt. v. 3.11.2005 – 7 C 27.04; vgl. Cranshaw, jurisPR-InsR 8/2006, Anm. 1.
50 Siehe den Einigungsvertrag BGBl. 1990 II 1885.
51 Nach 11 USC § 101 (40) ist „municipality" eine staatliche Teil-/Unterorganisation, nämlich a „political subdivision or public agency or instrumentality of a State".
52 Municipal Bankruptcy Act, Pub. L. No. 302, 50 Stat. 653 (1937).
53 Siehe *Kratzmann*, JZ 1982, 319 ff.

erfolgreiches Modell und zur Nachahmung empfohlen dargestellt und immer wieder bei der Entwicklung von Entschuldungsmechanismen herangezogen.

Dabei ist darauf hinzuweisen, dass Chapter 9 des Bankruptcy Act zwar seit nunmehr 60 Jahren zur Anwendung kommt, aber insgesamt weniger als 500 Fälle von kommunalen bzw. lokalen Organisationen bekannt sind, die unter diesem Regelwerk ihre Zahlungsunfähigkeit abgewickelt haben.[54] Das ist über die Zeitdauer betrachtet und angesichts der Größe der USA eine vergleichsweise geringe Zahl. Spektakuläre Fälle waren u.a. das Moratorium und die Sanierung von New York (1975) sowie der Bankrott von Orange County in Kalifornien 1994.[55] Zu beachten ist zudem, dass die Mehrzahl der Fälle „special purpose districts" betraf, nicht „general municipalities".[56] Des Weiteren gestatten nicht alle US-Bundesstaaten das bundesgesetzliche Chapter 9-Verfahren, wieder andere haben gesetzliche Voraussetzungen geschaffen, die den Antrag nach Chapter 9 erst nach Erfüllung weitergehender Voraussetzungen ermöglichen. Diese Staaten der USA wollen die municipalities von letztlich unbegründeten Anträgen im Interesse der Kreditwürdigkeit aller abhalten.[57]

Gegenstand des US-amerikanischen Konzepts ist die Sanierung der notleidend gewordenen „municipality". Ein wesentliches Merkmal ist dabei, dass nur die Körperschaft selbst das Verfahren in Gang bringen kann. Damit besteht die Aufgabe des Insolvenzverfahrens in dem Schutz der „municipality" vor ihren Gläubigern und ihrer Reorganisation auf der Basis eines Plans. Im Kern steht die Beschneidung der Ansprüche der Gläubiger durch die aus jeder Sanierung bekannten Maßnahmen. „Insolvenzgrund" sind die Zahlungsunfähigkeit bzw. die Zahlungseinstellung.

Der US Supreme Court hat sich mit der Verfassungsmäßigkeit der bundesgesetzlichen Regelungen verschiedentlich auseinandergesetzt. Die erstmals 1934 erlassene Gesetzgebung des Kongresses wurde im Fall des Cameron County Water Improvement District No. 1, eines texanischen Bewässerungsverbandes[58], im Jahre

54 Siehe dazu unter US CourtsChapter 9, Municipality Bankruptcy, www.uscourts.gov/bankruptcycourts/ bankruptcybasics/chapter9.html.; dort wird ausgeführt, die Fälle nach Kapitel 9 seien zwar selten, aber sie könnten viele Mio. $ betreffen.

55 Bei Orange County hatte der verantwortliche Treasurer durch Spekulationen 1,7 Mrd. US-$ verloren.

56 Siehe zu der erheblichen Relativierung des Chapter 9-Verfahrens Chang, Municipal Bankruptcy: State Authorization under the Federal Bankruptcy Code, III und Fn 35, Public Law Research Institute, Reports, Fall 1995, www.uchastings.edu/...; die Autorin spricht unter Bezugnahme auf *McConnell/Picker,* When Cities go broke: A conceptual Introduction to Municipal Bankruptcy, von 452 Fällen bis 1991, wobei sich von 1972–1991 lediglich 90 Chapter 9-Verfahren ereignet haben sollen. Zwischen 1972 und 1984 sollen wiederum lediglich 3 Fälle von „general municipalities" aufgetreten sein. Keiner davon soll im Zusammenhang mit der langfristigen finanziellen Gesundheit von Städten gestanden haben („... none of these were related to the long-term financial health of the cities", aaO, Fn 35).

57 *Chang,* aaO, III Abs. 1.

58 Der Begriff des „district" als einzelstaatliche Untereinheit („Körperschaft") der Verwaltung soll hier vereinfachend und verallgemeinernd mit „Verband" wiedergegeben werden, siehe zu dessen Funktion 298 US 513, 524.

1936 angewandt und vom Supreme Court für verfassungswidrig gehalten, weil unzulässiger Eingriff in die Souveränitätsrechte der Bundesstaaten.[59] Der Verband war zahlungsunfähig und hatte einen Plan vorgeschlagen, der Anleihegläubigern Befriedigung in Höhe von knapp 50% vorschlug. In einem wenig später vorgelegten Fall eines (Agrar)Bewässerungsverbandes aus Kalifornien[60] hatte der Supreme Court auf der Basis eines im Jahr 1937 „nachgebesserten" Municipal Bankruptcy Act (heute Chapters 9 und 10) erneut zu entscheiden. Der Verband hatte seit Juli 1933 weder Zins noch Tilgung auf eine Anleihe bezahlt, als er sich im September 1937 für insolvent erklärte. Der US Supreme Court billigte die nunmehr gefundene bundesrechtliche Lösung mit der Begründung, der Bundesstaat habe der fraglichen Gesetzgebung zugestimmt.

2. Neuere Vorschläge von Zahlungsunfähigkeitsverfahren für Staaten bzw. regionale Gebietskörperschaften

a) Das Modell des IMF zur Behandlung von Staateninsolvenzen[61]

Der Internationale Währungsfonds hat angesichts der enormen Verschuldungskrisen gerade ärmerer Länder ein Konzept zu deren Entschuldung von internationalen Anleihen entwickelt. Dieses Modell wird bislang von den internationalen Akteuren abgelehnt.[62] Die Konzeption des IWF aus dem Jahre 2001 und später ist eine von zahlreichen Entwicklungslinien, die seit den Siebziger Jahren des letzten Jahrhunderts entstanden sind und die internationale Verschuldungskrisen steuern wollen.[63] Die Lösung des IWF sieht so aus[64], dass Länder in Zahlungsschwierigkeiten Schuldnerschutz „beantragen" können, was zur Aussetzung der Zahlungen führt, d.h. einem automatic stay, wie ihn das US-amerikanische Insolvenzrecht vorsieht. Kapitalverkehrskontrollen sollen verhindern, dass das Schuldnerland durch Kapitalflucht von innen finanziell erodiert. All dies soll den Zeitraum bis zu einer Einigung mit den Gläubigern umfassen. Die Gesetzgebung jedes einzelnen Staates soll Regelungen vorsehen, die seine Gebietsansässigen dazu zwingen, sich im Sinne dieses Konzepts zu verhalten. Der IWF sieht sich dabei als regulierende

---

59 Siehe den Überblick zur Geschichte des Chapter 9 in der veröffentlichten Information der „Bankruptcy Judges Division, verfügbar unter www.uscourts.gov/bankruptcycourts/ bankruptcybasics/chapter9.html; (Stand der Internetadresse: Ende Juni 2006), siehe die Entscheidung US Supreme Court v. 25.5.1936 – No. 859, Ashton v. Cameron County Water Improvement District No. 1 – 298 US 513 (1936).

60 U.S. v. Bekins et al., Lindsay-Strathmore Irrigation District, Entscheidung v. 25.4.1938 – Nos. 757, 772 – 304 US 27 (1938).

61 International Monetary Fund; siehe „IWF für Insolvenzverfahren bei Staaten", FAZ v. 29.11.2001, S. 18; siehe auch IMF, „Proposals for a Sovereign Debt Restructuring Mechanism (SDRM), A factsheet, January 2003, updated April 19, 2006, verfügbar unter www.imf.org/ external/...; vgl. die verdienstvolle Untersuchung aus dem Deutschen Institut für Entwicklungspolitik (Hrsg.) von Berensmann, Die Einbindung privater Gläubiger in die Prävention und Bewältigung von Internationalen Verschuldungskrisen, ... 7/2003.

62 *Berensmann*, aaO, S. VII der Zusammenfassung. Skeptisch ist auch *Ehricke*, in: Henckel/Gerhardt (Hrsg.), Jaeger, Insolvenzordnung, Großkommentar, § 12 Rdnr. 17.

63 *Kenneth Rogoff/Jeromin Zettelmeyer*, Bankruptcy Procedures for Sovereigns: A history of Ideas, 1976–2001, IMF Staff Papers Vol. 49 No. 3, p. 470–507.

64 Siehe FAZ v. 29.11.2001, S. 18.

Stelle, die die Aussetzung auf Antrag des Schuldnerlandes vornimmt. Materiell ist dafür Voraussetzung, dass eine auf Dauer nicht tragbare Verschuldung besteht und das Schuldnerland aufgrund seiner Situation auf den Kapitalmärkten keine Mittel mehr bekommen kann. Ist schon die Einführung eines Zahlungsunfähigkeitsverfahrens bzgl. der internationalen Anleihen umstritten, so stellt es doch nur einen Ausschnitt aus den finanziellen Schwierigkeiten eines Schuldnerlandes dar, das zugleich seine interne Verschuldung ebenfalls in den Griff bekommen muss. Der Vorschlag des IWF bedeutet, dass parallel interne Zahlungsunfähigkeitsverfahren für regionale oder lokale Gebietskörperschaften und alle sonstigen juristischen Personen des öffentlichen Rechts nötig wären, um nicht das internationale Regime, das das Ziel der finanzwirtschaftlichen Sanierung des Zentralstaats verfolgt, durch zuwiderlaufende interne Strukturen zu konterkarieren.

b) Der Vorschlag von Kratzmann für die Bundesrepublik (1982)

Der Vorschlag von Kratzmann[65] geht davon aus, eine Regelung des Staatsbankrotts sei einer Notstandsverfassung vergleichbar, die rechtzeitig und nicht erst in der Katastrophe zu erlassen sei. Jedenfalls sollte man ein solches Regelwerk möglichst nur für die Zukunft schaffen. Konkursgrund soll die Zahlungsunfähigkeit sein. Maßstab der Zahlungsunfähigkeit ist danach die Verbindung eines hohen Schuldenstandes mit stark progressiver Entwicklung bei gleichzeitig „andere Staatstätigkeiten geradezu erstickenden“ Zins- und Tilgungspflichten für die bestehende Verschuldung. Aus der Sicht von Kratzmann ist auch zu differenzieren, wann die Forderung entstanden ist, also das Postulat einer Rangfolge nach der Erkennbarkeit der Zahlungsschwierigkeiten des Staates. Die Bediensteten der insolventen Körperschaft haben nach dieser Lösung einen Beitrag zu leisten. Der Autor schlägt eine Verfassungsänderung vor, die es ermöglichen soll, die Fälligkeit von Bundesverpflichtungen hinauszuschieben oder den Anspruch zu kürzen. Die Art. 134, 135 a GG seien keine Staatsbankrottverfassung, da sie erst nach der Katastrophe entstanden seien. Die Zahlungsunfähigkeit wird durch Bundesgesetz festgestellt, das aber erst mit Zustimmung des Bundesverfassungsgerichts wirksam werden soll, das wiederum die Bundesbank zuvor anzuhören hat.

c) Der Vorschlag von Paulus zu Staaten- und Kommunalinsolvenzen (2003)

Die Überlegungen von Paulus gehen von dem Konzept einer Restrukturierung von Staaten aus, das dann auf die Kommunen heruntergebrochen wird.[66] Unter modellhafter Heranziehung der Regelungen der Chapter 11 und Chapter 9 – Verfahren des US-amerikanischen Insolvenzrechts kommt er zwanglos zur Anwendung modifizierter Regelungen zum Insolvenzplan der §§ 217 ff. InsO, die aus seiner

65 *Kratzmann,* Der Staatsbankrott, JZ 1982, 319 ff.

66 *Paulus,* Überlegungen zu einem Insolvenzverfahren für Staaten, WM 2002, 725 ff.; *ders.,* Überlegungen zur Insolvenzunfähigkeit von Gemeinden, ZInsO 2003, 869 ff.

Sicht den geeigneten Rahmen abgeben. Im Zentrum[67] des Insolvenzverfahrens für Staaten steht die Zusammenfassung der Gläubigerinteressen zur Erarbeitung einer für alle vorteilhafteren Lösung, als sie die individuelle Rechtsverfolgung bieten kann und zwar in einem der Rechtsstaatlichkeit verpflichteten Verfahren, das transparent und effizient ist sowie sich der Billigkeit verpflichtet sieht. Als Folgen der strukturell nicht gelösten Zahlungsunfähigkeitssituation arbeitet er weitergehende Probleme heraus, nämlich Verschlechterung der Lebensbedingungen der Bevölkerung der ärmsten Staaten und der radikale – ökonomisch und ökologisch nicht vertretbare – Verbrauch natürlicher Ressourcen zur Bewältigung der Schuldenlast.[68]

Der Vorschlag von Paulus leitet sich von den Unternehmensinsolvenzen und der Überlegung ab, die Liquidation des Schuldnervermögens entspreche ohnehin nicht mehr den Anforderungen der globalen Wirtschaft. Vielmehr sei der in den USA selbstverständliche fresh start maßgeblich, der dem Schuldner die Wiedereingliederung in den Markt ermöglicht. Vielfach sei die Liquidation sinnwidrig, so bei den zunehmend dienstleistungsorientierten Volkswirtschaften der hochentwickelten Länder oder den Ländern im Übergang von Plan- zu Marktwirtschaft, bei denen eine Insolvenz mit Zerschlagung von Vermögenswerten zu einer Systemkrise führen kann. Wenig überzeugend ist allerdings, wenn institutionelle Gläubiger durch einen Verhaltenskodex mit Ächtung bei Verstößen gezwungen werden sollen, sich auf Verhandlungen einzulassen, die der Sanierung von Schuldnern dienen.[69]

Paulus geht inhaltlich von folgendem aus: Alleiniger Insolvenzgrund ist die Zahlungsunfähigkeit. Das Verfahren kann ausschließlich durch Eigenantrag des Schuldners in Gang gebracht werden[70], der einen pre packaged plan einreicht. Ein neutraler Dritter (z.B. bei Staaten der Internationale Gerichtshof, aber kein Gläubiger, auch nicht der IWF), der entweder im Wesentlichen den ordnungsgemäßen Verfahrensablauf nach US-amerikanischem Vorbild überwacht oder der nach europäischem Vorbild auch inhaltlich auf die Entscheidung Einfluss nimmt, wird eingeschaltet. Er prüft den Schuldenbereinigungsplan (siehe für das inländische Insolvenzrecht § 231 InsO). Dem Schuldnerstaat bleibt ein „Existenzminimum“; das ist die Frage nach der „Insolvenzmasse“ und den „unpfändbaren Gegenständen“, siehe §§ 35 f. InsO. Mit Verfahrenseinleitung tritt ein automatic stay für alle Altgläubiger ein[71], die eine Zwangsgemeinschaft mit Gläubigerversammlung einschließlich Gruppenbildung und letzten Endes mit Zwangsakkord bilden.[72] Nach Plannahme erfolgt die Überwachung des Planvollzugs durch den neutralen

67 *Paulus,* aaO, WM 2002, 725 ff.
68 *Paulus,* aaO, WM 2002, S. 726.
69 Siehe hierzu *Paulus,* aaO, WM 2002, S. 728 und WM 2002, 778 (INSOL Verhaltenskodex) und INSOL International, Statement of Principles for a Global Approach to Multi-Creditor Workouts, London, 2000.
70 So auch *Paulus,* aaO, WM 2002, S. 731.
71 *Paulus,* aaO, WM 2002, S. 732.
72 Nach § 245 InsO, vgl. *Smid/Rattunde,* InsO, Kommentar, § 254 Rdnr. 10.

Dritten mit Sanktionen (bei Nichterfüllung) bis zum Wiederaufleben der Schuldenlast. Zu Recht spricht Paulus auch die Anfechtungsthematik an, die andere Lösungen zur Behandlung einer Insolvenz von Gebietskörperschaften aussparen.

d) Die Gutachten des Wissenschaftlichen Beirats beim BMF (2005) und beim BMWi[73]

aa) Der Wissenschaftliche Beirat beim BMF hat im April 2005 ein Gutachten über „Haushaltskrisen im Bundesstaat" vorgelegt, in welchem er unter den „Maßnahmen der bundesstaatlichen Gemeinschaft zur Überwindung bestehender Finanzkrisen" die Anwendung eines Insolvenzverfahrens für die Länder diskutiert. Als weitere Teilaspekte der Krisenbewältigung werden u.a. die Eigenbeteiligung des betroffenen „Gliedstaats" der „bundesstaatlichen Gemeinschaft" und die Hilfen durch die anderen Gebietskörperschaften erörtert.[74] Basis des vorgestellten Konzeptes ist es, „Abschreckungswirkungen" zu erzeugen und „Fehlanreizen" zu steuern.[75] Unterstützungsmaßnahmen könnten so konstruiert werden, dass die Länder von einer „laxen" Finanzpolitik abgehalten würden. An Hilfen soll ein „besonders strenger Maßstab" angelegt werden.[76] Im Zentrum steht der Eigenbeitrag des betreffenden Landes, so dass die bundesstaatliche Unterstützung Hilfe zur Selbsthilfe ist. Unter diesem Aspekt erörtert das Gutachten die Heranziehung der Bevölkerung und der „Gläubiger bzw. Inhaber der Staatsschuldverschreibungen".

Diskutiert wird auch die Zwangsfusion mit einem anderen Bundesland, die aber u.a. auch negative Anreize mit sich bringen könnte und im übrigen der Zustimmung der Bevölkerung „mindestens" der das finanzschwache Land aufnehmenden Länder bedürfte. Art. 29 GG fordert aber den Volksentscheid in allen betroffenen Ländern, so dass ein radikaler Umbau der derzeitigen verfassungsrechtlichen Lage nötig wäre. Erörtert wird ferner die Aufhebung der finanziellen Autonomie während der Zeitdauer der Hilfeleistung und deren Übertragung auf „eine zu diesem Zweck geschaffene" Institution bzw. die Festschreibung eines Sanierungsprogramms.[77]

Als Modell empfiehlt man im Ergebnis das Chapter 9-Verfahren des US-Bundesrechts, das praxiserprobt sei.[78] Die weiteren Details zum Procedere entsprechen dem präferierten US-Modell. Insgesamt will das Gutachten auf das in der InsO niedergelegte Regelwerk für die Insolvenz von natürlichen Personen und Unter-

73 Verfügbar u.a. über www.bundesfinanzministerium.de/cln_04/nn_4336/DE/Service/Downloads/Abt_I/Gutachten_Haushaltskrisen_im_Bundesstaat....pdf (Stand: Ende Juni 2006); siehe auch das Gutachten des Wissenschaftlichen Beirats des Bundesministeriums für Wirtschaft und Arbeit (heute: BMin für Wirtschaft und Technologie) v. 8.7.2005 „Zur finanziellen Stabilität des deutschen Föderalstaates", verfügbar über www.bmwi.de/BMWi/Redaktion/PDF/G/gutachten-zur-finanziellen-stabilitaet-des-deutschenfoederalstaates....
74 Gutachten, S. 13ff.
75 Gutachten, Tz. 2.3, S. 12.
76 Gutachten, Tz. 2.3.1, S. 14f.
77 Gutachten, Tz. 2.3.2, S. 15f.
78 Gutachten, TZ. 2.3.4, S. 20f.

nehmen zurückgreifen. Nicht unproblematisch ist bereits der Insolvenzgrund: Bei der Überschuldung will man barwertig die künftigen Einnahmen der Gebietskörperschaft berücksichtigen. Neben der diskutierten hochkomplexen Frage, wie dieser zu bemessen sei, fehlt die Erörterung des zu berücksichtigenden Referenzzeitraumes, eine entscheidende Größe hierfür. Gefordert werden „wie bei der Überschuldung natürlicher Personen" Pfändungsgrenzen, um Mindestanforderungen an die Daseinsvorsorge aufrecht zu erhalten.[79] Höchst kritisch und als mit der Insolvenzordnung nicht im Einklang stehend sind die Ausführungen über den Rang der Forderungen zu betrachten.[80]

Die Einführung eines Insolvenzverfahrens habe erhebliche Anreize auf den Kreditnehmer und die Gläubiger. Ersterer werde von übermäßiger Verschuldung abgehalten, wenn man eine „No-bail-out-Bedingung" einführe. Bei Entwertung „nachrangiger Forderungen" würden die Kreditgeber die Bonität eines Bundeslandes sorgfältig prüfen. Inhaltlich handelt es sich bei diesen Vorschlägen um Disziplinierungsmaßnahmen, insbesondere zu Lasten der Gläubiger, die für die Zwecke der Haushaltsdisziplin instrumentalisiert werden sollen.[81]

Ähnlich äußert sich auch das Gutachten des Wissenschaftlichen Beirats beim BMWi. Zum einen wird eine Schuldenbegrenzung bei Bund und Ländern auf der Basis der Maastricht-Kriterien gefordert. Die bisherige „ungeregelte ... Beistandsverpflichtung" sei die Basis für „schwerwiegende Fehlanreize". Das bail out soll auf nicht selbst verschuldete Notlagen beschränkt werden[82], verbunden mit dem Recht der Länder und Gemeinden, Zuschläge auf die Einkommen- bzw. Körperschaftssteuer zu erheben, was u.a. zur Stärkung der Selbstverantwortlichkeit führt. Das Gutachten spricht von einem „Föderalismus mit beschränkter Haftung".[83] Auch hier wird „ein geordnetes vergleichsähnliches Insolvenzverfahren im Falle eines Schuldenüberhangs" andiskutiert.[84]

e) Die Einbindung eines Insolvenzverfahrens in ein Haushaltsnotlagenregime nach weiteren Lösungsansätzen in der Literatur

aa) **Schuppert/Rossi**[85] halten die Schaffung eines insolvenzrechtlichen Regelwerkes für Gebietskörperschaften für überfällig. Die Struktur des Insolvenzplanverfahrens soll in ein Haushaltsnotlagenregime integriert werden.[86] Dem „Dogma" der Insolvenzunfähigkeit der öffentlichen Hand liege ein mit der ökonomischen Realität zunehmend nicht mehr zur Deckung zu bringendes Staatsverständnis

---

79 Gutachten, TZ. 2.3.4, S. 18.
80 Gutachten, TZ. 2.3.4, S.18.
81 Gutachten, TZ. 2.3.4, S. 19 unten.
82 Gutachten Wiss. Beirat Bundeswirtschaftsministerium Rdnr. 90–92.
83 Gutachten Wiss. Beirat Bundeswirtschaftsministerium, S. 42.
84 Gutachten Wiss. Beirat Bundeswirtschaftsministerium Rdnr. 74 und Fn 23.
85 *Schuppert/Rossi,* Bausteine eines bundesstaatlichen Haushaltsnotlagenregimes, Hertie School of Governance – working papers, No. 3, March 2006; dieselben ZRP 2006, 8 ff.
86 *Schuppert/Rossi,* aaO, Tz. 5.2.3, S. 45.

zugrunde.[87] In der Literatur werde die Behandlung des Staates als erstklassiger Schuldner gar für sonderbar gehalten.[88] Die Finanzkraft des Staates sei eben nicht unerschöpflich, wie sich auch an der Historie der Staatskonkurse zeige.[89] Der Staatsbankrott sei Schuldenfalle, aus der eine Befreiung aus eigener Kraft sich als kaum möglich erweisen könne.[90] Dem „Standardargument"[91], gegen die Insolvenzfähigkeit spreche die Erfüllung öffentlicher Aufgaben durch den Insolvenzschuldner, treten Schuppert/Rossi dezidiert entgegen, u.a. mit der Argumentation von Ohler, der aus dem modernen Insolvenzrecht folgert, dies habe neben der Gläubigerbefriedigung auch die Schuldnerreorganisation im Fokus, es lasse „... sich formulieren, das Insolvenzverfahren solle das Überleben des Gemeinschuldners erst ermöglichen, indem er sich von seinen Restschulden befreit."[92] Zum Ablauf des Verfahrens meinen Schuppert/Rossi folgendes: Insolvenzgrund sei (allein) die Zahlungsunfähigkeit nach § 17 InsO. Das Antragsrecht auf Einleitung des Haushaltsnotlageverfahrens soll dem Land zustehen, solange die Krise sich noch anbahnt. Ist sie eingetreten, kann ein Stabilitätsrat von Amts wegen das Verfahren einleiten. Postuliert wird ein Chief Restructuring Officer in Anlehnung an Fälle aus Großinsolvenzen von Unternehmen bzw. das Erfordernis der Zustimmung eines Stabilitätsrates unter Ablehnung eines Staatskommissars.[93] Der Stabilitätsrat kann ebenso wenig wie ein Chief Restructuring Officer, nimmt man das Staatsrecht ernst, die Entscheidungen des Parlaments beeinträchtigen. Bei einer Kommune wäre allemal der herkömmliche „Staatskommissar" (= der von der Kommunalaufsicht Beauftragte, z.B. gem. § 127 Gemeindeordnung Schleswig-Holstein) besser, der freilich die notwendigen Kenntnisse für Sanierungen mitbringen muss.

bb) In dem die bisherige Literatur würdigenden Ansatz von **Faber** wird ein auf die Kommunen zugeschnittenes Insolvenzplanverfahren befürwortet.[94] Zutreffend ist dabei die Überlegung, ein derartiges Verfahren sei obsolet, wenn das Land seiner Ausstattungspflicht genüge. Paradox scheint das Postulat eines Insolvenzverfahrens, wenn gerade dieses nicht geschieht. Die Insolvenzfähigkeit würde damit aber einen völligen Fehlanreiz darstellen, das etwa ausstattungspflichtige Land könnte sich zu Lasten der Gläubiger teilweise seiner Pflichten entziehen. Die Autorin vertritt zum Verfahren folgendes: Die Gläubigerbefriedigung steht im Interesse der Zukunft des Gemeinwesens nicht „im Vordergrund".[95] Das Konzept soll weniger die par conditio creditorum im Auge haben, vielmehr will die Autorin unterscheiden, ob der Gläubiger einen öffentlich-rechtlichen Leistungsanspruch hatte oder

---

87 *Schuppert/Rossi,* aaO, Tz. 5.2.1, S. 34.
88 *Schuppert/Rossi,* aaO unter Hinweis und Zitat von *Kämmerer,* Der Staatsbankrott aus völkerrechtlicher Sicht, ZaöRV 2005, 651 ff.
89 *Kämmerer,* aaO, S. 651.
90 *Schuppert/Rossi,* aaO, S. 36 unter Zitat von *Kämmerer,* aaO, und *Ohler,* Der Staatsbankrott, JZ 2005, 590 ff./592.
91 *Schuppert/Rossi,* aaO, S. 42.
92 *Schuppert/Rossi,* aaO, S. 42; *Ohler,* JZ 2005, 590 ff.
93 *Schuppert/Rossi,* aaO, Tz. 6.2.2, S. 58 ff./61.
94 *Faber,* Insolvenzfähigkeit für Kommunen?, DVBl. 2005, 933 ff.; LKT 2005, 441 ff.
95 *Faber,* DVBl. 2005, 933 ff./945; *Schuppert/Rossi,* aaO, Tz. 5.2.2, S. 44.

ob er sich sozusagen die Kommune als Vertragspartner aussuchen konnte. Dieser Überlegung kann keineswegs zugestimmt werden. Es gibt im Hinblick auf Quotenansprüche dann schutzwürdige und nicht schutzwürdige Gläubiger, deren Abgrenzung problematisch sein dürfte. Mit der Insolvenzordnung hat dies wenig gemein. Eine Beschränkung der Insolvenzfähigkeit auf die „freiwillige Aufgabenerfüllung“ (d.h. die Verwendung der Assets und der Aufwendungen für diese Aufgaben zur Schuldentilgung bei den Gläubigern) führte, so die Autorin, zur Liquidation kommunaler Selbstverwaltung.

cc) Zu der Frage eines Insolvenzverfahrens auf kommunaler Ebene hat **Borchert** in einem prägnanten Beitrag die Frage der beschränkten Insolvenzfähigkeit für Kommunen gestellt.[96] Der Beitrag kritisiert, die Kommunen hätten infolge der Insolvenzunfähigkeit keine Bonitätsprobleme, obwohl sie praktisch „pleite“ seien.[97] Der Staat profitiere hiervon, da er so Aufgaben auf die kommunale Ebene verlagern könne, ohne für den notwendigen Ausgleich zu sorgen, womit er die hohe Verschuldung der Kommunen befördert habe. Unter beschränkter Insolvenzfähigkeit versteht Borchert, dass die hoheitlichen Aufgaben der Kommune nicht tangiert werden und ihr auch die Mittel dazu verbleiben. Im freiwilligen Bereich sollen wesentliche Einschnitte vorgenommen werden, des Weiteren soll eine Reihe von zusätzlichen Maßnahmen verwirklicht werden. U.a. will er[98]das der Erfüllung freiwilliger Aufgaben dienende Vermögen verwerten, Verträge von Kommunen, die Zahlungspflichten begründen, wirkungslos werden lassen, Unternehmensbeteiligungen und Gemeindegrundstücke veräußern, Personalmaßnahmen durchführen und die Einsetzung eines Beauftragten nach § 127 Gemeindeordnung Schleswig-Holstein durch die Aufsichtsbehörde als eine „Art“ Insolvenzverwalter. Kreditgläubiger würden als Konsequenz dieses Konzepts einen Teil ihrer Forderungen einbüßen, aber aus seiner Sicht vorsichtiger bei der Kreditvergabe werden. Den Druck, ein beschränktes Insolvenzverfahren einzuführen, sieht er durch die Einführung der kaufmännischen Buchführung anstelle der kameralistischen erhöht. Wie die anderen Konzepte aus der Literatur leidet dieser praxisbezogene Ansatz darunter, dass der Charakter der Kommunalfinanzierung und die filigrane bankaufsichtsrechtliche Struktur – in Deutschland und Europa – ebenso verkannt werden wie das dahinter stehende geschlossene System mit seinen verfassungsrechtlichen Bezügen aus Insolvenzunfähigkeit, Vollstreckungsbeschränkungen bei der Einzelvollstreckung und sonstige Interdependenzen.

dd) **Blankart** identifiziert aus finanzwissenschaftlicher Sicht[99]als Grund der ständig steigenden Staatsverschuldung ebenfalls das bestehende Finanzierungssystem in Deutschland zwischen Bund, Ländern und Gemeinden. Die entstehenden Kosten würden „im Kreis herumgereicht“. Bund, Länder und Gemeinden würden jeder für sich jeweils zu Lasten der anderen Entscheidungen treffen. Aus seiner Sicht

96 *Borchert,* Beschränkte Insolvenzfähigkeit für Kommunen, Die Gemeinde SH 1/2004, S. 2f. unter „Auf ein Wort“.
97 *Borchert,* aaO, S. 2.
98 *Borchert,* aaO, S. 2 unten, 3.
99 *Blankart,* Haftungsgrenzen im föderalen Staat..., FAZ v. 26.11.2005, S. 13.

fallen die „Nutznießer" der kostenverursachenden Maßnahmen, diejenigen, die darüber entscheiden und schließlich diejenigen, die tatsächlich die Kosten tragen, auseinander. In Deutschland fehle es, anders als bei den Bundesstaaten der USA, an Budgetausgleichsregelungen der Länder und an Bestimmungen zur Begrenzung des Schuldenstandes. Außerdem gebe es in den USA keinen Anspruch auf Bundeshilfe, auch nicht in extremer Haushaltslage. Blankart stellt sich ähnlich wie der Wissenschaftliche Beirat beim BMWi und der Beirat beim BMF eine „Haftungsbegrenzung" bei der Unterstützung der Länder durch den Bund in Haushaltsnotlagen vor. Er postuliert ein Insolvenzverfahren für die Bundesländer; § 12 InsO sei ökonomisch unverständlich. Dadurch würden die Zinsen in die Höhe getrieben.

V. Das Konzept der Insolvenzunfähigkeit öffentlich-rechtlicher Organisationen in der Bundesrepublik Deutschland – zusammen mit der Beschränkung der Einzelvollstreckung ein geschlossenes System?

1. Das Programm der Insolvenzunfähigkeit von Bund und Ländern – § 12 Abs. 1 Nr. 1 InsO

a) Ausgangspunkt ist § 12 Abs. 1 Nr. 1 InsO, wo das Insolvenzverfahren über das Vermögen des Bundes oder eines Landes kurzerhand für unzulässig erklärt wird. Die Konkursordnung glaubte noch ohne eine Bestimmung auskommen zu können; lediglich § 89 BGB zeigte in der Fassung von 1896, dass der Fiskus jedenfalls nicht dem Konkurs unterliegen sollte.[100] Die Gründe hierfür liegen darin, dass die Aufrechterhaltung der staatlichen Funktionen die Durchführung eines liquidierenden „Konkurses" ausschließt. § 12 Abs. 1 Nr. 1 InsO ist daher im Hinblick auf den Bund deklaratorisch.

b) Auch bezüglich der Länder handelt es sich ebenfalls um eine Norm mit nicht wirklich konstitutivem Charakter. Die „Insolvenzunfähigkeit" folgt hier aus den verfassungsrechtlich klaren Festlegungen des Grundgesetzes. Würde man § 12 InsO regelnden Charakter zuerkennen, wäre es dem Bundesgesetzgeber möglich, die Insolvenzfähigkeit der Länder und damit ihre Umgestaltung und ggf. ihre Liquidation in einem einfachen Bundesgesetz herzustellen. Dies verbietet bereits die „Ewigkeitsgarantie" des Art. 79 Abs. 3 GG.

---

100 Vgl. den Unterschied im Wortlaut des § 89 Abs. 1 (im Jahr 1896: Satz 1) zu § 89 Abs. 2 BGB (im Jahr 1896: Satz 2), denn Satz 2 statuiert die Anmeldepflicht in der Konkurssituation nicht für den Fiskus.

2. Sind die Kommunen grundsätzlich insolvenzfähig, § 12 Abs. 1 Nr. 2 InsO?[101]

a) Die Frage bleibt, ob andere Gebietskörperschaften prinzipiell insolvenz-(verfahrens-)fähig sind.[102] Dies scheint § 12 Abs. 1 Nr. 2 InsO zu bejahen. Wenn der Landesgesetzgeber in seiner Entscheidung frei ist, könnte er auch die Insolvenzfähigkeit an weitergehendere Kriterien knüpfen als in der InsO vorgesehen. Die Begründung des Regierungsentwurfs zur InsO[103] beschränkt sich auf die Feststellung, Abs. 1 Nr. 2 übernehme inhaltlich Art. IV des „Einführungsgesetzes zu dem Gesetze, betreffend Änderungen der Konkursordnung“[104], er wiederholt die dort bereits gegebene Begründung[105], es gehe dabei um die Aufrechterhaltung der Funktionsfähigkeit der öffentlichen Verwaltung. Damit verbleibt es dabei, dass der Landesgesetzgeber inhaltliche Regelungen zur Insolvenz seiner juristischen Personen des öffentlichen Rechts treffen kann, die von denen der InsO abweichen. Dazu gehört z.B. die Beschränkung der Verfahrensgründe, die Definition der Insolvenzmasse, der Ausschluss der Liquidation, die Beschränkung auf einen Sanierungsplan und die Frage, wer im Verfahren die Aufsicht führt, gehören. Das vorstehende Ergebnis zur Gestaltungsfreiheit findet einfachgesetzlich seine Bestätigung in § 15 Nr. 3 EG ZPO, eine schon seit den Reichsjustizgesetzen 1877 bestehende Vorschrift[106], welche die Einzelzwangsvollstreckung gegen Gemeinden wegen Geldforderungen davon abhängig macht, ob landesrechtliche Vorbehalte bestehen. Die Regelung geht der bundesrechtlichen Vorschrift des § 882a ZPO über die Zwangsvollstreckung gegen juristische Personen des öffentlichen Rechts vor, die nicht die Gemeinden umfasst.

b) Verfassungsrechtlich könnte aber Art. 28 GG bzw. Landesverfassungsrecht einem Zahlungsunfähigkeitsverfahren der Kommunen entgegen stehen. Bundesrechtlich gewährleistet Art. 28 Abs. 2 GG die kommunale Selbstverwaltung einschließlich der finanziellen Eigenverantwortung und einer „wirtschaftskraftbezogenen Steuerquelle“.[107] Art. 28 GG schützt allerdings anerkanntermaßen nicht die einzelne Gemeinde und deren Bestand schlechthin, sondern die kommunale Selbstverwaltung als Rechtsinstitut. Als Zweck der kommunalen Selbstverwaltung und als Argument gegen die Auflösung einer einzelnen Gemeinde wird im Zusammenhang mit Gebietsreformen der Gedanke des Funktionierens der Daseinsvorsorge für die Bürger verstanden, wurzelnd im Sozialstaatsprinzip. Des Weite-

---

101 Vgl. zu der Thematik grundsätzlich *Engelsing,* Zahlungsunfähigkeit von Kommunen und anderen juristischen Personen des öffentlichen Rechts, Diss. Bonn 1999 sowie die Untersuchung von *Faber,* Insolvenzfähigkeit für Kommunen, DVBl. 2005, 933 ff.

102 Grundsätzlich bejaht dies die allgemeine Meinung mit Differenzierungen, siehe u. a. *Stoll,* Insolvenz und hoheitliche Aufgabenerfüllung, KTS 1992, S. 521 ff./522.

103 BT-Drs. 12/2443, Begründung zu dem damaligen § 14 InsO (Regierungsentwurf), S. 113.

104 Gesetz v. 17.5.1898, EG KNov. RGBl. 1898 I, S. 248 ff., sodann BGBl. III 311-3, abgedruckt auch bei *Jaeger,* Konkursordnung, 8. Aufl., 1973, 2. Band 2. Halbband, S. 1176 f., aufgehoben durch das EG InsO.

105 Begründung zur Art. IV EG KNov., hier zitiert nach *Jaeger/Weber,* aaO, § 213 Anm. 3 mwN.

106 EG ZPO v. 30.3.1877, RGBl. 1877, 244, idF v. 19.4.2006, BGBl. 2006 I 866.

107 Art. 28 Abs. 2 S. 3 2. Halbsatz GG.

ren werden diskutiert das Demokratiegebot, die Mitwirkung der Bürger in ihrer konkreten Gemeinde und das Rechtsstaatsprinzip. Über Art. 20 GG würde dann wieder Art. 79 Abs. 3 GG zu einem begrenzten bundesrechtlichen Schutz der Selbstverwaltung führen. Das erste Argument wird brüchig, je mehr Aufgaben der Daseinsvorsorge auch im Wettbewerb durch Unternehmen erfüllt werden. Der Bund ist durch die Gewährleistung der Grundsätze der kommunalen Selbstverwaltung den Kommunen gegenüber nach Art. 28 Abs. 3 GG verpflichtet.[108] Gegen Eingriffe können sich die Kommunen vor dem BVerfG nach Art. 93 Abs. 1 Nr. 4b GG wehren.

Das Landesverfassungsrecht spiegelt diese Rechtslage. Kernstück ist jeweils die weitgehende Zuständigkeit für die örtlichen Angelegenheiten unter eigener Verantwortung, die Möglichkeit der Übertragung von öffentlichen Aufgaben durch gesetzliche Regelungen und ein allgemeiner und ein spezifischer Finanzausgleich. Letzterer unterstützt die strukturschwachen Kommunen. Vor dem Hintergrund dieses Befundes wird deutlich, dass sich ein Insolvenzverfahren gegen Gemeinden als „Gesamtvollstreckungs“verfahren mit der Möglichkeit der Liquidation des kommunalen Vermögens mit geltendem Verfassungsrecht nicht in Einklang bringen lässt. Die örtliche öffentliche Verwaltung würde unter Verletzung tragender Grundsätze der Verfassung der Gläubigerbefriedigung untergeordnet. Aber auch ein Sanierungsverfahren nach der InsO wäre nach den dortigen auf natürliche Personen und Unternehmen zugeschnittenen Strukturen nicht durchführbar, u.a., weil öffentliche Verwaltung unter einem Insolvenzverwalter ausgeübt würde, ein mit den verfassungsrechtlichen Leitlinien nicht in Einklang zu bringender Vorgang.

Nicht übersehen werden darf dabei, dass die Gemeinden durch die Kommunalaufsicht sehr wohl zur Erfüllung ihrer Verpflichtungen angehalten werden können. Ist der geordnete Gang der Verwaltung behindert oder gefährdet, kann die Aufsichtsbehörde als ultima ratio darüber hinausgehend einen „Beauftragten einsetzen. Das ist nichts anderes als die Zwangsverwaltung der Gemeinde.

c) Das Ergebnis eines kommunalen Insolvenzverfahrens wäre fragwürdig:

Damit würde nicht nur die Kommune entschuldet, sondern ggf. auch das Land. Durch Aufgabenverlagerung auf die Kommunen ohne wirklich hinreichende Finanzausstattung würde nicht nur Verschuldung verlagert, sondern bei wirtschaftlicher Betrachtung auch die Entschuldung des betreffenden Landes gefördert. Schon aus diesem Grund ist daher auch die von Faber vorgestellte Lösung, ein Insolvenzverfahren von der Nichterfüllung der Ausstattungspflicht des Landes abhängig zu machen, nicht sachgerecht.[109] Wenn eine solche Verpflichtung besteht,

---

108 *Maunz-Dürig,* Grundgesetz, Art. 28 Rdnr. 89 (33. Lfg. 1997).

109 *Faber,* aaO, DVBl. 2005, 933 ff.; soweit die Untersuchung die Ausstattungsverpflichtung des Landes in Zweifel zieht, da sich u. a. eine beihilferechtliche Problematik (*d. h. im Sinne der Art. 87 f. EG – Anm. des Verf.*) „aufdränge“, liegt ein Missverständnis des europäischen Rechtes vor. Leistungen des Landes an eine Gemeinde werfen nie beihilferechtliche Fragen auf, da die Kommune als solche kein Unternehmen im Sinne des Art. 87 EG ist.

dann bedarf es des Verfahrens nicht. Ein Insolvenzverfahren zu Lasten der Gläubiger verbietet sich umso mehr, wenn man in der Literatur im Einklang mit der verfassungsgerichtlichen Rechtsprechung hervorhebt, dass die Erfüllung der örtlichen Aufgaben wiederum unabhängig von der Leistungskraft der betreffenden Kommune ist.[110]

d) Es ist daher insgesamt folgerichtig, wenn die Länder die Insolvenzfähigkeit von Kommunen generell ausgeschlossen haben. Die gesetzgeberische Erkenntnis, dass hierfür eine Notwendigkeit besteht, war bereits im 19. Jahrhundert vorhanden.[111]

3. Die Insolvenzfähigkeit sonstiger juristischer Personen des öffentlichen Rechts, Regelungen in den Ländern[112]

a) § 12 Abs. 1 Nr. 2 InsO gestattet den Ländern ferner, generell juristische Personen des öffentlichen Rechts dem Insolvenzverfahren zu entziehen. Grund ist hier wie bei den Gemeinden das Funktionieren der Verwaltung, die nicht dem Handeln eines Insolvenzverwalters oder der Autonomie (privater) Gläubiger ausgesetzt werden soll. Anders als bei den Gemeinden besteht hier kein verfassungsrechtlicher Bezug. Dergleichen Bestimmungen sind umgekehrt verfassungsrechtlich unbedenklich, insbesondere ist das im Rechtsstaatsprinzip wurzelnde Willkürverbot nicht verletzt.[113] Der Gesetzgeber kann daher auch differenzieren, welche juristischen Personen des öffentlichen Rechts er vom Insolvenzverfahren ausnimmt und welche nicht.[114] Ansonsten haben die Länder in großem Umfang die Insolvenz(verfahrens-)unfähigkeit öffentlich-rechtlicher Körperschaften und Anstalten geregelt. Die föderale Struktur der Bundesrepublik bedingt hier jedoch eine erhebli-

110 Vgl. BVerfG, Urt. v. 23.11.1988 – 2 BvR 1619/83 und 2 BvR 1628/83 – BVerfGE 79, 127 ff./146 ff. = NVwZ 1989, 327 = DVBl. 1989, 300; siehe aus der Literatur *Mückl,* Konnexitätsprinzip in der Verfassungsordnung von Bund und Ländern, in: Henneke/Pünder/Waldhoff (Hrsg.), Recht der Kommunalfinanzen, 2006, § 3, S. 33 ff./36 f., Rdnr. 11.

111 Die heutigen gesetzlichen Vorschriften zur Insolvenzunfähigkeit der Kommunen gehen daher keineswegs originär auf § 116 Abs. 2 der Deutschen Gemeindeordnung (DGO) aus dem Jahr 1935 zurück. Vielmehr gibt es zahlreiche Vorgängerregelungen der deutschen Länder, die z. T. auf das Ende des 19. Jahrhunderts datieren.

112 Siehe hierzu auch die Übersicht bei *Cranshaw,* Insolvenz- und finanzrechtliche Perspektiven, InsO-S Band 7, Anhang II.

113 BVerfG, Beschl. v. 5.10.1993 – 1 BvL 34/81 – NJW 1994, 1465 = KTS 1994, 90 = WM 1994, 268, insb. C I, II 2, 3 der Gründe.

114 BVerfG, vorige Fn, C II, 2 der Gründe, wo der Senat ausführt, der Landesgesetzgeber habe von der Konkursunfähigkeit Organisationen ausgenommen, die zwar „meist historisch" öffentlich-rechtlich strukturiert seien, aber sich „vorwiegend privatwirtschaftlich" (d. h. am Markt) betätigten, deren Konkursrisiko das Land daher nicht tragen wolle, wie bei Versicherungen bzw. Kreditinstituten. Siehe auch BVerfG, Beschl. v. 23.3.1982 – 2 BvL 13/79 – BVerfGE 60, 135 ff. = ZIP 1982, 713 ff. = NJW 1982, 2859 ff.; in dieser Entscheidung hat das BVerfG die Befugnis der Länder bestätigt, ihre eigenen den Konkurs ausschließenden Bestimmungen auf Art. IV EG KNov. zu stützen. Die Möglichkeit der Insolvenzunfähigkeit kann schließlich auch durch das europäische Recht der Staatsbeihilfen (Art. 87 ff. EG) für am Markt tätige öffentliche Unternehmen eingeschränkt sein. So etwa haben die Bundesländer mit Wirkung zum 19.7.2005 die Insolvenzunfähigkeit der öffentlich-rechtlichen Kreditinstitute, die im Wettbewerb tätig sind, aufgehoben. Der Grund hierfür ist die sog. Brüsseler Verständigung Deutschlands aus dem Jahr 2001 mit der Europäischen Kommission über die Aufhebung der überkommenen Anstaltslast und Gewährträgerhaftung.

che Zersplitterung auf kaum übersehbare Einzelgesetze.[115] Für den Kreditgeber bzw. Gläubiger, für den die Insolvenzunfähigkeit ein maßgeblicher Aspekt der Eingehung oder der Strukturierung der Vertragsbeziehung mit seinem Kunden sein wird, ist es aufwändig, wenn 16 Landesrechte laufend einem Monitoring zu unterziehen wären. Die öffentlich-rechtlichen Einrichtungen sollten daher die aktuellen gesetzlichen Vorschriften im Verkündungsblatt in geeigneter Form vorhalten oder autorisiert auf ihrer Internetseite bereit stellen.

b) Die Bandbreite der Gesetzesmaterie ist erheblich. Generell lassen sich nach der Art der Regelung zwei Gruppen unterscheiden, nämlich einmal Länder mit „Generalklauseln", die im Ergebnis mit ausdrücklich bezeichneten Ausnahmen alle juristischen Personen des öffentlichen Rechts unter der Aufsicht des Landes für insolvenz(verfahrens)unfähig erklären. Das ist die weitaus größte Gruppe. Daneben stehen Regelwerke mit „offenen" Generalklauseln, die ebenfalls zwar sämtliche juristischen Personen des öffentlichen Rechts umfassen, aber eine Weiterverweisung auf die lex specialis der konkreten Einrichtung enthalten, die wiederum Abweichendes regeln kann. Parallel hierzu stehen meist ergänzende Vorschriften über die Insolvenzunfähigkeit der Kommunen und kommunalen Verbände. Nach Gesetzestypen lassen sich Länder unterscheiden, die die Insolvenzunfähigkeit in Ausführungsgesetzen zu bundesrechtlichen Gesetzeswerken geregelt haben[116], in Landesgesetzen über die Insolvenzunfähigkeit, die nicht immer terminologisch an die InsO angepasst sind, in den Verwaltungsvollstreckungsgesetzen[117] und in allgemeinen Gesetzen über die Landesorganisation, u.a. mit Verweisungen auf andere Regelwerke.[118]

4. Die Insolvenzfähigkeit von kommunalen Unternehmen des Privatrechts und des öffentlichen Rechts

a) Die Insolvenzfähigkeit (§ 11 InsO) knüpft an die juristische oder natürliche Person, den Rechtsträger des Unternehmens. Die AG, die GmbH oder die GbR oder die sonstigen Gesellschaftsformen des Privatrechts, an der die öffentliche Hand beteiligt ist, sind einem Insolvenzverfahren ebenso zugänglich wie die nicht ausdrücklich insolvenzunfähige Körperschaft oder Anstalt des öffentlichen Rechts.[119]

b) Umgekehrt sind rechtlich unselbstständige öffentlich-rechtliche Strukturen des seinerseits nicht insolvenzfähigen Rechtsträgers ebenfalls nicht insolvenzfähig. Das ist der Fall bei den kommunalen Eigenbetrieben[120], die „wirtschaftliche Un-

---

115 Siehe z.B. die Übersichten bei *Faber*, aaO, § 35 FN 26; HK-*Kirchhof*, § 12 Rdnr. 3f.; *Kübler/Prütting*, InsO, Kommentar, § 12 Rdnr. 7; MK InsO/*Ott*, § 12 Rdnr. 23; *Cranshaw*, InsO-S Band 7 Anhänge I und II.

116 Baden-Württemberg, Bayern, Bremen, Rheinland-Pfalz, Sachsen-Anhalt.

117 Brandenburg, Hessen, Nordrhein-Westfalen, Saarland.

118 Mecklenburg-Vorpommern, Sachsen, Schleswig-Holstein.

119 So auch *Hirte*, in: Uhlenbruck, InsO, 12. Aufl. 2003, § 12 Rdnr. 13.

120 So auch *Gundlach*, Die Insolvenzfähigkeit juristischer Personen und Vermögen des öffentlichen Rechts, DöV 1999, 815ff. Vgl. auch MK-InsO/*Ott*, § 12 Rdnr. 16; *Ehricke*, in: Henckel/Gerhardt (Hrsg.); *Jaeger*, Insolvenzordnung, Großkommentar, § 12 Rdnr. 12. Siehe aber den Hinweis

ternehmen ohne Rechtspersönlichkeit der Gemeinde ..." sind.[121] Sie sind organisatorisch verselbstständigt, sie haben ein eigenständiges Rechnungswesen mit kaufmännischer Buchführung und Bilanzierung.[122] In allen Fällen handelt es sich um Unternehmen in „funktionalem Sinne"[123] z.B. des Umwandlungsgesetzes, aber auch des europäischen Rechts.[124]

Bei den kommunalen Eigenbetrieben eröffnet die Ausgliederung (§§ 168ff. UmwG) neue Perspektiven.[125] Das Umwandlungsgesetz will gerade diese „Privatisierungen" nicht rechtsfähiger öffentlicher Unternehmen begünstigen.[126] Eines der Motive für die Umwandlung ist die Enthaftung der Gebietskörperschaft von den nach Vollzug entstehenden neuen Verbindlichkeiten des Unternehmensträgers.[127] Die Haftung der ausgliedernden Kommune für die übertragenen „Alt"-Verbindlichkeiten besteht nur noch fünf Jahre fort (§§ 172f., 157 UmwG).[128] Mit der Ausgliederung wandelt sich die Insolvenzunfähigkeit des kommunalen Unternehmens in die Insolvenzfähigkeit des rechtsfähigen privatrechtlichen Unternehmensträgers.[129] Der Beschränkung der Haftung der Kommune steht das Risiko der Insolvenz der übernehmenden Gesellschaft gegenüber. Damit relativiert sich die Insolvenzunfähigkeit der Kommune selbst.

Für die Verbindlichkeiten einer privatrechtlich organisierten Gesellschaft, an der die Kommune beteiligt ist, haftet die Gebietskörperschaft auch als Alleingesellschafterin nicht, soweit nicht ein besonderer Verpflichtungsgrund besteht. Sie hat

---

auf § 3 EigBG Sachsen von *Hirte,* in: Uhlenbruck, InsO, aaO; § 12 Rdnr. 13 und HK-*Kirchhof,* § 12 Rdnr. 7.

121 Vgl. z.B. zur Definition § 106 GemO Schleswig-Holstein sowie § 1 des Eigenbetriebsgesetzes Sachsen-Anhalt v. 24.3.1997, GVBl. LSA 1997, S. 446.

122 Sie sind nicht rechtsfähig, aber Kaufmann nach § 1 HGB und damit auch „registerpflichtig". Siehe dazu BayObLG, Beschl. v. 12.12.2001 – 3Z 174/01 – Rpfl. 2002, 316; OLG Frankfurt – Beschl. v. 20.12.2001 – 20 W 184/01 – DB 2002, 369. Siehe *Richter,* Kommunales Vermögen und seine Verwaltung, in: Henneke/Pünder/Waldhoff (Hrsg.), Recht der Kommunalfinanzen, 2006, § 38 Rdnr. 8ff.

123 *Lutter,* Umwandlungsgesetz, Kommentar, 1996, § 168 Rdnr. 9.

124 Als ein Unternehmen im Sinne des europäischen Wettbewerbsrechtes (Art. 85, 86 EG) ist jede Einheit anzusehen, die eine wirtschaftliche Tätigkeit ausübt, unabhängig von Rechtsform und Finanzierung.

125 Nach *Altmeppen,* Die Einflussrechte der Gemeindeorgane in einer kommunalen AG, NJW 2003, 2561ff./2561, beträgt der Anteil der kommunalen Unternehmen in Rechtsformen des privaten Rechts „deutlich" über 50%.

126 Siehe die Gesetzesbegründung zu § 168 UmwG, BR-Drs. 75/94, S. 132.

127 Die Kommentarliteratur spricht davon, infolge der „angespannten Finanzlage" hätten die Ausgliederungen „stark zugenommen", *Heckschen,* in: Widmann/Mayer, Umwandlungsrecht, Losebl., § 168 UmwG Rdnr. 10.

128 Die Regelung entspricht der Nachhaftung des ausgeschiedenen Gesellschafters der OHG, KG und der GbR nach § 160 HGB bzw. §§ 736 Abs. 2 BGB, 160 HGB. Der Gläubiger wird die Kommune nach Maßgabe der §§ 172f., 157 UmwG in Anspruch nehmen oder Sicherheit durch Kommunalbürgschaft diskutieren.

129 Die Ausgliederung ist mitnichten eine Privatisierung, denn die GmbH, KG usw. bleibt im öffentlichen Besitz, verliert aber die Vorteile der günstigen „Kommunalfinanzierung" und bei erweiterter Selbstständigkeit auch die Möglichkeit der Vergabe durch die Kommune an ihre Gesellschaft ohne Ausschreibung („Inhouse"-Vergabe) mit entsprechenden Folgen für die Auftragslage. In der Literatur wird von der „formellen Privatisierung" bei dieser Konstellation gesprochen.

auch nicht die Pflicht, die Insolvenz zu vermeiden. Vielmehr ist ihre Position rechtlich nicht anders als diejenige eines privaten Investors der Marktwirtschaft, der mit seiner Beteiligung bestimmte unternehmerische Zwecke verfolgt und der sein Risiko ökonomisch auf eine bestimmte Einlage begrenzt. In der Literatur wird u.a. aus dem Rechtsstaatsprinzip zwar das Verbot abgeleitet, die Gläubiger kommunaler Unternehmen durch die Eröffnung eines Insolvenzverfahrens zu schädigen mit der Folge einer Nachschusspflicht für die Gebietskörperschaft, die Träger des Unternehmens ist.[130] Dieser Überlegung kann aufgrund der klaren Bestimmungen der Insolvenzordnung und der rechtsformspezifischen Vorschriften des Gesellschaftsrechts über Insolvenzfähigkeit, Insolvenzgründe und Insolvenzantragspflichten nicht gefolgt werden. Die Motive der §§ 168ff. UmwG streiten ebenfalls gegen diese Auffassung. Besondere Verpflichtungsgründe im obigen Sinne sind wie bei jedem Gesellschafter beispielsweise etwaige Ansprüche aus Übernahme einer Bürgschaft, aus Insolvenzverschleppungshaftung, aus culpa in contrahendo[131] sowie aus existenzvernichtendem Eingriff.[132]

5. Insolvenzunfähigkeit von juristischen Personen des öffentlichen Rechts aufgrund Verfassungsrechts

Neben den juristischen Personen des öffentlichen Rechts, die als Gebietskörperschaften bzw. nach § 12 Abs. 1 Nr. 2 InsO insolvenzunfähig sind, stehen zwei Gruppen, deren Insolvenzunfähigkeit sich unmittelbar auf Verfassungsrecht gründet.

a) Bei der einen Gruppe handelt es sich um die öffentlich-rechtlichen Rundfunkanstalten nach der Rechtsprechung des BVerfG.[133] Die Rundfunkfreiheit nach Art. 5 Abs. 2 Satz 2 GG schließt ein Konkursverfahren aus, denn der Staat habe die Funktion des öffentlich-rechtlichen Rundfunks zu gewährleisten. Ein Konkursverfahren über Rundfunkanstalten sei damit nicht vereinbar, denn es sei nicht ausgeschlossen, dass der Konkursverwalter über den finanziellen Rahmen das Programm bestimme oder doch beeinflusse. Im Hinblick auf die Pflicht der Län-

---

130 Vgl. *Faber,* Zahlungsunfähigkeit von Kommunen, in: Henneke/Pünder/Waldhoff (Hrsg.), Recht der Kommunalfinanzen, 2006, § 35 Rdnr. 34ff. mwN mit Wiedergabe des Meinungsstandes, siehe FN 103ff. Ablehnend auch Gundlach, Die Haftung der Gemeinden für ihre Eigengesellschaften, LKV 2000, S. 58ff.; siehe *Kuhl/Wagner,* Das Insolvenzrisiko der Gläubiger kommunaler Eigengesellschaften, ZIP 1995, 433ff.; zum Rechtsstaatprinzip und den Folgen hieraus vgl. *Gern,* Kommunalrecht Baden-Württemberg, 2005, Rdnr. 387.

131 Voraussetzung ist, dass bei dem Gläubiger im Ausnahmefall besonderes Vertrauen darin geweckt wurde, die Kommune werde schon für Verluste der Beteiligungsgesellschaft einstehen. Das OLG Celle hat einen Anspruch aus Vertrauenshaftung bei nur allgemeiner Erwartung des Gläubigers abgelehnt, siehe OLG Celle, Urt. v. 12.7.2000 – 9 U 125/99 – ZIP 2000, 1981 = ZInsO 2001, 172 = KTS 2001, 127.

132 Bejahend insoweit auch *Faber,* aaO, § 35 Rdnr. 38f.; siehe dazu BGH, Urt. v. 24.6.2002 – II ZR 300/00 – BGHZ 151,181ff., mwN.

133 BVerfG, Beschl. v. 5.10.1993 – 1 BvL 35/81 – BVerfGE 89, 144ff. = NJW 1994, 1466f.; Beschluss v. 18.4.1994 – 1 BvR 243/87, 1272/89, – NJW 1994, 2348 = NVwZ 1994, 1094. Anders noch das OVG Münster – Urt. v. 18.6.1990 – 2 A 2842/80 – ZIP 1980, 687ff. und das BVerwG, Urt. v. 15.1.1987 – 3 C 3.81 – NJW 1987, 3017ff.

der, den öffentlich-rechtlichen Rundfunk finanziell zu gewährleisten, bestehe auch kein Bedürfnis nach einem Konkursverfahren.

b) Eine ganz andere Kategorie insolvenzunfähiger Körperschaften des öffentlichen Rechts stellen die verfassten Kirchen des deutschen Staatskirchenrechts dar. Nach zutreffender Rechtsprechung des BVerfG[134] folgt die Konkursunfähigkeit unmittelbar aus der Befugnis der Kirchen nach Art. 140 GG, Art. 137 Abs. 3 WRV, ihre eigenen Angelegenheiten nach ihrem Selbstverständnis unabhängig vom Staat zu ordnen. Das Konkursrecht ist kein für alle geltendes Gesetz im Sinne des Art. 137 Abs. 3 S. 1 WRV. Vielmehr würde der Auftrag der Kirche „in der Welt" beeinträchtigt, wenn ein Konkursverwalter das kirchliche Vermögen verwalten und darüber verfügen würde. Zudem wurzelt das Interesse der Kirchen an einem Ausschluss des Konkursverfahrens in der Glaubensfreiheit des Art. 4 GG. Dem ist der Rechtsausschuss des Bundestages bei der Diskussion der InsO gefolgt und hat auf eine Sonderregelung für die Kirchen verzichtet.[135] Der gegen die Insolvenzunfähigkeit der kirchlichen Organisationen des öffentlichen Rechts in der Literatur geäußerten Kritik ist nicht zu folgen. Ein eigenverantwortliches Handeln der Kirchen wäre in der Insolvenz nicht mehr denkbar.[136] Aus Sicht der Kritik ergibt sich ein hinlänglicher Schutz bereits aus § 36 InsO iVm § 882a ZPO, also durch die Beschränkung der Insolvenzmasse. Im Zentrum steht dabei die dem Gesellschaftsrecht entnommene Lehre vom „Verdrängungsbereich".[137] Dieses Konzept davon aus, die Bereiche von Insolvenzverwalter (§ 80 InsO) und öffentlich-rechtlicher Körperschaft könnten voneinander sachgerecht abgegrenzt werden. Die öffentlich-rechtlichen Befugnisse und Aufgaben würden autonom von der insolventen Körperschaft ohne Einflussnahme des Verwalters ausgeübt bzw. erfüllt, während der Verwalter das nicht insolvenzfreie Vermögen verwertet, das zum Zeitpunkt der Insolvenz vorhandene ebenso wie das künftige (§ 35 2. HS InsO).[138] In der konkursrechtlichen Literatur unterscheidet Jaeger/Weber die Wirkungskreise des Konkursverwalters und der Vertretungsorgane der Körperschaft. Die Wahrnehmung von Vermögensrechten, mit Ausnahme der Verfügung über freigegebene oder nicht zur Insolvenzmasse gehörende Vermögensgegenstände, gehört nicht dazu.[139] Die Lehre von den Wirkungskreisen (bzw. dem Verdrängungsbereich) ist vorliegend abzulehnen, denn der kirchlichen Körperschaft bliebe für die Erfüllung ihrer öffentlichen bzw. kirchlichen Aufgaben faktisch kein Wirkungskreis. Das ist weder mit Art. 4 noch mit Art. 140 GG iVm 137ff./ 137 Abs. 3 WRV vereinbar.[140]

---

134 BVerfG, Beschl. v. 13.12.1983 – 2 BvL 13 – 15/82, BVerfGE 66, 1 ff. = NJW 1984, 2401 ff.

135 *Kübler/Prütting,* InsO, Band I, S. 171 f. zu dem Regierungsentwurf des späteren § 12.

136 Im Ergebnis so wie hier *Ehricke,* in: Henckel/Gerhardt (Hrsg.); *Jaeger,* Insolvenzordnung, Großkommentar, § 12 Rdnr. 37 ff.

137 *Hirte,* aaO; § 12 Rdnr. 14, *Engelsing,* Zahlungsunfähigkeit von Kommunen ..., S. 135, 140, 160 f.

138 *Hirte,* aaO; *Engelsing,* aaO, jeweils mwN.

139 *Jaeger/Weber,* Konkursordnung, Band 2/2, 8. Aufl. 1973, § 208 Rdnr. 28 ff.

140 So auch *Kübler/Prütting,* § 12 Rdnr. 7; die Auffassung von *Hirte,* aaO, ist daher entgegen der Auffassung von *Kind,* in: Braun, InsO, Kommentar, § 13 Rdnr. 19, Fn 4, keineswegs überzeugend.

Bedient sich die Kirche zur Erfüllung ihrer Aufgaben „in der Welt", z.B. im Schul- und Krankenhauswesen, der Rechtsformen des privaten Rechts, etwa ein katholisches Bistum einer regionalen Caritas Trägergesellschaft mbH, hat sie auf die Insolvenzunfähigkeit verzichtet, die Gesellschaft ist nach den allgemeinen gesetzlichen Bestimmungen insolvenzfähig.[141]

6. Die Beschränkung der Einzelvollstreckung nach §§ 15 Nr. 3 EG ZPO, 882a ZPO

a) Leitet man die Insolvenzunfähigkeit aus der Beschränkung der Zwangsvollstreckung gegen juristische Personen des öffentlichen Rechts aus dem Interesse des ordnungsgemäßen Funktionierens der öffentlichen Verwaltung ab, folgt hieraus ohne weiteres die Beschränkung der Einzelzwangsvollstreckung. Dies wird durch § 15 Nr. 3 EG ZPO in Verbindung mit landesrechtlichen Bestimmungen (Kommunen) und § 882a ZPO (Bund und Länder sowie sonstige juristische Personen des öffentlichen Rechts) bewirkt, die ein abgestimmtes Regelwerk darstellen und die Vollstreckung in begrenztem Umfang ermöglichen.

b) § 882a Abs. 1, 2 ZPO beschränkt die Vollstreckung von Geldforderungen gegen Bund und Länder, soweit nicht dingliche Rechte verfolgt werden. Anwendungsbereich der Vorschrift sind allein Zwangsvollstreckungsmaßnahmen wegen privatrechtlicher Geldforderungen aus Titeln nach der ZPO und nach dem ArbGG.[142] Ferner findet die Einzelvollstreckung gegen die juristischen Personen des öffentlichen Rechts und die Gebietskörperschaften im Rahmen und nach Maßgabe der Verwaltungsvollstreckungsgesetze statt. Der Anwendungsbereich dieser Gesetze betrifft die Durchsetzung öffentlich-rechtlicher Zahlungsansprüche. Hier haben die entsprechenden landesrechtlichen Vorschriften ihren Anwendungsbereich und ihre Berechtigung.

Eine materielle Vollstreckungsbeschränkung enthält § 882a Abs. 2 ZPO, der die Zwangsvollstreckung in Sachen[143] nach § 808 Abs. 2 ZPO für unzulässig erklärt, die für die Erfüllung der öffentlichen Aufgaben entweder unentbehrlich sind oder deren Veräußerung „ein öffentliche Interesse" entgegensteht. Mit einer Literaturmeinung ist festzustellen, dass mit der Alternative des entgegenstehenden öffentlichen Interesses nicht das Vollstreckungsrecht des Gläubigers ausgehebelt werden darf.[144] Die vorstehenden Vollstreckungsbeschränkungen oder Verfahrenshemmnisse erstreckt § 882a Abs. 3 ZPO auf alle Körperschaften, Anstalten und Stiftungen des öffentlichen Rechts, unabhängig, ob sie der Aufsicht der Länder unterliegen, mit Ausnahme öffentlich-rechtlicher Kreditinstitute (§ 882a Abs. 3 S. 2 ZPO).

---

141 Siehe auch *Hirte*, aaO, Rdnr. 15.

142 Vgl. *Thomas/Putzo*, ZPO, § 704 Vorbem. IV Rdnr. 14f.

143 Vgl. zum Umfang der Vollstreckung auch *Loh/Wimmer*, Aktuelle Fragen bei der Vergabe von Kommunalkrediten, WM 1996, 1941ff./1942f. Siehe auch *Cromme*, Vollstreckung gegen illiquide Gemeinden aus Kommunalkrediten und DDR-Altschulden, ZBB 1996, 231ff.

144 *Engelsing*, Zahlungsunfähigkeit von Kommunen ..., S. 66.

c) Unter § 882a ZPO fallen auch Vollstreckungsmaßnahmen gegen kirchliche juristische Personen des öffentlichen Rechts[145].

d) Die Vollstreckung gegen Gemeinden nach den landesrechtlichen Vorschriften unterliegt materiell ähnlichen Vollstreckungsbeschränkungen, wie sie in § 882a ZPO geregelt sind. Formell bedarf die Vollstreckung in fast allen Flächenbundesländern der Zulassungsverfügung[146] der Aufsichtsbehörde. Die Gemeinde muss dagegen im Verwaltungsrechtsweg einwenden, durch die Gestattung der Vollstreckung in ihrem Selbstverwaltungsrecht betroffen zu sein (Art. 28 Abs. 2 GG, § 42 Abs. 2 VwGO). Es entsteht also bei der Vollstreckung gegen Gebietskörperschaften und sonstige juristische Personen des öffentlichen Rechts wegen Geldforderungen ein gespaltener Rechtsweg. Die Zulassungsverfügung muss den Vermögensgegenstand bezeichnen, in den die Zwangsvollstreckung zugelassen wird und den Zeitpunkt der Vollstreckung bestimmen.

Das Vollstreckungsverfahren richtet sich im übrigen nach der Zivilprozessordnung.

Eine typische Bestimmung ist diejenige des § 131 Abs. 1 GO Schleswig-Holstein[147] mit folgender Formulierung:[148]

> *„(1) Zur Einleitung der Zwangsvollstreckung gegen die Gemeinden wegen einer Geldforderung bedarf … (der Gläubiger) einer Zulassung der Kommunalaufsichtsbehörde, es sei denn, dass es sich um die Verfolgung dinglicher Rechte handelt. In der Verfügung hat die Kommunalaufsichtsbehörde die Vermögensgegenstände zu bezeichnen, in welche die Zwangsvollstreckung zugelassen wird, und über den Zeitpunkt zu befinden, in dem sie stattfinden soll. Die Zwangsvollstreckung wird nach den Vorschriften der Zivilprozessordnung durchgeführt."*

Ausnahmen von dem Erfordernis der Zulassungsverfügung als Vollstreckungsvoraussetzung bestehen in Bayern und Hessen. Dennoch geht dies inhaltlich nur wenig über die der anderen Bundesländer hinaus. Hebt der Landesgesetzgeber die in seiner Kompetenz liegende Vollstreckungsbeschränkung nach § 15 Nr. 3 EG ZPO auf, finden über § 882a Abs. 3 Satz 1 ZPO (analog) die Einschränkungen der Vollstreckung nach § 882a Abs. 1 und 2 ZPO Anwendung.

e) In einer Reihe von Flächenbundesländern wird zudem angeordnet, dass die Aufsichtsbehörde die Verfügung zu erlassen hat, aber zugleich darauf achten muss, nicht die Zwangsvollstreckung in Vermögensgegenstände anzuordnen, die für die

---

145 Der Wortlaut des § 882a ZPO nimmt sie nicht aus, das BVerfG ist in seinem Beschl. v. 13.12.1983 – 2 BvL 13–15/82, s. o., NJW 1984, 2401 ff./2402 von der Anwendung der Bestimmung ausgegangen.

146 Baden-Württemberg: § 127 GemO; Brandenburg: § 129 Abs. 1 GO; Mecklenburg-Vorpommern: § 62 Abs. 1 KV M-V; Niedersachsen: § 136 Abs. 1 NGO; Nordrhein-Westfalen: § 128 Abs. 1 GO NW; Rheinland-Pfalz: § 128 GemO; Saarland: § 138 Abs. 1 KSVG; Sachsen-Anhalt: § 143 GO LSA; Sachsen: § 122 SächsGO; Schleswig-Holstein: § 131 Abs. 1 GO; Thüringen: § 69 Abs. 1 ThürKO.

147 IdF v. 20.2.2003, GVOBl. 2003, S. 57, s. o.

148 Fast identisch sind die Formulierungen in Baden-Württemberg, Mecklenburg-Vorpommern, Nordrhein-Westfalen und im Saarland.

Aufgabenerfüllung unentbehrlich sind bzw. deren Veräußerung dem öffentlichen Interesse widerstreitet. Neben den formellen Vollstreckungsvoraussetzungen stehen daher materielle Schuldnerschutzvorschriften. So etwa formuliert § 136 Abs. 1 Satz 2 und 3 Niedersächsische Gemeindeordnung (Auszug):[149]

> *„... Die Kommunalaufsichtsbehörde hat die Zulassungsverfügung zu erteilen, ... Die Zulassung der Zwangsvollstreckung in solche Vermögensgegenstände, die für den geordneten Gang der Verwaltung oder für die Versorgung der Bevölkerung unentbehrlich sind, sowie in Vermögensgegenstände, die durch Stiftungsakt zweckgebunden sind, ist ausgeschlossen ....“*

Ausdrückliche Bestimmungen existieren außer in Niedersachen in den Ländern Brandenburg (§ 129 Abs. 1 Satz 2 GO), Rheinland-Pfalz (§ 128 Satz 3 GemO), Sachsen (§ 122 Abs. 2 SächsGemO), Sachsen-Anhalt (§ 143 Satz 3 GO LSA) und Thüringen (§ 69 Abs. 1 Satz 3 ThürKO). Unentbehrlich im Sinne der landesrechtlichen Vorschriften und des § 882a ZPO sind auf jeden Fall die Gegenstände, die dem Verwaltungsvermögen angehören, d.h. unmittelbar der Erfüllung der öffentlichen Aufgaben der Kommune dienen.[150] Anders ist dies bei den der Aufgabenerfüllung nur mittelbar dienenden Gegenständen des Finanzvermögens.[151] Es ist evident, dass der Wandel des Verständnisses von eigener kommunaler Infrastruktur auch die Frage tangiert, was zum Verwaltungsvermögen gehört und was nicht. Diejenigen Bundesländer ohne ausdrückliche Regelung über den Schuldnerschutz haben bestimmt, dass die Aufsichtsbehörde den Gegenstand der Vollstreckung festlegt (Baden-Württemberg, § 127 GO; Mecklenburg-Vorpommern, § 62 KV M-V; Nordrhein-Westfalen, § 128 GO; Saarland, § 138 KSVG; Schleswig-Holstein, § 131 GO).

f) Am baden-württembergischen Recht zeigt sich paradigmatisch, dass eben das Fehlen eingehender inhaltlicher Bestimmungen zum Vollstreckungsschutz nicht dazu führt, dass ein solcher nicht besteht, sondern nur, dass die Aufsichtsbehörden pflichtgemäß zwischen den berechtigten Belangen des Titelgläubigers und denen der Schuldnerkommune entscheiden müssen. Weder gibt es ein „im Zweifel für die Gemeinde“ noch stets „automatisch“ die Zulassung der Vollstreckung. Aufgabe der Aufsichtsbehörde ist die Prüfung, ob der Ablauf der Verwaltung oder die Versorgung der Bevölkerung „beeinträchtigt“ werden. Die ältere Verwaltungsvorschrift des Landes zur GemO[152] weist die Behörden ausdrücklich an, *„eine Zwangsvollstreckung in solche Vermögensgegenstände nicht zuzulassen, die für eine ordnungsgemäße Verwaltung oder für die Versorgung der Bevölkerung unentbehrlich sind.“*[153] Schon die frühe verwaltungsgerichtliche Rechtsprechung hat zudem herausgearbeitet, dass Sinn der Zulassungsverfügung ist, „den Vorrang unverzichtbarer öffentlicher Interes-

---

149 IdF v. 22.8.1996, GVBl. 1996, S. 382.

150 Zu § 882a ZPO vgl. *Becker,* in: Musielak, ZPO, 4. Aufl. 2005, § 882a Rdnr. 3 ff.

151 Vgl. zur Differenzierung *Richter,* Kommunales Vermögen und seine Verwaltung, in: Henneke/Pünder/Waldhoff (Hrsg.), Recht der Kommunalfinanzen, 2006, § 38 Rdnr. 8 ff.

152 Die Verwaltungsvorschrift zu § 127 GemO ist abgedruckt bei *Kunze/Bronner/Katz,* Gemeindeordnung Baden-Württemberg, vor den Erläuterungen zu § 127 GO, Stand der Bearb.: Februar 1989.

153 *Kunze/Bronner/Katz,* aaO, Ziff. 2 VV GemO.

sen zu gewährleisten".[154] Daneben stehen der Kommune gegen die Vollstreckung die Instrumente des Zivilprozessrechts zur Seite, z.B. die Vollstreckungsabwehrklage des § 767 ZPO.[155] Fehlt es an vollstreckbaren Gegenständen, muss die Behörde die Zulassung versagen. Gleichzeitig treten weitere Mechanismen ein. Die Aufsichtsbehörde wird aufsichtsrechtliche Maßnahmen erwägen und auf ein Haushaltsnotlagenregime drängen. Des weiteren wird zu prüfen sein, inwieweit die Kommune staatliche Finanzausgleichsleistungen, ggf. aus einem Sonderfonds, erhalten kann.[156] Können die Gläubiger nicht sämtlich befriedigt werden, geht die Kommentarliteratur von deren gleichmäßiger (d.h. zunächst nur quotaler) Befriedigung aus, die die Aufsichtsbehörde durch die Zulassungsverfügung ermöglicht.[157]

g) Die erhebliche Rechtszersplitterung und die damit verbundenen Probleme für die Rechtsunterworfenen und die Rechtsanwender lassen in den Ländern ein einheitliches Modellgesetz sachgerecht erscheinen, das Gesamt- sowie Einzelvollstreckung zusammenfasst.

VI. Besonderheiten der Finanzierung von Gebietskörperschaften und sonstigen Einrichtungen des öffentlichen Rechts („Kommunalkredit")[158]

1. Die Eigenschaft als Kommunalkredit (Überblick)

In der Wortwahl nicht ganz zutreffend, wird in der Kreditpraxis mehr oder weniger jede Finanzierung von juristischen Personen des öffentlichen Rechts als Kommunalkredit bezeichnet, nicht nur die Finanzierung einer Gemeinde. Aber auch die von den Gebietskörperschaften z.B. durch Bürgschaften „gewährleistete" Kreditgewährung an privatrechtliche Unternehmen wird hierunter subsumiert. Die Bepreisung des Kredits enthält kein Risikoelement, weil strukturell kein Ausfallrisiko besteht, die Kommunalkredite sind daher besonders günstig[159], der Ertrag für den Kreditgeber gering.

Ein Insolvenzverfahren über eine Kommune würde also die Kreditgeber härter treffen als dies schon bei einer Unternehmensinsolvenz der Fall ist, denn eine statistische Verlustwahrscheinlichkeit wird nicht durch höhere Entgelte abgefedert.

Die Gründe der günstigen und erleichterten Refinanzierungsmöglichkeiten für die Kommunen liegen in den Regelwerken des Bankaufsichtsrechts begründet, na-

---

154 VG Freiburg, Urt. v. 10.10.1957 – IV 216/57 – BWVBl. 1958, 127.
155 VG Freiburg, aaO.
156 *Kunze/Bronner/Katz,* aaO, § 127 Rdnr. 8 aE.
157 *Kunze/Bronner/Katz,* aaO, § 127 Rdnr. 11.
158 Vgl. die illustrative Darstellung von Josten, Kommunalkreditgeschäft: Kommunen zwischen Insolvenzunfähigkeit und finanzwirtschaftlichem Kollaps, BKR 2006, 133 ff.
159 *Josten,* aaO, BKR 2006, 135 re. Sp.; der Beitrag spricht bezüglich der Kreditmarge „der Erfahrung nach bis hinab in Regionen von wenigen Basispunkten" *(1 Basispunkt entspricht 0,01% – Anm. d. Verf.).*

tional und europaweit, das Teil des Konsenses ist, dass Forderungen gegen die Gebietskörperschaften und sonst insolvenzunfähige juristische Personen des öffentlichen Rechts in vollem Umfang zurückbezahlt werden, der „Staat" sozusagen unbegrenzt kreditwürdig ist.

Ein weiteres Segment dieses Konsenses bildet das Kommunalaufsichtsrecht, das im Rahmen der Rechtsaufsicht prüft, ob die Verschuldung für die Kommune tragbar ist. Das Zusammenspiel all dieser Elemente sollte die Zahlungsunfähigkeit zuverlässig verhindern können, so dass im Einklang mit bestehenden Ausstattungspflichten des Landes und dem Finanzausgleich von einem Zahlungsunfähigkeitsverfahren der Kommunen überhaupt nicht die Rede sein sollte.[160]

2. Die bankaufsichtsrechtlichen Grundlagen des Kommunalkredits und seiner Privilegierung gegenüber Krediten an andere Kreditnehmer

a) Die Rechtsgrundslagen der **Privilegierungen des Kommunalkredites** folgen aus dem KWG.[161] Nach § 10 Abs. 1 Satz 1 KWG müssen Kreditinstitute „im Interesse der Erfüllung ihrer Verbindlichkeiten gegenüber ihren Gläubigern, insbesondere zur Sicherheit der ihnen anvertrauten Vermögenswerte, angemessene Eigenmittel haben." Die BaFin[162] hat die Angemessenheit nach noch übergangsweise geltendem Recht[163] in der „Bekanntmachung über die Änderung und Ergänzung der Grundsätze über die Eigenmittel und die Liquidität der Institute vom 20.7.2000" nach internationalen Standards festgelegt, dem sog. Grundsatz I zu § 10 KWG.[164] Die „Bekanntmachung" hat den Charakter einer Verwaltungsvorschrift, sie ist durch die Solvabilitätsverordnung abgelöst worden.[165] Die Eigenmitteldefinition ist entscheidend für die Kreditwirtschaft, da u.a. die materielle Behandlung des Kreditgeschäfts ebenso davon abhängt wie das Rating. Eine Bank, die nicht über genügend Eigenmittel verfügt, kann nicht mehr wachsen und darf neue Kredite nur mehr vergeben, wenn Rückzahlungen erfolgt sind.

b) Die Regelungen dienen dem Funktionieren der Kapitalmärkte und dem Vertrauen der Anleger in die Kreditinstitute als Finanzintermediäre. Sie steuern die Risikosituation der Banken. Das Aufsichtsrecht ist europarechtlich bestimmt und

---

160 Ähnlich *Faber*, DVBl. 2005, 933 ff.

161 Gesetz über das Kreditwesen idF d. Bek. v. 9.9.1998, BGBl. 1998 I 2776 mit Änderungen bis zu Art. 1 des Gesetzes zur Umsetzung der neu gefassten Bankenrichtlinie und der neu gefassten Kapitaladäquanzrichtlinie v. 22.11.2006, BGBl. 2006 I, in Kraft ab 1.1.2007.

162 Die BAFin, die Bundesanstalt für Finanzdienstleistungsaufsicht, ist die u. a. an die Stelle des früheren Bundesaufsichtsamtes für das Kreditwesen getretene nationale Aufsichtsbehörde der Kreditinstitute in der Bundesrepublik, siehe § 1 Abs. 1 Finanzdienstleistungsaufsichtsgesetz (FinDAG) v. 22.4.2002, BGBl. 2002 I 1310 ff. = Art. 1 des Gesetzes über die integrierte Finanzdienstleistungsaufsicht.

163 Zu den Neuerungen ab 1.1.2007 siehe Ziff. 3 nachfolgend.

164 Grundsatz I idF der Bekanntmachung v. 29.10.1997, BAnz Nr. 210 idF v. 20.7.2000, abgedruckt bei *Boos/Fischer/Schulte-Mattler*, aaO, S. 1536 ff. Aufgrund der Übergangsregelung in § 339 Abs. 9 SolvV, BGBl. 2006 I 2926 ff., können die Institute wählen, bis 1.1.2008 noch den Grundsatz I anzuwenden, so dass auch im Hinblick hierauf zunächst die bisherige Rechtslage dargestellt wird.

165 *Boos*, aaO, § 10 KWG Rdnr. 1 ff.; zur Solvabilitätsverordnung siehe sogleich Ziff. 3 nachfolgend.

harmonisiert. Für das Eigenkapital darf u.a. auf die sog. Eigenmittelrichtlinie verwiesen werden.[166] Banken dürfen daher nicht unbegrenzt Kredit geben. § 2 Abs. 1 Grundsatz I legt fest, dass das Verhältnis zwischen dem haftenden Eigenkapital der Bank (§ 10 Abs. 2 Satz 2 KWG) und den sog. gewichteten Risikoaktiva 8% nicht unterschreiten darf. Risikoaktiva sind nach § 4 Abs. 1 Nr. 1 Grundsatz I u.a. die sog. Bilanzaktiva, Positionen aus der Bankbilanz nach akribisch vorgeschriebenem Muster. Sie sind in § 7 Grundsatz I näher definiert. Dazu gehören nach § 7 Ziff. 4 Grundsatz I u.a. Forderungen an Kunden (= Kreditnehmer). Dabei werden die einzelnen Risikoaktiva gewichtet, d.h. mit einem bestimmten Prozentsatz ihres Eurobetrages angesetzt. So etwa ist der Betriebsmittelkredit (Kontokorrentkredit) an ein privatrechtlich organisiertes Unternehmen, wenn nicht Besonderheiten hinzutreten, mit 100% zu gewichten (§ 13 Abs. 6 Nr. 2 Grundsatz I).

c) Völlig anders stellt sich die Lage bei Forderungen gegen inländische und bestimmte ausländische juristische Personen des öffentlichen Rechts dar. Wird ein Risikoaktivum u.a. von Bund, Land, Gemeinde, Gemeindeverband oder einem rechtlich unselbstständigen Sondervermögen derselben geschuldet oder ausdrücklich gewährleistet, beträgt die Anrechnung 0% (§ 13 Abs. 1 Nr. 1 lit. a) Grundsatz I). Das bedeutet, dass Banken an diese Adressen ohne Beschränkung durch Eigenkapitalrestriktionen Kredite vergeben können. Das gilt ebenso für die Zentralregierungen bestimmter Länder[167], die Europäischen Gemeinschaften und für Regionalregierungen bzw. lokale Gebietskörperschaften aus einem anderen Mitgliedstaat der Europäischen Gemeinschaft oder des Europäischen Wirtschaftsraums[168], sofern dieser Staat ebenfalls eine Nullanrechnung für seine Banken gestattet und ein bestimmtes Verfahren eingehalten ist [(§ 13 Abs. 1 Nr. 1 lit. b), c), e)].

Jede Bank kann, soweit das oben beschriebene Verfahren zur gegenseitigen Nullanrechnung erfolgt ist, jedweder lokalen Gebietskörperschaft beliebig Kredit geben, ohne von Eigenkapitalregeln behindert zu werden.[169] Freilich ist die Unterlegung mit Eigenkapital nur einer von einer Reihe von Aspekten eines Kredits. Die Folge der „Nullanrechnung“ ist, dass der Kreditgeber Eigenkapitalkosten erspart. Damit kann der Kommunalkredit bereits deswegen billiger angeboten werden als übliche und in ihrer Zielrichtung vergleichbare Kredite.

d) Kommunalkredite sind darüber hinaus von einer Reihe aufsichtsrechtlicher Maßnahmen befreit und dadurch erheblich begünstigt.

---

166 Richtlinie des Rates v. 17.4.1989 über die Eigenmittel von Kreditinstituten, ABl. (EG) L 124 v. 5.5.1989, siehe *Fischer,* in: Boos/Fischer/Schulte-Mattler, (Hrsg.), Kreditwesengesetz, Einf. Rdnr. 29ff., siehe dort auch für weitere Details zum europäischen Aufsichtsrecht. Sie ist durch die RL 2006/49/EG abgelöst worden (siehe Ziff. 3).

167 Zur Zone A des § 13 Abs. 1 Nr. 1 lit. B) Grundsatz 1 gehören ca. 30 Staaten, darunter außerhalb der EU/EG die USA, Kanada, Australien, Neuseeland, Saudi-Arabien, die Schweiz, Japan und Mexiko; siehe *Schulte-Mattler,* in: Boos/Fischer/Schulte-Mattler, (Hrsg.), Kreditwesengesetz, § 13 Grundsatz I Rdnr. 10ff.

168 Liechtenstein, Norwegen, Island.

169 Eine Bank in Schleswig-Holstein könnte also z.B. nicht nur eine Gemeinde in Rheinland-Pfalz finanzieren, sondern auch eine solche in Finnland, Spanien, Griechenland und in Ungarn sowie Großbritannien und Island.

Nach § 18 KWG müssen sich Kreditinstitute ab bestimmten Größenordnungen[170] der Kredite die wirtschaftlichen Verhältnisse der Kreditnehmer offen legen lassen, diese analysieren und laufend überwachen (§ 18 KWG). Diese Vorgehensweise dient der Risikosteuerung und Risikobegrenzung. Offenlegung bedeutet z.B. die Einreichung des Jahresabschlusses innerhalb angemessener Zeit nach Ablauf des Geschäftsjahres und weiterer Unterlagen, die aussagekräftig sind und eine Beurteilung der wirtschaftlichen Lage erlauben. Ausgenommen hiervon sind die Kredite an Bund, Länder und Kommunen (§ 21 Abs. 2 Nr. 1 KWG). Die Offenlegung ist jedoch auch entbehrlich bei Krediten an alle anderen inländischen juristischen Personen des öffentlichen Rechts, die EG und die Europäische Investitionsbank (§ 21 Abs. 3 Nr. 3 KWG) sowie alle öffentlich verbürgten Kredite, gleich an welchen Kreditnehmer (§ 21 Abs. 3 Nr. 4 KWG). Grund ist wieder die unterstellte Bonität, die eine Überwachung der Kreditvergabe der Institute durch die BAFin entbehrlich macht.[171] Die Novellierung 2006 des KWG ändert hieran nichts.[172] Die Anforderung von Unterlagen nach § 18 KWG, die Überwachung der Einreichung, die Analyse und die zu ziehenden Schlussfolgerungen sowie die Dokumentation einschließlich der Installation von Maßnahmen zur Sicherstellung der „flächendeckenden" Einhaltung der Vorschrift, verursachen den Kreditinstituten einen erheblichen Verwaltungs- und Kostenaufwand. Bei den Kommunalkrediten fällt dieser Aufwand weg. Dadurch verbilligt sich der Kommunalkredit erneut.[173]

Des weiteren sind Kommunalkredite von den Großkreditbeschränkungen und von den Großkreditmeldungen nach den §§ 20 Abs. 2 Nr. 1 lit. a), Abs. 6 Nr. 2 lit. a) KWG befreit.

Die KWG-Novelle 2006 lässt auch dies unberührt (vgl. § 20 Abs. 2 nF KWG).[174]

3. Änderungen durch die von Basel II veranlassten Änderungen des europäischen und inländischen Bankaufsichtsrechts für die „Kommunalkredite"

In der kommunalrechtlichen Literatur[175] wird vermutet, dass sich die Änderungen des Bankaufsichtsrechts, die von Basel II, den geänderten Eigenkapitalvoraussetzungen und der anderweitigen Handhabung der Adressausfallrisiken ab 2007 bestimmt sind, auch auf den Kommunalkredit auswirken. Namentlich wird vermu-

---

170 Ab 750.000.– € bzw. bei Überschreiten von 10% des relevanten Eigenkapitals des Kreditinstituts.

171 *Bock*, in: Boos/Fischer/Schulte-Mattler, (Hrsg.), Kreditwesengesetz, § 21 KWG Rdnr. 44 ff. mit weiteren Einzelheiten, u. a. zu kommunalen Zweckverbänden usw. Zu § 21 Abs. 3 siehe *Bock*, aaO, § 21 KWG Rdnr. 78 ff., zu dem dortigen Typ juristischer Personen gehören z. B. Kirchen, gesetzliche Krankenkassen, öffentliche Rundfunkanstalten usw.

172 Vgl. Art. 1 des Gesetzes zur Umsetzung der neu gefassten Bankenrichtlinie und der neu gefassten Kapitaladäquanzrichtlinie v. 17.11.2006, BGBl. 2006 I. 2606 ff./2606.

173 *Josten*, BKR 2006, 135.

174 KWG idF des Gesetzes zur Umsetzung der neu gefassten Bankenrichtlinie und der neu gefassten Kapitaladäquanzrichtlinie.

175 Vgl. nur *Faber*, Zahlungsunfähigkeit von Kommunen, in: Henneke/Pünder/Waldhoff (Hrsg.), Recht der Kommunalfinanzen, 2006, § 35 Rdnr. 43 ff.

tet, dass das Rating ggf. die bisherigen Privilegierungen gegenstandslos machen wird. Dies dürfte jedoch nicht der Fall sein.

a) Die maßgeblichen **Reformregelwerke zur Implementierung von Basel II** in das europäische Recht sind die beiden Richtlinien 2006/48/EG über die Aufnahme und Ausübung der Tätigkeit der Kreditinstitute[176] (die reformierte „Bankenrichtlinie") und 2006/49/EG über die angemessene Eigenkapitalausstattung von Wertpapierfirmen und Kreditinstituten[177] (die reformierte „Kapitaladäquanzrichtlinie"), die zum 1.1.2007 umzusetzen waren. Aus den hochkomplexen Regelwerken kann zu der Frage, in welchem Umfang künftig Eigenkapital bei der Kreditvergabe gebunden sein wird, folgendes abgeleitet werden:

aa) Für die **Eigenkapitalunterlegung der Kreditinstitute** ist Anhang VI der RL 2006/49/EG maßgeblich.[178] Nach Tz. 1.1, Rdnr. 1 werden im sog. Standardansatz den Zentralstaaten zwar sog. Risikogewichte von 100% zugewiesen, die abhängig von dem Rating einer anerkannten Ratingagentur nach Rdnr. 2 aber von 0% (Bonitätsstufe 1) bis 150% (Bonitätsstufe 6) schwanken können. Dies zeigt zunächst eine fundamentale Änderung des bisherigen Procedere der Nullanrechnung. Forderungen gegen den eigenen Zentralstaat, die auf die Landeswährung lauten und in dieser refinanziert sind, werden jedoch mit 0% gewichtet, das ist die bisherige Regelung. Solange also diese Voraussetzung vorliegt oder solange die Bundesrepublik mit Bonitätsstufe 1 geratet ist, bedürfen Kreditforderungen gegen den Bund auch künftig keiner Eigenkapitalunterlegung.

bb) Mit **„Forderungen an Regionalregierungen oder Gebietskörperschaften"** befasst sich Anhang VI Tz. 2, Rdnr. 8 ff. Danach werden diese staatlichen Untereinheiten eines Zentralstaats, d.h. in Deutschland Länder und Gemeinden, behandelt wie Forderungen an andere Kreditinstitute (Tz. 2 Rdn. 8). Entscheidend ist Tz. 2 Rdnr. 9, wonach solche Forderungen genauso gewichtet werden wie Forderungen gegen den eigenen Zentralstaat, sofern sich das Ausfallrisiko der Kredite an die Regionalregierungen oder die Gebietskörperschaften nicht von dem der Forderungen gegen den Zentralstaat unterscheidet. Voraussetzung sind eigenständige Steuererhebungsrechte und „besondere institutionelle Vorkehrungen" *zur Reduzierung* des Ausfallrisikos (Hervorhebung vom Verf.).

Diese Vorgehensweise führt wieder zur Nullanrechnung. Die Voraussetzungen liegen vor, da Länder und Kommunen eigene Steuererhebungsrechte haben und auch die notwendigen institutionellen Voraussetzungen bestehen, nämlich in Gestalt der derzeitigen Finanzverfassung von Bund und Ländern. Seinen Beitrag leistet aber auch der weitgehende Schutz vor Einzelvollstreckung (vgl. § 882a ZPO und die gemeinderechtlichen Bestimmungen) sowie der Ausschluss der Gesamtvollstreckung („Insolvenzunfähigkeit").

---

176 ABl. (EU) L 177 v. 30.6.2006, S. 1 ff.
177 ABl. (EU) L 177 v. 30.6.2006, S. 201 ff.
178 ABl. (EU) L 177 v. 30.6.2006, S. 177 ff.

cc) Forderungen gegen **öffentlich-rechtlich verfasste Kirchen** mit eigenem Abgabenerhebungsrecht sind wie Forderungen gegen Regionalregierungen und Gebietskörperschaften des Zentralstaats zu gewichten (Anhang VI Tz. 2, Rdnr. 11). Über verschiedene Verweisungen, wird aufgrund „niedrigen Risikos" auch bei den Kirchen die Nullanrechnung ermöglicht.

b) Im **inländischen Recht wurde zum Zwecke der Umsetzung** der Richtlinien das KWG[179] reformiert und der Grundsatz I durch die „Solvabilitätsverordnung" (SolvV)[180] ersetzt.

aa) Die SolvV regelt die Thematik der Gewichtung der Kredite wie folgt:

Kredite gehören aufsichtsrechtlich zu den sog. Adressausfallrisiken bzw. Ausfallrisikopositionen. Dies folgt aus § 9 Abs. 1 Nr. 1 SolvV, der unter die Adressenausfallrisikopositionen u.a. die sog. bilanziellen Adressenausfallrisikopositionen nach § 10 SolvV subsumiert. Nach § 10 Nr. 1 SolvV gehören dazu wiederum die Bilanzaktiva nach näherer Definition in § 19 Abs. 1 Satz 2 Nrn. 1–9 KWG, eine Bestimmung, die die KWG-Novelle 2006 nicht ändert. Bilanzaktiva sind nach Nr. 2 dieser Vorschrift wiederum u. a. Forderungen an Kunden (= Kreditnehmer).[181]

bb) Die Behandlung dieser Positionen regeln die §§ 24ff. SolvV. Die Banken müssen sie z.B. im sog. **Kreditrisiko-Standardansatz** (= KSA) gem. § 9 SolvV in KSA-Forderungsklassen aufspalten, § 24 Satz 1 SolvV. Kommunalkredite gehören zu den KSA-Forderungsklassen nach § 25 Abs. 1 Nr. 1 (Zentralregierungen), Nr. 2 (Regionalregierungen und örtliche Gebietskörperschaften) und Nr. 3 (sonstige öffentliche Stellen). Den Kreditinstituten steht es frei, ob sie den Standardansatz oder den hier nicht weiter behandelten „Internal Rating Based -Ansatz" wählen.[182] § 25 Abs. 2 Nr. 1 SolvV bestimmt, dass der Forderungsklasse der Zentralregierungen nach Nr. 1 u.a. eine KSA-Position zugeordnet ist, deren Erfüllung von der Bundesrepublik, der Bundesbank oder deren unselbstständigem Sondervermögen geschuldet wird. Zu den Regionalregierungen und den örtlichen Gebietskörperschaften nach Abs. 3 gehört eine KSA-Position, deren Erfüllung von einem Bundesland, einer Gemeinde oder einem Gemeindeverband bzw. einem rechtlich unselbstständigem Sondervermögen derselben geschuldet wird. Damit sind z.B. auch Zweckverbände erfasst, ebenso wie Eigenbetriebe u. ä.

cc) Unter § 25 Abs. 3 Nr. 6 werden auch kirchliche Körperschaften des öffentlichen Rechts subsumiert, die „bundesweit verfasst" sein müssen und die Kirchensteuer

179 Siehe den Gesetzentwurf der Bundesregierung eines Gesetzes zur „Umsetzung der neu gefassten Bankenrichtlinie und der neu gefassten Kapitaladäquanzrichtlinie" v. 26.4.2006, BT-Drs. 16/1335. Das Gesetz wurde am 17.11.2006 erlassen, BGBl. 2006 I 2606ff., es trat zu verschiedenen Zeitpunkten in Kraft, der späteste war der 1.1.2007.

180 Verordnung über die angemessene Eigenmittelausstattung von Instituten, Institutsgruppen und Finanzholding-Gruppen, BGBl. 2006, 2926ff., in Kraft ab 1.1.2007.

181 Vgl. *Bock*, in: Boos/Fischer/Schulte-Mattler, Kreditwesengesetz, § 19 Rdnr. 25.

182 Vgl. zu diesen und zum Standardansatz den Kurzüberblick „Umsetzung von Basel II in Deutschland und der Europäischen Union", Monatsbericht des BMF, Januar 2006, S. 57ff./58f.; s.o.

nach Art. 140 GG, 137 Abs. 6 WRV erheben dürfen oder die am Steueraufkommen beteiligt werden.

dd) Die eigentliche Gewichtung nehmen dann die §§ 26 ff. SolvV vor:

Forderungen gegen die Bundesrepublik und ihre rechtlich unselbstständigen Sondervermögen, die in Euro geschuldet und refinanziert sind, haben ein „KSA-Risikogewicht“ von 0% (§ 26 Nr. 1 SolvV), das ist die bisherige „Nullanrechnung“. Änderungen in Abhängigkeit vom Rating sind denkbar, wenn die Voraussetzungen der Nr. 1 nicht vorliegen (vgl. § 26 Nrn. 3, 4). Das KSA-Risikogewicht für Regionalregierungen und örtliche Gebietskörperschaften, d.h. wieder Bundesländer, inländische Kommunen und Gemeindeverbände sowie deren rechtlich unselbstständige Sondervermögen richtet sich nach dem Risikogewicht des Zentralstaates, § 27 Nr. 1 SolvV. Mit anderen Worten wird der Kommunalkredit eines inländischen Instituts in Euro, der auch in derselben Währung refinanziert ist, gleichfalls mit 0% gewichtet.

ee) Auf die weiteren Optionen der Kommunalfinanzierung auf der Basis eines Rating sowie die künftige Berücksichtigung einer kommunalen Bürgschaft bei den Unternehmen in öffentlicher Hand kann im Rahmen dieses Beitrages nicht näher eingegangen werden. Wesentliche Änderungen sind auch hier wohl nicht zu erwarten[183].

4. Die aufsichtsbehördlichen Prüfungen und Genehmigungen als Basis der Finanzierung, die Unzulässigkeit der Besicherung von eigenen Verbindlichkeiten

a) Trotz der Nichtanwendung des § 18 KWG auf den Kommunalkredit bedeutet das keineswegs, dass die kommunalen Gebietskörperschaften sozusagen „ungeprüft“ Kredite aufnehmen könnten Zunächst darf nicht übersehen werden, dass die Aufnahme von Finanzierungsmitteln durch Zustimmungserfordernisse seitens des „Kommunalparlaments“ demokratisch legitimiert ist und erhebliche Öffentlichkeitswirksamkeit[184] besteht; auch das ist eine nicht zu unterschätzende Kontrollinstanz. Ferner ist festzustellen, dass die sonst dem Kreditinstitut im ausschließlichen Eigeninteresse obliegende Prüfung der wirtschaftlichen Verhältnisse des Kreditnehmers beim Kommunalkredit in anderer Form u.a. auf die Aufsichtsbehörden verlagert ist. Auf die darin enthaltene Pflicht der Aufsichtsbehörde, die Kommune vor Selbstschädigung zu bewahren, wenn sie eine Maßnahme umsetzen und finanzieren will, die nicht mit der Leistungsfähigkeit der Kommune in Einklang steht, darf hingewiesen worden.[185] Schließlich sorgt eine Fülle von Geneh-

---

183 Legen Kreditinstitute nicht den KSA, sondern den IRBA-Ansatz für die Kreditrisiken zugrunde (= auf Internen Ratings basierender Ansatz), können sie dennoch u. a. auf die inländischen Gebietskörperschaften unbefristet den KSA anwenden, § 70 SolvV.

184 Auch bei vergleichsweise geringeren Haushaltsausgaben besteht gelegentlich beachtliches Interesse der Öffentlichkeit innerhalb der Kommune.

185 Siehe BGH, Urt. v. 12.12.2002 – III ZR 201/01 – BGHZ 153, 198 ff.

migungserfordernissen für die Einhaltung der den Kommunen auferlegten Haushaltsgrundsätze.

b) Die **Kontrolldichte** soll nachfolgend anhand der **Gemeindeordnung von Schleswig-Holstein,** übersichtsartig verfolgt werden.

aa) Maßstab des ökonomischen Handelns sind die allgemeinen Haushaltsgrundsätze der Wirtschaftlichkeit, der Sparsamkeit, der Sicherung der steten Erfüllung der Aufgaben der Kommune, der Ausgeglichenheit des Haushalts und der Wahrung des gesamtwirtschaftlichen Gleichgewichts nach Maßgabe des § 75 GemO SH und anderer Vorschriften. All dies hat die Gemeinde eigenverantwortlich zu erfüllen (§ 3 a GemO SH), wenn auch unter Beachtung ihrer Steuerkraft eine Option auf Finanzausgleich besteht.

bb) Vor diesem Hintergrund prüft die Aufsichtsbehörde, ob sie Kreditaufnahmen genehmigen kann. Die Genehmigung stellt sich gegenüber der Gemeinde als Verwaltungsakt dar, der zugleich gegenüber dem Kreditgeber Drittwirkung insoweit hat, als der Finanzierungsvertrag zwischen Kommune und Kreditgeber erst mit der Genehmigung wirksam wird, die Genehmigung ist „privatrechtsgestaltend". Nach § 118 Abs. 1 GemO SH und vergleichbaren Vorschriften anderer Bundesländer sind ohne Genehmigung geschlossene Kreditgeschäfte, Bürgschaften usw. bis zur Genehmigung schwebend unwirksam, bei bestandskräftiger Versagung tritt endgültig Unwirksamkeit ein.[186] Versäumt die Kommune bei Abschluss des Rechtsgeschäfts den Hinweis, dass die aufsichtsbehördliche Genehmigung fehlt, macht sie sich schadenersatzpflichtig aus culpa in contrahendo, § 311 Abs. 2 BGB, da sie Vertrauen in das Zustandekommen des Geschäfts pflichtwidrig begründet hat.[187]

cc) Der Kreditgeber prüft daher sozusagen „anstelle" der wirtschaftlichen Verhältnisse des Kreditnehmers je nach Art des Geschäfts, ob die Gemeindevertretung und die Aufsichtsbehörden die notwendigen Beschlüsse gefasst, die notwendigen Genehmigungen erteilt haben. Entscheidenden Wert wird er darauf legen, dass die formellen Kriterien für eine ordnungsgemäße Verpflichtung der Kommune eingehalten sind (siehe z.B. § 51 Abs. 1–3 GemO SH).

dd) Genehmigungsbedürftig sind z.B. der Höchstbetrag der Kassenkredite in der Haushaltssatzung nach § 87 Abs. 2 GemO, Investitionskredite, § 85 Abs. 1, 4 GemO SH, Umschuldungskredite, § 85 Abs. 1, 2 GemO SH, kreditähnliche Geschäfte, § 85 Abs. 5 GemO SH und Bürgschaften (zugunsten kommunaler Unternehmen, um deren Kreditunterlage zu verbessern), § 86 Abs. 2 GemO SH. Die Genehmigung der Investitions- und Umschuldungsfinanzierungen und der kre-

---

186 Vgl. statt aller *Heinrichs,* in: Palandt, Bürgerliches Gesetzbuch, 66. Aufl. 2007, § 275 Rdnr. 35 ff./36, 125 Rdnr. 4, Einf. vor § 164 Rdnr. 5 a, Übbl. vor § 104 Rdnr. 32; siehe aus der jüngeren zivilgerichtlichen Rechtsprechung BGH, Urt. v. 10.6.1999 – IX ZR 409/97 – BGHZ 142, 51 ff./59 f. = ZIP 1999, 1346 = NJW 1999, 3335. Vgl. aus der älteren Rechtsprechung allgemein zur Folge behördlicher Genehmigungserfordernisse für privatrechtliche Rechtsgeschäfte BGH, Urt. v. 20.2.1957 – V ZR 125/55 – BGHZ 23, 342 ff./344.

187 BGHZ 142, 51 ff./63 f.

ditähnlichen Geschäfte nach § 85 GemO SH darf „in der Regel" nicht erteilt werden, wenn die Finanzierung nicht mit der dauernden Leistungsfähigkeit der Kommune in Einklang gebracht werden kann, § 85 Abs. 2 Satz 3, Abs. 5 Satz 2 GemO SH. Maßstab der Genehmigung sind die „Grundsätze einer geordneten Haushaltswirtschaft", § 85 Abs. 2 Satz 2 GemO SH.

ee) Neben den Genehmigungserfordernissen steht als konsequenter weiterer Baustein das in allen Bundesländern bestehende Verbot, eigene Verbindlichkeiten der Kommune zu besichern[188], wovon u.a. in Schleswig-Holstein eine Ausnahme für Wohnungsbaumaßnahmen gemacht wird, §§ 118 Abs. 2, 85 Abs. 8 S. 1, 2 GemO SH. Die langfristige Finanzierung von wohnwirtschaftlichen Maßnahmen gegen Grundpfandrechte ist daher zulässig. Eine weitere Ausnahme gilt für Geschäfte, die nach der „Verkehrsübung" nur gegen Sicherheiten bestellt werden, wenn die Kommunalaufsichtsbehörde die Besicherung zulässt. Eine solche Verkehrsübung besteht derzeit nicht. Der Verstoß gegen § 85 Abs. 8 Satz 1 GemO SH führt über die Unwirksamkeit nach § 118 Abs. 1 GemO SH hinausgehend zur Nichtigkeit, § 118 Abs. 2 GemO SH.[189] Prägend für die Kommunalfinanzierungen ist damit das weitgehende Fehlen jeglicher Besicherung der Ansprüche gegenüber dem Kreditnehmer. Dies ist im allgemeinen auch richtig, da es im Hinblick auf das Grundkonzept, das auf stets gegebener Bonität und Risikofreiheit aufbaut, keiner Sicherheiten bedarf.[190]

c) Wer also ein Insolvenzverfahren mit „hohen Pfändungsfreigrenzen", d.h. geringer Insolvenzmasse, vorschlägt und gleichzeitig vermutet, die Gläubiger würden wie bei Unternehmensfinanzierungen auch beim Kommunalkredit angemessene dingliche Sicherheiten fordern und durchsetzen, andernfalls sie ihre Verluste in der Insolvenz der Kommune selbst zu verantworten hätten, verkennt die Zusammenhänge. Dingliche Sicherheiten werden häufig nicht zur Verfügung stehen, da die sonst zu belastenden Sachen oder sonstigen Gegenstände entweder für die hoheitliche Verwaltung benötigt werden oder als Infrastrukturen der Daseinsvorsorge möglichst nicht „ausverkauft" werden sollen.

---

188 Vgl. *Fromme,* Belastung künftiger Haushalte, Verpflichtungsermächtigungen, Kreditaufnahme, alternative Finanzierungsformen, in: Henneke/Pünder/Waldhoff (Hrsg.), Recht der Kommunalfinanzen, 2006, S. 615 ff., § 31 Rdnr. 46.

189 Für das Landesrecht von **Baden-Württemberg** siehe die identische Bestimmung über das Verbot der Besicherung in §§ 87 Abs. 6, 117 Abs. 2 GemO – **Bayern:** Art. 71 Abs. 6 GO – **Brandenburg:** § 85 Abs. 6 GO – **Hessen:** §§ 103 Abs. 8, 134 Abs. 2 HGO – **Mecklenburg-Vorpommern:** § 54 Abs. 3 KV M-V – **Niedersachsen:** §§ 92 Abs. 7, 133 Abs. 4 NGO – **Nordrhein-Westfalen:** §§ 86 Abs. 5, 130 Abs. 2 GO NW – **Rheinland-Pfalz:** §§ 103 Abs. 6, 115 GemO – **Saarland:** 92 Abs. 7, 125 Abs. 2 KSVG – **Sachsen:** §§ 82 Abs. 6, 120 Abs. 2 SächsGemO – **Sachsen-Anhalt:** §§ 100 Abs. 6 GO LSA; – **Thüringen:** § 63 Abs. 6 ThürKO.

190 *Kunze/Bronner/Katz,* Gemeindeordnung Baden-Württemberg, LBl., meinen hierzu zutreffend, der Kredit beruhe auf der Steuer- und der Leistungskraft, vgl. § 87 Rdnr. 99.

5. Die Änderung der haushaltsrechtlichen Lage durch Einführung eines kaufmännischen Rechnungswesens [191]

a) Das Haushaltsrecht der Kommunen befindet sich in einer Reformphase, die bislang u.a. in Nordrhein-Westfalen und in Hessen zur Einführung der kaufmännischen Buchhaltung in die Gemeindeordnungen geführt hat, wobei die hessische Gemeindeordnung (HGO) eine Wahlmöglichkeit zwischen der bisherigen Kameralistik und der Doppik vorsieht (§§ 114a ff. HGO).[192] In anderen Bundesländern ist die Umstellung des kommunalen Rechnungswesens ebenfalls in vollem Gange. Die Gründe für diesen Wandel zu einem „Neuen Kommunalen Rechnungswesen" (NKR), der sich erst in der Zukunft auswirken wird, sind vielfältig.[193] Man kann vielleicht holzschnittartig festhalten, dass sich die Kommunalverwaltung zu einem öffentlich-rechtlichen „Dienstleistungsunternehmen"[194] fortentwickelt und daher ihre finanziellen Strukturen ähnlich den für privatrechtliche Unternehmen geltenden und bewährten Grundsätzen ordnet und offen legt.[195] Die Reformüberlegungen sollen nach der Literatur gerade von der Finanzknappheit der Kommunen angestoßen worden sein.[196] Maßgeblich ist die Erzielung einer Transparenz im Hinblick auf den Ressourcenverbrauch, den die Kameralistik nicht abbilden kann. Auf Länderebene wird die Doppik ebenfalls diskutiert, Bremen, Hessen und Hamburg setzen sie um, in Nordrhein-Westfalen wird sie erprobt.

b) Zu fragen ist, inwieweit diese Änderungen des Rechnungswesens Auswirkungen auf die Verschuldung haben werden und auf die Diskussion zur Insolvenzfähigkeit.

aa) Betrachtet man paradigmatisch die hessische Gesetzgebung, so führen die §§ 114a ff. HGO u.a. zu den im folgenden im groben Überblick dargestellten Befunden.[197] Die Gemeinde muss einen Jahresabschluss nach den Grundsätzen ordnungsmäßiger Buchführung aufstellen, der „klar und übersichtlich" ist und der „die tatsächliche Vermögens-, Finanz- und Ertragslage" darzustellen hat, § 114s Abs. 1 HGO. Dem Jahresabschluss aus Vermögensrechnung, Ergebnisrechnung und Finanzrechnung (§ 114s Abs. 2 HGO) ist u.a. ein Anhang mit Erläuterung beizufügen (§ 114s Abs. 4 Nr. 1 HGO). Durch einen Rechenschaftsbericht ist der Jahresabschluss zu erläutern (§ 114s Abs. 3 HGO). Dieses Konzept entspricht bis in die Terminologie den Strukturen der §§ 248 ff. HGB bzw. der 264 ff. HGB für den Jah-

---

191 Siehe hierzu *Pünder,* Kommunales Haushaltsrecht in der Reform – von der Kameralistik zur Doppik, in: Henneke/Pünder/Waldhoff (Hrsg.), Recht der Kommunalfinanzen, 2006, § 5, S. 70 ff. mwN; zum Stand der Reformen in den Bundesländern siehe unter www.doppik.de.

192 Hessische Gemeindeordnung idF v. 7.3.2005 – GVBl. 2005 I 142, mit Änderungen bis 17.10.2005 – GVBl. 2005 I, 674/686.

193 Siehe zu der Thematik die Darstellung von *Pünder,* Kommunales Haushaltsrecht in der Reform, aaO, mwN zur aktuellen Diskussion und Literatur.

194 *Pünder,* aaO, Rdnr. 6, S. 76.

195 Die Gesellschaften des privaten Rechts sind in der Diskussion bereits einen weiteren Schritt gegangen, da die internationale Verflechtung der Wirtschaft internationale Rechnungslegungsstandards erfordert.

196 *Pünder,* aaO, Rdnr. 1, S. 73 mwN.

197 Für die Rechtslage in Nordrhein-Westfalen siehe *Faber,* Haushaltsausgleich …, aaO.

resabschluss der Kapitalgesellschaften mit Bilanz, Gewinn- und Verlustrechnung, Anhang und Lagebericht.

bb) Inhaltlich (weitgehend) identisch mit § 114s Abs. 1 Satz 2 HGO ist § 264 Abs. 2 Satz 1 HGB. Das ist der Gedanke des „true and fair view" der 4. EG-Richtlinie (Art. 2 Abs. 3).[198] Die Bestimmung ist Generalklausel, deren Aufgabe darin besteht, über die Grundsätze ordnungsmäßiger Buchführung (GoB) hinaus ein tatsächliches Bild der Lage des Unternehmens (hier der Gemeinde) zu vermitteln. Die Vorschrift ermöglicht somit eine sachgerechte Auslegung und Korrektur der Einzelbestimmungen zur Rechnungslegung.[199]

Die Vermögenslage meint die bilanzielle Darstellung des Rein- bzw. Nettovermögens als Differenz der Aktiven und Passiven ohne Ausweis stiller Reserven.[200] Wenn in der Literatur festgestellt wird, es handele sich bei dem Eigenkapital nicht um einbezahltes gezeichnetes Kapital[201], so ist das natürlich richtig. Das auf der Passivseite ausgewiesene Kapital ist aber stets „nur" eine Rechenziffer, die lediglich kennzeichnet, wie viel freies Vermögen noch vorhanden ist. Eine Kommune hat der Natur der Sache nach kein Mindestkapital. Gravierender ist die in der Darstellung auf der Aktivseite liegende Suggestion, diese Vermögenswerte stünden tatsächlich notfalls zur Verfügung, um die Verbindlichkeiten durch die Liquidation der Aktiva auszugleichen. Da die Gebietskörperschaft aber nicht liquidiert werden kann, spielt der Aspekt der „Selbstkontrolle" des Kaufmanns im Interesse mittelbaren Gläubigerschutzes als ratio legis zur Bilanzaufstellung keine Rolle.[202] Da das Gemeindevermögen in beachtlichem Umfang aus Infrastrukturen besteht[203], die für die ordnungsgemäße Aufgabenerfüllung benötigt werden („Verwaltungsvermögen"), scheidet es als Bestandteil einer einmal gedachten Insolvenzmasse nach § 35 InsO aus, so dass die Bilanz im Umfang dieser Aktiva für Gläubiger nicht aussagekräftig ist.

cc) Die Vermögenslage wird ergänzt durch die Angaben im Anhang nach § 114s Abs. 4 Nr. 1 HGO. Die Ertragslage resultiert aus der GuV und zeigt den Erfolg des Geschäftsjahrs, Zukunftsprognosen resultieren aus dem Rechenschaftsbericht gem. § 114s Abs. 3 HGO, der dem Lagebericht des § 289 HGB für die Kapitalgesellschaften entsprechen sollte. Die Finanzlage betrifft Finanzierung und Liquidität, sie umfasst auch außerhalb der Bilanz liegende Verpflichtungen.[204]

---

198 Vierte Richtlinie des Rates 78/660/EWG v. 25.7.1978, ABl. (EG) L 222 v. 14.8.1978, S. 11.
199 Vgl. zur Diskussion über Inhalt und Tragweite der Vorschrift *Baumbach/Hopt*, HGB, 30. Aufl., 2000, § 264 Rdnr. 9; *R. Hüttemann*, in: Canaris u.a. (Hrsg.), HGB Staub, Großkommentar, § 264 Rdnr. 23 ff./26 f.
200 Vgl. statt aller *Hüttemann*, aaO, § 264 Rdnr. 36 ff.
201 *Schwarting*, Kassen-, Rechnungs- und Prüfungswesen, in: Henneke/Pünder/Waldhoff (Hrsg.), Recht der Kommunalfinanzen, 2006, § 36 Rdnr. 73.
202 Vgl. zu diesem Aspekt der Bilanzerstellung des Kaufmanns *U. Hüffer*, in: Canaris u.a. (Hrsg.), HGB Staub, Großkommentar, § 247 Rdnr. 1 ff.
203 So zutreffend *Schwarting*, Kassen-, Rechnungs- und Prüfungswesen, in: Henneke/Pünder/Waldhoff (Hrsg.), Recht der Kommunalfinanzen, 2006, § 36 Rdnr. 73.
204 *Hüttemann*, aaO, Rdnr. 36 ff.

dd) Die Gemeinde hat ferner einen konsolidierten Gesamtjahresabschluss mit ihren Sondervermögen, Unternehmen[205], Beteiligungen und Stiftungen bzw. Aufgabenträgern mit kaufmännischer Rechnungslegung zu erstellen, § 114s Abs. 5 HGO, unabhängig, ob diese privatrechtlich oder öffentlich-rechtlich strukturiert sind. Das Konzept ist vergleichbar mit dem Konzernabschluss der §§ 290ff. HGB. Über das Bilanzrecht des HGB hinausgehend verlangt der Gesetzgeber der hessischen Gemeindeordnung zudem eine Kapitalflussrechnung, § 114s Abs. 8 HGO.

ee) Die Gemeinde hat „für ungewisse Verbindlichkeiten und Aufwendungen Rückstellungen" zu bilden, § 114m Abs. 4 HGO. Das Konzept der Rückstellungen ist weniger weit als § 249 HGB, dennoch lassen sich aus der Literatur und Rechtsprechung hierzu die entsprechenden Folgerungen für die Rückstellungsbildung der Gemeinde ziehen. Diese ist Teil der Pflicht der Kommune, ihre jederzeitige Zahlungsfähigkeit sicherzustellen, betrachtet man § 114m Abs. 1 und Abs. 4 HGO im systematischen Zusammenhang. Allerdings vermengt sich an dieser Stelle eine bilanzielle Erwägung (Rückstellungen in der Bilanz) mit einem Liquiditätskriterium. Insolvenzrechtlich hindert die ordnungsgemäße Darstellung von Rückstellungen im Jahresabschluss natürlich nicht die Illiquidität, wenn auf die ungewissen Verbindlichkeiten Zahlungen zu leisten sind, es aber an Zahlungsmitteln (Kassenmittel oder Kredit) fehlt. Die Existenz von Rückstellungen macht freilich darauf aufmerksam, dass in der Liquiditätsplanung entsprechend Vorsorge zu treffen ist. Die Palette der möglichen Rückstellungen ist sehr weit[206] und reicht von Pensionsverpflichtungen[207] über unterlassene Instandhaltung bis hin zu Rückstellungen für geführte Rechtsstreite und für Umweltrisiken.[208]

ff) Die Kommunen haben des Weiteren eine Ergebnis- und Finanzplanung für einen Fünfjahreszeitraum vorzulegen, § 114h Abs. 1 HGO, wobei ihnen aufgegeben ist, die erforderlichen und geeigneten Maßnahmen im Interesse eines geordneten Haushalts zu treffen und zwar „unter Berücksichtigung ihrer Leistungsfähigkeit".

c) Die Wertansätze in der Bilanz können unter Berücksichtigung der Abschreibungen zu einer Unterbilanz führen. Dann wäre die Gebietskörperschaft „buchmäßig" überschuldet. Gleichwohl wäre das kein Fall des § 19 InsO, da die Kommune nicht insolvenzfähig ist. Die Bilanz der Kommune dient daher zwar der Eigeninformation bzw. Eigenkontrolle der Gemeindeorgane und der Gemeindebürger ebenso wie der Rechenschaftslegung der Gemeindeorgane, so dass eine Parallele zu dem Kaufmann zu bejahen ist.[209] Gläubigerschutzfunktion hat sie jedoch nicht. Alle Bestimmungen, die bei den privatrechtlichen Unternehmen an die Verletzung von Buchführungs- und Bilanzierungspflichten oder an die Ergebnisse derselben (z.B. eben die in der Bilanz festgestellte Überschuldung) knüpfen, sind nicht an-

---

205 Ohne Sparkassen und Sparkassenzweckverbände.

206 Siehe zur Bandbreite das Zitat bei *Faber*, Haushaltsausgleich und Haushaltssicherungskonzept, aaO, § 34 Rdnr. 69 und FN 176; die dortige Aufzählung ist nicht abschließend.

207 Siehe zu den Pensionsrückstellungen *Ballwieser*, in: MK-HGB, § 249 Rdnr. 26ff.

208 Siehe im einzelnen das Zitat bei *Faber*, aaO.

209 Zur ratio legis der Bilanz für den Kaufmann vgl. *U. Hüffer*, in: Canaris u. a. (Hrsg.), HGB Staub, Großkommentar, § 247 Rdnr. 1ff.

wendbar.[210] Nach der Literatur sollte eine Überschuldung „eigentlich“ ausscheiden.[211] In Nordrhein-Westfalen ist sie nicht gestattet und führt zur Notwendigkeit eines Haushaltssicherungskonzepts (§§ 75 Abs. 7, 76 GO NW).[212] Allerdings ist der Eintritt der Überschuldung ein Ereignis, das nicht im eigentlichen Sinne „verboten“ werden kann. Vielmehr kann von den Gemeindeorganen aus diesseitiger Sicht nur verlangt werden, dass sie stetig darauf achten, eine drohende Überschuldung möglichst abzuwenden.

d) Es spricht einiges dafür, dass bei (buchmäßig) dramatisch negativer Situation kommunaler Abschlüsse nicht nur der Ruf nach Unterstützung durch das Land auf dem Wege des Finanzausgleichs lauter werden wird, sondern dass sich auch die Stimmen derer verstärken werden, die unter Hinweis auf die Situation bei einer vergleichbaren Kapitalgesellschaft die Insolvenzfähigkeit fordern werden. Denkbar ist auch die Aufforderung an die Gläubiger, sich doch an einer außergerichtlichen Sanierung „verantwortlich“ zu beteiligen und damit eine Sanierung auf ihre Kosten zu bewältigen, was in der Tat ein Insolvenzverfahren entbehrlich machen würde, dem aber gleichkäme.

VII. Einige Folgen etwa künftiger Insolvenzfähigkeit von Regionalkörperschaften

1. Bei Einführung der Insolvenzfähigkeit von regionalen Gebietskörperschaften, die zwingend zur Aufhebung der Insolvenzunfähigkeit aller Körperschaften, Anstalten und Stiftungen des öffentlichen Rechts führen müsste, wäre eine deutliche Verteuerung der Finanzierungskosten zu erwarten, abhängig von individuellen Bonitätsbeurteilungen („Rating“). Betroffen wären auch die Unternehmen, die durch „Kommunalbürgschaft“ von dem Konditionenvorteil ihrer Gebietskörperschaft als Gesellschafter profitieren. Zugleich könnte bei den Kommunen (einzelfallabhängig) nicht auf Kreditsicherheiten verzichtet werden, die vor dem Hintergrund der Aufrechterhaltung der öffentlichen Verwaltung aber wohl nicht generell zur Verfügung stehen. Bauhandwerker würden Sicherheit gem. § 648 a BGB verlangen müssen.

2. Folgeinsolvenzen von Gläubigern würden aufgrund der jedenfalls lokalen Marktbedeutung der Gebietskörperschaft drohen. Insgesamt würden negative Wirkungen auf den Arbeitsmarkt resultieren. Die Arbeitskosten der Körperschaften würden sich durch Beiträge an den PSV und die Insolvenzgeldversicherung er-

---

210 Die Gemeinde als solche wird nicht zum Kaufmann und unterliegt damit auch nicht den §§ 238 ff. HGB, so dass die handelnden Organe der Kommune von Verletzungen dieser Vorschriften nicht tangiert werden; anders wiederum, wenn sie in Personalunion Organmitglieder eines kommunalen Unternehmens sind, das selbst insolvenzfähig ist und auf das unmittelbar die §§ 238 ff. HGB anzuwenden sind.

211 *Schwarting*, Kassen-, Rechnungs- und Prüfungswesen, in: Henneke u. a. (Hrsg.), Recht der Kommunalfinanzen, 2006, § 36 Rdnr. 75.

212 Siehe dazu *Schwarting*, aaO.

höhen. Gesamtwirtschaftlich sind steuerliche Einbussen aufgrund Forderungsverlusten von Gläubigern zu erwarten.

3. Erhebliche Standortnachteile der betroffenen Gebietskörperschaft. Wettbewerbsverwerfungen, wenn die Insolvenzfähigkeit nicht „flächendeckend" in ganz Deutschland eingeführt würde.

4. Die Änderung des bisherigen Systems der Insolvenzunfähigkeit erschöpft sich nicht in der Aufhebung des § 12 Abs. 1 Nr. 2 InsO und von Bestimmungen des ZPO bzw. des EGZPO, sondern erforderlich wären (insbesondere bei Einbeziehung der Länder) namentlich auch Verfassungsänderungen, Änderungen der landesrechtlichen Kommunalordnungen sowie des nationalen und europäischen Aufsichtsrechts über die Kreditinstitute.

Schiedsverfahren und Insolvenz

*Walter H. Rechberger**

I. Einleitung

In den beiden – soweit zu sehen – jüngsten Dissertationen, die sich in Deutschland und Österreich mit dem Thema „Schiedsverfahren und Insolvenz" beschäftigen, wird unisono darüber geklagt, dass der jeweilige Gesetzgeber das Verhältnis zwischen Schiedsverfahren und Insolvenzverfahren nicht geklärt habe.[1]

Was die – freilich bescheidene – Erwähnung des Schiedsverfahrens in den Insolvenzgesetzen angeht, so konnte man die Rechtslage in Deutschland und Österreich bis vor kurzem im Wesentlichen als identisch bezeichnen: Der Regelung des § 160 Abs 2 Nr 3 InsO, nach der der Abschluss einer Schiedsvereinbarung durch den Verwalter, mit der „ein Rechtsstreit mit erheblichem Streitwert" beigelegt werden soll, der Zustimmung des Gläubigerausschusses bzw der Gläubigerversammlung bedarf, entsprach nämlich weitgehend die Regelung des § 116 Abs 1 Z 2 KO aF, die den Masseverwalter verhielt, zum Abschluss einer Schiedsvereinbarung die Zustimmung des Gläubigerausschusses (bzw mangels Vorhandensein eines solchen gem § 90 KO jene des Konkursgerichts) einzuholen, „wenn es sich um einen Wert von mehr als 35.000 € handelt". Mit der Insolvenzrechts-Novelle 2002[2] wurde bei der Neugestaltung des § 116 KO jedoch aus der Liste der Geschäfte, zu denen sich der Gläubigerausschuss (nunmehr bloß) äußern muss, der Abschluss von Schiedsvereinbarungen gestrichen. Die Materialien[3] führen dazu aus, dass einige der in § 116 KO alt genannten Rechtsgeschäfte in der Praxis von untergeordneter Bedeutung seien, darunter zähle auch der Abschluss von Schiedsverträgen (eine Einschätzung, die allerdings von Stellungnahmen in der österreichischen Literatur konterkariert wird[4]). Sollten solche ausnahmsweise doch vorkommen, so bedürfe es dann der Einholung der Äußerung des Gläubigerausschusses, wenn es sich um „wichtige Vorkehrungen" iSd § 114 Abs 1 KO handle. Dort werden beispielsweise („insbesondere") folgende Maßnahmen genannt: die freiwillige Veräußerung beweglicher Sachen, die nicht durch die Fortführung des Unternehmens

---

* Geringfügig überarbeitete und durch Fußnoten ergänzte Fassung des Vortrags, den der Verfasser am 19. Mai 2006 beim 2. Kieler Insolvenzrechtlichen-Symposium gehalten hat.

1 Vgl für Deutschland *Flöther*, Auswirkungen des inländischen Insolvenzverfahrens auf Schiedsverfahren und Schiedsabrede (2001) 2 f; für Österreich: *Riegler*, Schiedsverfahren und Konkurs (2004; noch unveröffentlicht) 6.

2 BGBl I 2002/75.

3 Erläuterungen zur Regierungsvorlage 998 BlgNR 21. GP 28.

4 Vgl *Riel*, in: Konecny/Schubert, Kommentar zu den Insolvenzgesetzen, § 116 (2001) Rz 13; *König*, Die Anfechtung nach der Konkursordnung[3] (2003) Rz 17/90.

veranlasst wird; die gerichtliche Geltendmachung von Forderungen, deren Einbringlichkeit zweifelhaft ist; die Erhebung von Anfechtungsklagen und der Eintritt in Anfechtungsprozesse, die zur Zeit der Konkurseröffnung anhängig sind; sowie die Aufnahme von Darlehen und Krediten. In der österreichischen Rechtsprechung ist die Frage, ob der Abschluss einer Schiedsvereinbarung in seinem Risikogehalt den in § 114 Abs 1 KO aufgezählten Vorkehrungen gleichkomme, bisher nicht beantwortet worden.

II. Der Einfluss der Mittellosigkeit einer Partei auf die Schiedsvereinbarung

Bei Erörterungen des Verhältnisses von Schiedsverfahren und Insolvenzverfahren wird meist vorrangig die Situation behandelt, dass während eines bereits laufenden Schiedsverfahrens über eine der Parteien ein Insolvenzverfahren eröffnet wird. Weniger erörtert wird dagegen die Frage, welchen Einfluss die (materielle oder formelle) Insolvenz darauf hat, ob überhaupt ein Schiedsverfahren zustande kommt. Bei einem institutionellen Schiedsgericht[5] zeigt sich immer wieder, dass der **Nichterlag des Kostenvorschusses durch die beklagte Partei** seine Ursache nicht etwa darin hat, dass sie sich auf das Schiedsverfahren nicht einlassen will, sondern dass sie sich im Stadium der Zahlungsunfähigkeit oder zumindest knapp davor befindet. In solchen Fällen ist die klagende Partei nur selten bereit, auch den Anteil der beklagten Partei am Kostenvorschuss zu übernehmen, weil sie damit idR bloß ihren Ausfall erhöht. Nach Art 23 Abs 4 der Wiener Regeln – um ein dem Verfasser vertrautes Beispiel zu nennen – führt dies dazu, dass die Klage nicht weiter behandelt wird. Sollte es die Klägerin in einem solchen Fall für sinnvoll erachten, eine Klage vor dem ordentlichen Gericht zu erheben, steht dem allerdings die immer noch wirksame Schiedsvereinbarung entgegen. Freilich wird es idR in einem solchen Fall ohnedies nicht mehr möglich sein, noch vor Eröffnung des Insolvenzverfahrens einen Prozess einzuleiten. Die Frage, inwieweit eine vom Schuldner abgeschlossene Schiedsvereinbarung im Insolvenzverfahren eine Rolle spielen kann, wird uns dann später beschäftigen.

Ein durchaus praktisches Problem entsteht aber dann, wenn im Fall des Vorliegens einer Schiedsvereinbarung der Gläubiger rechtzeitig feststellt, dass sich die **Durchführung eines Schiedsverfahrens** auf Grund der finanziellen Probleme seines Schuldners als **unpraktikabel** erweisen wird. Natürlich kann die Schiedsvereinbarung einvernehmlich aufgelöst werden, woran aber – zumindest idR – gerade die finanzschwache Partei kein Interesse haben wird, weil sie ja auf die genannte Weise das Schiedsverfahren blockieren und damit Zeit gewinnen kann.

Es stellt sich somit die Frage, wie jene Partei, für die sich die Schiedsvereinbarung als Klotz am Bein erweist, in einer solchen Situation aus dieser Schiedsvereinba-

---

5 Der Verfasser ist Mitglied des Präsidiums des Internationalen Schiedsgerichts der Wirtschaftskammer Österreich, woher er seine praktischen Erfahrungen bezieht.

rung herauskommen kann. Während man nach der alten Rechtslage sowohl in Deutschland als auch in Österreich ziemlich kunstvolle Begründungen darauf verwendet hat, um zu einer analogen Anwendbarkeit der Regeln über das Außer-Kraft-Treten des Schiedsvertrags nach § 1033 alt dZPO bzw § 583 alt öZPO zu gelangen, ist nach der Neuregelung des Schiedsverfahrensrechts der beiden Schwesterprozessordnungen nach dem Muster des UNCITRAL-Modellgesetzes die Rechtslage mE wesentlich klarer und einfacher geworden: Sowohl § 1032 Abs 1 dZPO als auch § 584 Abs 1 öZPO sehen vor, dass das (ordentliche) Gericht die Klage auf Grund einer Schiedseinrede des Beklagten dann nicht (in Deutschland) als unzulässig abzuweisen bzw (in Österreich) zurückzuweisen hat, wenn es feststellt, dass die Schiedsvereinbarung „undurchführbar" ist. Bei den bisher in der deutschen Rsp entschiedenen Fällen lag die Mittellosigkeit offenbar stets beim Kläger.[6] Es liegt aber auf der Hand, dass – wie mein Beispiel zeigt – dasselbe auch bei Mittellosigkeit des Beklagten gelten muss (dessen Schiedseinrede gerade in diesem Fall noch dazu als schikanös zu qualifizieren wäre). Der BGH ist – das sei noch erwähnt – für seine Annahme kritisiert worden,[7] dass die Auflösung der Schiedsvereinbarung *ipso iure* eintritt, wenn eine Partei nicht über die Mittel zur Finanzierung des Schiedsverfahrens verfügt. Die Rechtssicherheit gebiete vielmehr (weiterhin) die formelle Kündigung der Schiedsabrede, die damit endgültig unwirksam werde. ME wird der Rechtssicherheit aber durchaus Genüge getan, wenn das (ordentliche) Gericht feststellt, dass die Schiedsvereinbarung – zum Zeitpunkt der Klagseinbringung und für den anhängig gemachten Rechtsstreit – undurchführbar ist. In Österreich gibt es naturgemäß noch keine Judikatur, die Verfasser der Erläuterungen zur Neufassung der Bestimmungen der öZPO sehen die Undurchführbarkeit etwa dann gegeben, „wenn eine Partei auf Grund ihrer finanziellen Verhältnisse sich die Durchführung des Schiedsverfahrens nicht leisten kann".[8]

III. Die Auswirkungen die Eröffnung des Insolvenzverfahrens auf das bereits laufende Schiedsverfahren

Beschäftigt man sich rechtsvergleichend (nämlich die deutsche und österreichische Rechtslage vergleichend) mit dieser Problematik, zeigt sich wieder einmal, dass sich Deutschland und Österreich nicht nur durch die gleiche Sprache unterscheiden, sondern bisweilen eben auch durch die gleiche Gesetzeslage. *Prima facie* besteht zwischen den Regelungen der §§ 159 öZPO iVm 7 KO und des § 240 dZPO **kein großer Unterschied:** § 159 öZPO verweist hinsichtlich der Unterbrechungswirkung der Konkurseröffnung auf die Konkursordnung und § 7 Abs 1 Satz 1 KO bestimmt: „Alle anhängigen Rechtsstreitigkeiten, in denen der Gemeinschuldner

6 *Reichold*, in: Thomas/Putzo, Zivilprozessordnung[27] (2005) § 1032 Rz 3; KG 13.8.2001, SchiedsVZ 03, 239; BGH 14.9.2000, NJW 00, 3720.

7 Vgl *Risse*, Undurchführbarkeit der Schiedsvereinbarung bei Mittellosigkeit des Klägers, BB-Beil 2001, 11.

8 *Kloiber/Haller*, Das neue Schiedsverfahrensrecht – Eine Einführung, in: Kloiber/Rechberger/Oberhammer/Haller, Das neue Schiedsrecht, ecolex Spezial (2006) 22 FN 26.

Kläger oder Beklagter ist, ... werden durch die Konkurseröffnung unterbrochen." § 240 Abs 1 Satz 1 dZPO ordnet dagegen gleich selbst an: „Im Falle der Eröffnung des Insolvenzverfahrens über das Vermögen einer Partei wird das Verfahren, wenn es die Insolvenzmasse betrifft, unterbrochen, ...". Wie zu zeigen sein wird, kommen Literatur und Rechtsprechung zu diesen Bestimmungen aber zu ganz unterschiedlichen Ergebnissen.

Was die **Rechtsprechung** angeht, so ist für Österreich nichts zu berichten, da sich der Oberste Gerichtshof zu diesem Problem nicht zu äußern geruhte; vielmehr hat das Höchstgericht in einem Fall, in dem sich das Berufungsgericht ausdrücklich gegen die Anwendung des § 7 KO im Schiedsverfahren ausgesprochen hatte, erklärt, dass die Frage, ob ein Schiedsverfahren durch Eröffnung eines Konkurses über das Vermögen einer Partei unterbrochen wird, offen bleibe[9]. In **Deutschland** besteht kein Zweifel an der Meinung des Höchstgerichts, zumal sich der BGH[10] einer Grundsatzentscheidung des Reichsgerichts aus dem Jahr 1905[11] angeschlossen hat, nach der die Konkurseröffnung über das Vermögen einer Partei ein anhängiges Schiedsverfahren **nicht unterbricht**. Dass in dieser Grundsatzentscheidung bloß die Frage zu klären war, ob die Zustellung des bereits erlassenen Schiedsspruchs trotz der danach erfolgten Konkurseröffnung erfolgen könne, ist freilich bemerkenswert. Überzeugende Begründungen für die Meinung der deutschen Rechtsprechung lassen sich nicht ausmachen: Sie argumentiert vor allem damit, dass sich in der dZPO keine Bestimmung finde, die die Anwendung der entsprechenden Vorschriften auf das schiedsrichterliche Verfahren anordnet. Ferner wird darauf hingewiesen, dass im Schiedsverfahren die Möglichkeit fehle, das Verfahren nach der Unterbrechung wieder aufzunehmen.[12]

In der österreichischen **Literatur** wird ganz überwiegend die Auffassung vertreten, dass die **Unterbrechungswirkung** der Konkurseröffnung **auch das Schiedsverfahren** erfasst,[13] ohne dass diese Meinung ausführlich begründet wird. Die – wenigen – Gegenmeinungen[14] treten dafür ein, dass es zwar nicht zur Unterbrechung des Schiedsverfahrens kommen soll, aber der Masseverwalter diesem Ver-

---

9 OGH 25.8.1999, JBl 2000, 238.
10 BGH 21.11.1966, KTS 1966, 246.
11 RG 7.1.1905, RGZ 62, 24.
12 *Flöther* 8; *Jestaedt,* Schiedsverfahren und Konkurs (1985) 21 mwN.
13 *Schubert,* in: Konecny/Schubert § 6 (1999) Rz 34 und § 7 Rz 10; *Buchegger,* in: Bartsch/Pollak/Buchegger, Österreichisches Insolvenzrecht I^4 (2000) § 7 Rz 2 und 10; *Bartsch/Pollak,* Konkurs-, Ausgleichs-, Anfechtungsordnung, Einführungsverordnung und Geschäftsaufsichtsgesetz I^3 (1937) 74; *Fasching,* Kommentar zu den Zivilprozessgesetzen^1 II (1962) 777; *ders,* Schiedsgericht (1973) 100f und 107 (mit der Einschränkung, dass der Unterbrechungsgrund vor der Gewährung rechtlichen Gehörs eingetreten ist); *Liebscher/Schmid,* in: Weigand, Practitioner's Handbook on International Arbitration (2002) 560.
14 Insbesondere *Petschek/Reimer/Schiemer,* Das österreichische Insolvenzrecht (1971) 470f und 594; *Fink,* in: Fasching/Konecny, Kommentar zu den Zivilprozessgesetzen^2 II/2 (2003) § 159 Rz 32f, der meint, dass eine zwingende, nicht auf dem Ermessen der Schiedsrichter ruhende, Unterbrechung nur im Falle von Verfahren über Konkursforderungen eintrete; unklar *Stöger,* Der Entwurf zum Außerstreitgesetz und die Unterbrechungswirkung der Konkurseröffnung im Außerstreitverfahren, AnwBl 2001/186.

fahren zuzuziehen ist. Eine Anwendung der §§ 159 ZPO und 7 KO kommt für die Vertreter der Gegenmeinung nur dann in Frage, wenn die Schiedsparteien die Anwendung der Regeln der ZPO vereinbart haben.

Die **deutsche Literatur** hat sich ziemlich uneingeschränkt der deutschen Judikatur **angeschlossen.** (Erst) in jüngerer Zeit finden sich in den Dissertationen von *Jestaedt*[15] und *Flöther*[16] auch ausführliche Untersuchungen der Thematik.

ME ist – für Österreich gesprochen – **der herrschenden Lehre zu folgen.** Als Begründung dafür lässt sich eine Reihe von Argumenten anführen: Beginnt man bei der Wortinterpretation von § 7 KO, so fällt es nicht schwer, unter „Rechtsstreitigkeiten" auch solche zu subsumieren, die vor einem Schiedsgericht abgeführt werden. Immerhin hat der OGH mehrfach festgestellt, dass der Begriff „Rechtsstreitigkeiten" iS dieser Gesetzesstelle nicht zu eng verstanden werden dürfe und dass darunter die Durchsetzung aller jener Ansprüche zu subsumieren sei, „über die der Rechtsstreit' in einer besonderen Verfahrensart durchzuführen ist, bei der im Wesentlichen auch die Verfahrensvorschriften der ZPO gelten"[17]. Nach dem Ministerialentwurf der schon erwähnten Insolvenzrechts-Novelle 2002[18] sollte § 7 KO im Übrigen dahingehend novelliert werden, dass er von „alle anhängigen Verfahren" statt „alle Rechtsstreitigkeiten" sowie von den „Parteien" statt von „Kläger oder Beklagter" spricht. In das Gesetz wurden diese Änderung allerdings nicht aufgenommen.

Naturgemäß aussagekräftiger ist eine teleologische Interpretation von § 7 KO: Der Zweck der Unterbrechung von Rechtsstreitigkeiten im Hinblick auf die Gläubigergleichbehandlung und die damit in Zusammenhang stehende Konzentration der Forderungsfeststellung im konkursrechtlichen Prüfungsverfahren macht selbstverständlich nicht vor dem Schiedsverfahren Halt. Die genannten Erläuterungen zum ME der Insolvenzrechts-Novelle 2002 haben zu Recht darauf hingewiesen, dass das Verbot des Titelerwerbs für Konkursforderungen außerhalb des Konkursverfahrens nicht davon abhängig sein könne, in welchem Verfahren diese Forderung geltend zu machen ist.[19]

Dazu kommt, dass die Unterbrechung dem Masseverwalter die Möglichkeit bietet, sich auf die ihm bisher völlig unbekannten Prozesse vorzubereiten. Aus österreichischer Sicht ist nicht begründbar, warum man sich mit der bloßen Beiziehung des Masseverwalters begnügen sollte, wenn der Normzweck der Unterbrechungsbestimmung des § 7 KO auch dann zutrifft, wenn die „Rechtstreitigkeit" im Schiedsverfahren abgehandelt wird. Warum sollten im Schiedsverfahren – sofern dies nicht vom Gesetz ausdrücklich ausgeschlossen wird – nicht die gleichen Schutz-

---

15 *Jestaedt,* Schiedsverfahren und Konkurs (1985).

16 *Flöther,* Auswirkungen des inländischen Insolvenzverfahrens auf Schiedsverfahren und Schiedsabrede (2001).

17 OGH 2.2.1994, JBl 1994, 764; 5.4.1990, SZ 63/56.

18 Ministerial-Entwurf der Insolvenzrechts-Novelle 2002, 2.

19 Vgl Erläut zum ME der Insolvenzrechts-Novelle 2002, 19; vgl auch *Schubert,* in: Konecny/Schubert § 6 Rz 37.

mechanismen zur Anwendung kommen wie im ordentlichen Verfahren? Ausführungen wie jene von *Reinhart*[20], die Unterbrechung sei zwar nicht zwingend geboten, jedoch aus Gründen des rechtlichen Gehörs sachgerecht, vermögen da nicht recht zu befriedigen.

In diesem Zusammenhang muss auf die Frage eingegangen werden, ob es einen **Grund für die Aufhebung des Schiedsspruchs** darstellt, wenn das Schiedsverfahren nicht unterbrochen, sondern bloß der Masseverwalter – wie dies der hA in Deutschland entspricht – dem Schiedsverfahren beigezogen wird. Es braucht nicht näher erörtert zu werden, dass es jedenfalls einen Verstoß gegen das rechtliche Gehör und damit einen Aufhebungsgrund für den Schiedsspruch bedeutet, wenn der Masseverwalter im Schiedsverfahren nicht einmal beigezogen wird.[21] Die Frage ist aber, ob dem Masseverwalter ohne Unterbrechung **ausreichend** rechtliches Gehör gewährt werden kann[22]. Die in Deutschland zu Recht vertretene Auffassung, dem Insolvenzverwalter müsse ausreichend Zeit und Möglichkeit geboten werden, sich mit dem Verfahrensstand vertraut zu machen, führt zwar letztlich zu einer Art „Quasi-Unterbrechung"[23], ohne dass dadurch allerdings die Problematik des Fristenlaufs in den Griff zu bekommen ist. Der (Schutz-)Zweck der Unterberechung kann durch die Beiziehung des Masseverwalters zweifellos nicht im selben Ausmaß erreicht werden. Steht aber fest, dass nur die formelle Verfahrensunterbrechung (samt jener des Fristenlaufs) das rechtliche Gehör des Masseverwalters in optimaler Weise zu garantieren vermag, so stellt jede Lösung, die keine echte Unterbrechung vorsieht, nur eine Hilfskonstruktion dar, bei der erhebliche Zweifel zurückbleiben, ob sie das rechtliche Gehör in einer Weise zu garantieren vermag, die den Anforderungen des Art 6 EMRK entspricht.

Aber selbst wenn man unterstellt, dass dem Masseverwalter auch ohne Unterbrechung durch Beteiligung am Schiedsverfahren ausreichend rechtliches Gehör gewährt werden kann, stellt sich der Annahme eines mangelfreien Schiedsverfahrens (und damit eines anfechtungsfesten Schiedsspruchs) ein unüberwindliches Hindernis entgegen: Wie ist es mit dem **Grundsatz der Parität** zu vereinbaren, dass Konkursgläubiger, die zur Durchsetzung ihrer Ansprüche (vor Konkurseröffnung) den Weg einer Sondergerichtsbarkeit gewählt haben, anders als jene Konkursgläubiger, die einen normalen Zivilprozess führen, **trotz Konkurseröffnung einen Titel gegen die Masse** (die vom Masseverwalter vertreten wird) erwirken können? Die schon erwähnte Regel, dass Konkursforderungen während des Konkurses nur im Prüfungsverfahren des Konkurses festgestellt werden können, muss genauso unabhängig davon gelten, ob eine Forderung im ordentlichen oder im

---

20 *Reinhart*, MükoInsO (2003) Art 102 EGInsO Rz 355.

21 *Fasching*, Kommentar[1] II 777 meint sogar, dass die Fortsetzung des Schiedsverfahrens „rechtlich wirkungslos" wäre, weil der Gemeinschuldner nach Konkurseröffnung in Ansehung des Massevermögens keine Prozesshandlungen und Willenserklärungen mit rechtlicher Wirkung mehr abgeben könne.

22 Bejahend: *Fink*, in: Fasching/Konecny[2] II/2 § 159 Rz 32 f.

23 *Jestaedt* 39 f; *Lüke*, Buchbesprechung (*Jestaedt*, Schiedsverfahren und Konkurs), ZZP 1988, 93 (95); *Flöther* 43.

schiedsgerichtlichen Verfahren durchzusetzen ist[24], wie die durch die Konkurseröffnung bewirkte Prozesssperre, welche die Anhängigmachung eines neuen Prozesses über eine Konkursforderung verhindert, selbstverständlich auch der Einleitung eines Schiedsverfahrens entgegensteht.

Für die Frage der Anfechtung des Schiedsspruchs im Wege der Aufhebungsklage bedeutet dies, dass ein während des Konkursverfahrens ergangener Schiedsspruch über eine Konkursforderung jedenfalls wegen Verstoßes gegen den *ordre public* angefochten werden könnte, weil es ja um das ganz grundlegende Prinzip der Gleichbehandlung der Gläubiger geht. Bedeutungslos ist in Österreich die Frage geworden, ob es dabei um einen Verstoß gegen die materiell-rechtlichen oder den prozessualen *ordre public* geht, zumal § 611 Abs 2 Z 5 öZPO idFd Schiedsrechts-Änderungsgesetzes 2006 nunmehr ausdrücklich auch Verstöße gegen den verfahrensrechtlichen *ordre public* als Aufhebungsgrund nennt.

Zur deutschen Rechtslage kann sich der Verfasser naturgemäß nur vorsichtig äußern. Zuzugeben ist, dass eine Unterbrechungsanordnung wie jene des § 7 KO der InsO fremd ist. Eine teleologische Betrachtung der Unterbrechungsvorschrift des § 240 dZPO muss aber wohl genauso wie jene des § 7 KO zum Ergebnis kommen, dass diese Unterbrechung zum Schutz des rechtlichen Gehörs des Masseverwalters und zur Wahrung des Grundsatzes der Parität angeordnet ist. Alles, was oben für Österreich zum rechtlichen Gehör und zum *ordre public* gesagt wurde, ist mE anhand der deutschen Regelung nicht anders zu beurteilen. Was besonders auffällt, ist, dass die in Deutschland hM das – nicht zu unterbrechende – Schiedsverfahren sozusagen nicht zu Ende denkt. Lediglich *Lüke*[25] hat die Frage gestellt, was nun eigentlich von einem während des Konkursverfahrens ergangenen Schiedsspruch zu halten sei; ob dieser vollstreckbar sei und wenn ja, gegen wen.

IV. Die Schiedsvereinbarung und der Masseverwalter

Wie schon in der Einleitung erwähnt, findet sich in der österreichischen Literatur[26] der Erfahrungsbericht, dass Masseverwalter im Hinblick auf den internationalen Handelsverkehr und vor allem im Zusammenhang mit Unternehmensverkäufen und der Fortführung insolventer Unternehmen häufig Schiedsvereinbarungen abschließen. Da die notwendige Genehmigung der Unternehmensfortführung auch die Genehmigung aller damit verbundenen Geschäfte beinhalte,[27] gehörten dazu auch Schiedsvereinbarungen.

Wie gleichfalls schon erwähnt, ist die österreichische KO in § 116 Z 2 aF ganz selbstverständlich davon ausgegangen, dass der **Masseverwalter** – so wie das § 160 Abs 2 Z 3 InsO für den Insolvenzverwalter vorsieht – **Schiedsvereinbarungen ab-**

---

24 Vgl dazu *Riegler* 45.
25 *Lüke*, ZZP 1988, 95.
26 *Riel*, in: Konecny/Schubert § 116 Rz 13; *König*, Anfechtung^3 Rz 17/90.
27 *Petschek/Reimer/Schiemer* 492.

schließen kann. Während das nach der deutschen Rechtslage (immer noch) als besonders bedeutsame Rechtshandlung gewertet wird, die der Zustimmung des Gläubigerausschusses bzw der Gläubigerversammlung bedarf, wenn es sich um einen Rechtsstreit mit erheblichem Streitwert handelt, wurde die vergleichbare Bestimmung des § 116 Z 2 KO gestrichen. Zu Recht wird daraus aber **nicht** etwa geschlossen, dass jetzt die subjektive Schiedsfähigkeit des Masseverwalters abgeschafft worden sei, sondern weggefallen ist schlicht das Zustimmungserfordernis. Handelt es sich um eine wichtige Vorkehrung, so bedarf es nur mehr der Äußerung des Gläubigerausschusses nach § 114 Abs 1 KO.[28]

Was die **objektive Schiedsfähigkeit** der Ansprüche angeht, ist bloß festzuhalten, dass diese für sämtliche in Frage kommenden Ansprüche, also Masse- und Aktivforderungen, Aus- und Absonderungsansprüche, Anfechtungsansprüche sowie Konkursforderungen grundsätzlich gegeben ist. Musste (in Deutschland und Österreich) nach der alten Rechtslage für die objektive Schiedsfähigkeit dieser Ansprüche noch geprüft werden, ob sie vergleichsfähig sind (was freilich gleichfalls zu bejahen war), so kann gem § 1030 Abs 1 dZPO und § 582 Abs 1 öZPO nunmehr **jeder vermögensrechtliche Anspruch** Gegenstand einer Schiedsvereinbarung sein, was schon gar keinen Zweifel mehr an der Schiedsfähigkeit der genannten Rechtsstreitigkeiten aufkommen lässt.

Wenn es – aus österreichischer Sicht – einen Einwand gegen die objektive Schiedsfähigkeit solcher Ansprüche gibt, dann bezieht sich dieser auf die Anfechtungsansprüche und die Konkursforderungen, weil das Gesetz für die Behandlung dieser beiden Arten von Ansprüchen eine **ausschließliche individuelle Zuständigkeit des Konkursgerichts** vorsieht (§ 43 Abs 5 und § 111 Abs 1 KO). Zum Teil wird in der österreichischen Literatur[29] in diesem Zusammenhang auch darauf hingewiesen, dass ein Schiedsvertrag über solche Streitigkeiten dem Geist der KO widerspreche, die sie auf Grund des Zusammenhangs mit dem Konkursverfahren durch das Konkursgericht entscheiden lassen wolle. Ob jedoch aus dem Prorogationsverbot innerhalb der ordentlichen Gerichtsbarkeit auch ein Verbot der Schiedsvereinbarung zu folgern ist,[30] muss deshalb bezweifelt werden, weil sonst Einigkeit darüber besteht, dass Zwangszuständigkeiten (also ein gesetzlich angeordnetes Prorogationsverbot) die objektive Schiedsfähigkeit des betreffenden Rechtsstreits nicht hindern.[31] Hinzugefügt sei, dass auch nach deutscher Rechtslage, wo die sog *„vis attractiva concursus“* freilich weit weniger ausgeprägt ist als im österreichischen Recht, (aktuelle) Literatur und Rechtsprechung zum selben Ergebnis kommen. *Schlosser*[32] formuliert es einprägsam: „Die Zulässigkeit einer Gerichtsstandsvereinbarung ist für das Merkmal der Schiedsfähigkeit ohne Relevanz“.

---

28 Erläut zum ME der Insolvenzrechts-Novelle 2002, 29.
29 *König,* Anfechtung[3] Rz 17/90 FN 256; *Bartsch/Pollak* I[3], 518; *Koziol/Bollenberger,* in: Bartsch/Pollak/Buchegger I[4] § 43 Rz 5; *Riegler* 66.
30 So *Konecny,* in: Konecny/Schubert § 110 (1997) Rz 6; § 111 Rz 2; *Riegler* 69; ähnlich auch schon *Bartsch/Pollak* I[3] 505, 515, 518 und 615.
31 *Fasching,* Kommentar[1] I (1959) 390; *ders,* Schiedsgericht 19; OGH 10. 12. 1998 RdW 1999, 206.
32 *Schlosser,* in: Stein/Jonas[22] (2002) § 1025 Rn 27 d.

Weitere Fragen, die sich bei Behandlung der genannten Streitigkeiten in einem Schiedsverfahren ergeben, sollen im folgenden und letzten Abschnitt behandelt werden, in dem es um die – viel spannendere – Frage der Bindung des Masseverwalters an vorkonkursliche Schiedsvereinbarungen des Gemeinschuldners geht.

V. Zur Bindung des Masseverwalters an Schiedsvereinbarungen des Gemeinschuldners

Was die **Aktivforderungen der Masse** angeht (Anfechtungsansprüche werden gesondert behandelt), so **bejaht** die österreichische herrschende Meinung[33] – diesmal in völliger Übereinstimmung mit der deutschen[34] – die Bindung des Masseverwalters an vorkonkursliche Schiedsvereinbarungen. Hinsichtlich dieser Forderungen ist die Situation ganz eindeutig; da es keine ausschließliche Zuständigkeitsregelung innerhalb der ordentlichen Gerichtsbarkeit gibt, besteht nicht einmal dieser mögliche Einwand.

Ähnlich klar ist die Situation bei den **Aus- und Absonderungsansprüchen.** Diese Ansprüche werden kraft ausdrücklicher Anordnung des § 11 KO durch die Konkurseröffnung nicht berührt und bleiben daher auch völlig unverändert. Zu Recht wird vertreten, dass der Masseverwalter auch diesbezüglich an Schiedsvereinbarungen des nunmehrigen Gemeinschuldners gebunden ist.[35] Was die Zuständigkeitsfrage betrifft, so besteht nach den Bestimmungen der KO (§ 11 iVm §§ 187ff) nur eine Wahlzuständigkeit.[36]

Bleibt noch zu erwähnen, dass der Masseverwalter nach der hM in Österreich sowohl bei den Aktivforderungen der Masse als auch bei Aus- und Absonderungsansprüchen **als gesetzlicher Vertreter des Gemeinschuldners** auftritt,[37] was die Annahme, er sei an die vom Gemeinschuldner geschlossene Schiedsvereinbarung gebunden, zusätzlich stützt.

Was die **Masseforderungen** abgeht, so stellt sich die Bindungsfrage nur dann, wenn der Masseverwalter in einen noch von keiner Seite erfüllten Vertrag des Gemeinschuldners eingetreten ist. Auch hier gilt alles das, was für die beiden zunächst genannten Kategorien gesagt wurde.

---

33 *Bartsch/Pollak* I[3], 125; *Fasching*, Kommentar[1] IV (1971) 722; *ders*, Schiedsgericht 19f; *Schubert*, in: Konecny/Schubert § 6 Rz 35 *Fremuth*, Schiedsverfahren und Konkurs – Zur Bindung des Masseverwalters an Schiedsvereinbarungen des Gemeinschuldners, ÖJZ 1998, 848 (848f).

34 *Baumbach/Lauterbach/Albers/Hartmann*, ZPO[63] (2005) § 1029 Rz 26; *Uhlenbruck*, Insolvenzordnung[12] (2003) § 85 Rz 27; *Flöther* 66f und 88; *Schwab/Walter*, Schiedsgerichtsbarkeit[7] (2005) Kap 7 Rz 33; *Jestaedt* 75; *Lüke*, ZZP 1988, 98; vgl auch *Schlosser*, Internationale Schiedsgerichtsbarkeit[2] (1989) Rz 428.

35 *Petschek/Riemer/Schiemer* 457f.

36 Vgl auch *Fremuth*, ÖJZ 1998, 848.

37 *Fremuth*, ÖJZ 1998, 848f; *Petschek/Riemer/Schiemer* 158f, 456, 547; *Buchegger*, in: Bartsch/Pollak/Buchegger I[4] § 6 Rz 12; *Rechberger/Thurner*, Insolvenzrecht[2] (2004) Rz 79f.

Wenig Aufmerksamkeit verdienen die **Anfechtungsansprüche.** Es bedarf zunächst einmal schon einer einigermaßen gekünstelten Konstruktion, um solche Ansprüche, die überhaupt erst mit der Konkurseröffnung entstehen, in eine vorkonkursliche Schiedsvereinbarung zu „packen". Aber selbst wenn man diese Möglichkeit für denkbar hält, scheitert eine Bindung jedenfalls daran, dass im Fall des Anfechtungsprozesses kein für eine Überbindung der Rechtszuständigkeit nun einmal notwendiger Konnex zwischen dem Masseverwalters und dem Gemeinschuldner auszumachen ist: Der Masseverwalter handelt im Anfechtungsprozess zweifellos nicht als Vertreter des Gemeinschuldners und es ist auch nicht zu sehen, wie man welche Art von Rechtsnachfolge auch immer konstruieren könnte. Nach sowohl in Österreich als auch in Deutschland herrschender Meinung bindet die Schiedsabrede des Schuldners den Anfechtungskläger **nicht.**[38]

Am ergiebigsten ist in diesem Zusammenhang die Beschäftigung mit den Konkursforderungen. Wir stehen dabei vor der reizvollen Situation, dass die Zulässigkeit eines Schiedsverfahrens als Prüfungsprozess in der österreichischen Literatur[39] weitestgehend verneint wird (Rechtsprechung liegt nicht vor), woraus sich auch ergibt, dass eine Bindung an vorkonkursliche Schiedsvereinbarungen des Gemeinschuldners, die Konkursforderungen betreffen, während in der deutschen Literatur und Rechtsprechung weithin vertreten wird, dass sowohl Insolvenzverwalter als auch Konkursgläubiger an solche Schiedsvereinbarungen des Schuldners hinsichtlich von Konkursforderungen gebunden sind.[40] Soweit zu sehen ist, hält nur *Häsemeyer*[41] unbeirrt daran fest, dass es keine solche Bindung geben könne, weil der Verwalter nicht Rechtsnachfolger des Schuldners sei (ein Argument, das uns aus österreichischer Sicht noch beschäftigen wird).

Die ganz überwiegend unterschiedliche Betrachtungsweise in Deutschland und Österreich ist freilich auch wieder nicht so reizvoll, wie sie auf den ersten Blick scheint, weil wir es in diesem Fall doch mit einer recht unterschiedlichen Rechtslage zu tun haben: § 179 Abs 1 und § 180 Abs 1 InsO sehen keine Einheitlichkeit des Prüfungsprozesses vor und aus § 183 Abs 1 iVm § 178 Abs 1 InsO schließt die hM[42], dass eine Rechtskrafterstreckung eines Urteils im Prüfungsprozess nur im Fall der Feststellung des Nichtbestehens der betreffenden Konkursforderung eintritt.

Da es dem Verfasser nicht zusteht, hier die deutsche Rechtslage zu erläutern, beschränken sich die folgenden Bemerkungen auf die österreichische Situation. Ent-

38 *Fremuth,* ÖJZ 1998, 849; *Hess,* in: Hess/Weis/Wienberg, Insolvenzordnung I² (2001) § 129 Rz 110.
39 *Konecny,* in: *Konecny/Schubert* § 110 Rz 6 und § 111 Rz 1 f; *Fasching,* Schiedsgericht 20 f; *Petschek/Reimer/Schiemer* 582 f; *Wegan,* Insolvenzrecht (1973) 140; differenzierend *Bartsch/ Pollak* I³, 505 und 516.
40 *Baumbach/Lauterbach/Albers/Hartmann,* ZPO⁶³ § 1029 Rz 26; *Uhlenbruck*¹² § 85 Rz 27; *Jaeger/Henckel,* Konkursordnung⁹ § 10 Rz 36; *Hess,* Konkursordnung⁶ § 146 Rz 24; *Smid,* Insolvenzordnung² (2001) § 103 Rz 20; *Jestaedt* 65 ff; *Flöther* 82 f; OLG Hamburg 8.7.1905, OLGZ 11, 362; OLG Hamburg 5.1.1917, OLGZ 42, 78; BGH 28.2.1957, BGHZ 24, 15 f, 18.
41 *Häsemeyer,* Insolvenzrecht² (1998) Rz 13.28.
42 *Smid,* InsO² § 183 Rz 3; *Häsemeyer,* Insolvenzrecht² Rz 13.29; *Pape,* in: Kübler/Prütting, Insolvenzordnung II (2005) § 183 Rz 2 f; *Kießner,* in: Wimmer, FK-InsO⁴ (2006) § 183 Rz 1; *Hess,* in: Hess/Weis/Wienberg, InsO I² § 183 Rz 3 f.

scheidende Bedeutung hat nach österreichischer Auffassung die **Rechtsstellung des Masseverwalters im Prüfungsprozess.** Der OGH[43] hat ausgesprochen, dass der Masseverwalter, wenn er als Kläger im Prüfungsprozess auftritt, als **gesetzlicher Vertreter der Gläubigerschaft** und nicht des Gemeinschuldners handelt. In der Literatur wird er im Prüfungsprozess überwiegend als Organ der Konkursmasse gesehen[44], jedenfalls aber – und das völlig zu Recht – (auch) nicht als Vertreter des Gemeinschuldners. Auf der Grundlage der österreichischen Rechtslage ist tatsächlich nicht zu sehen, inwieweit die Rechtsposition des Masseverwalters im Prüfungsprozess von jener des Gemeinschuldners abgeleitet sein sollte (der Gemeinschuldner besitzt auch ein eigenes Bestreitungsrecht). Schon daraus ergibt sich aber mE eindeutig, dass der Masseverwalter **nicht an vorkonkursliche Schiedsvereinbarungen** des Gemeinschuldners, die Konkursforderungen betreffen, **gebunden sein kann.**

Was die Stellung der Konkursgläubiger betrifft, sei bloß darauf hingewiesen, dass die von *Jestaedt*[45] in seiner Dissertation vertretene Auffassung, auch die bestreitenden Konkursgläubiger seien hinsichtlich der Frage, ob die Konkursmasse für eine angemeldete Forderung hafte, „prozessuale Sonderrechtsnachfolger" des Gemeinschuldners, in Österreich strikte Ablehnung erfahren hat.[46] Nach österreichischer Rechtslage haben die Konkursgläubiger unzweifelhaft **eigene Individualrechte,** die gerade nicht von der Rechtsstellung des Gemeinschuldners abgeleitet werden. In diesem Zusammenhang ist zu erwähnen, dass die Annahme einer Bindung des Masseverwalters an vorkonkursliche Schiedsvereinbarungen des Gemeinschuldners **im Falle der Bestreitung einer Forderung auch durch andere Konkursgläubiger** nach österreichischer Rechtslage deshalb nur mithilfe der höchst eigenartigen Konstruktion einer „prozessualen Sonderrechtsnachfolge" der Konkursgläubiger im Hinblick auf den Gemeinschuldner zu begründen wäre, weil die österreichische KO die sog **Einheitlichkeit des Prüfungsprozesses** anordnet: Gemäß § 110 Abs 1 KO ist dann, wenn die angemeldete Forderung nicht vollstreckbar ist, die Feststellung mittels Klage zu erwirken, die gegen alle Bestreitenden (Konkursgläubiger und Masseverwalter) zu richten ist. Diese bilden dann eine sog wirkungsgebundene einheitliche Streitpartei.[47] Nun mag ein Schiedsgericht in dieser Situation zwar bereit sein, eine Überbindung der Schiedsvereinbarung an den Masseverwalter anzunehmen, schwer vorstellbar ist es aber, dass es iSd Theorie von *Jestaedt* auch von einer Bindung der Konkursgläubiger an diese Schiedsvereinbarung ausgeht. Da ein Schiedsgericht gut beraten ist, seine Zuständigkeit nur dann anzunehmen, wenn mit an Sicherheit grenzender Wahrscheinlichkeit feststeht, dass sich alle

43 OGH 4.10.1950, JBl 1951, 341.

44 *Fremuth,* ÖJZ 1998, 850 f FN 26; *Hierzenberger/Riel,* in: Konecny/Schubert § 83 (1997) Rz 46; *Flöther* 82.

45 *Jestaedt* 128 ff.

46 Vgl *Fremuth,* ÖJZ 1998, 851; *Konecny,* Bekämpfung vollstreckbarer oder festgestellter Konkursforderungen, JBl 1995, 412; *ders,* in: Konecny/Schubert § 105 (1997) Rz 24 f und § 110 Rz 6; *Oberhammer,* Die Offene Handelsgesellschaft im Zivilprozess (1998) 136; *Riegler* 86 f.

47 *Petschek/Reimer/Schiemer* 588; *Holzhammer,* Insolvenzrecht[5] (1996) 28; *Konecny,* in: Konecny/Schubert § 110 Rz 19; *Riegler* 89.

Prozessparteien der Schiedsvereinbarung unterworfen haben, wird zu erwarten sein, dass eine trotzdem eingebrachte Schiedsklage zurückgewiesen (in deutscher Diktion: als unzulässig abgewiesen) wird.

Unterstellt man entgegen der hier vertretenen Grundposition, dass der Masseverwalter doch an eine vorkonkursliche Schiedsvereinbarung des Gemeinschuldners gebunden ist, so wäre ein Schiedsverfahren nach dem Gesagten dann denkbar, wenn entweder nur der Masseverwalter, nicht aber auch ein Konkursgläubiger die mit der Schiedsvereinbarung „behaftete" Forderung bestreitet oder sich die Bestreitung des Masseverwalters gegen einen titulierten Konkursgläubiger richtet und es nicht zu einer einheitlichen Prozessführung kommt (was bei Bestreitung einer vollstreckbaren Forderung nicht vorgeschrieben ist[48]). Freilich gibt es auch dann noch eine beachtliche Hürde für das Schiedsverfahren, nämlich die im Gesetz angeordnete **Rechtskrafterstreckung der Entscheidung im Prüfungsprozess:** Gem § 112 Abs 1 KO sind rechtskräftige Entscheidungen über die Richtigkeit und die Rangordnung der bestrittenen Ansprüche **gegenüber allen Konkursgläubigern** wirksam. Nach richtiger und in Österreich auch weithin vertretener Auffassung[49] muss den übrigen Konkursgläubigern aber die Möglichkeit geboten werden, dem Verfahren als streitgenössische Nebenintervenienten beizutreten, weil die Rechtskrafterstreckung nur dann zu rechtfertigen ist, wenn die Betroffenen auch (ausreichend) rechtliches Gehör erhalten haben.

Damit sind wir aber beim Thema **Schiedsverfahren und Nebenintervention**, das beim Schiedspraktiker alle Alarmglocken läuten lässt. Diese Problematik böte Stoff nicht bloß für ein eigenes Referat, sondern für ein eigenes Symposium. An dieser Stelle muss ein (Schluss-)Satz genügen, in dem die Frag-Würdigkeit des Themas zum Ausdruck kommt: Geht es um die Nebenintervention im Schiedsverfahren, so stellt sich zum einen die Frage, ob die ursprünglichen Parteien des Schiedsverfahrens dies zulassen, und zum anderen, ob die dem Verfahren als streitgenössische Nebenintervenienten Beitretenden sich der Schiedsvereinbarung unterwerfen wollen.

---

48 *Fremuth*, ÖJZ 1998, 851; *Konecny*, JBl 1995, 410.
49 *Konecny*, in: Konecny/Schubert § 110 Rz 13; *Holzhammer*[5] 28 f; *Petschek/Reimer/Schiemer* 588; *Bartsch/Pollak* I 523.

Schiedsverfahrensrecht und Insolvenz

*Markus Stender**

Inhaltsübersicht

I. Einleitende Worte

1.1 Man möge sich die Frage stellen, was auf den ersten Blick Schiedsverfahrensrecht und Insolvenzrecht miteinander zu tun haben.

Schiedsverfahrensrecht basiert im wesentlichen auf einer Schiedsvereinbarung der Parteien, alle oder einzelne Streitigkeiten, die zwischen ihnen im Bezug auf ein bestimmtes Rechtsverhältnis, vertraglicher oder nichtvertraglicher Art, entstanden sind oder künftig entstehen, der Entscheidung durch ein Schiedsgericht zu unterwerfen. Dieser Vereinbarung – Schiedsvereinbarung – liegt eine Freiwilligkeit zugrunde, der es, aus der Natur der Sache, im Insolvenzrecht zur Gänze fehlt, sofern man nicht einem Eigenantrag auf Eröffnung eines Insolvenzverfahrens eine gewisse Art von Freiwilligkeit unterstellen will.

1.2 Ein Blick in die Statistik zeigt, dass die nationale und insbesondere internationale Handelsschiedsgerichtsbarkeit aus dem Wirtschaftsleben nicht mehr wegzudenken ist. So wurden allein beim International Court of Arbitration (ICC) im Jahre 2005

- 521 Schiedsklagen überreicht, die
- 1.422 Parteien aus 117 verschiedenen Ländern betrafen,
- bei denen der Schiedsort in 50 verschiedenen Ländern weltweit vereinbart war,
- die Schiedsrichter aus 68 verschiedenen Nationalitäten stammten und
- 54,3 % der neu überreichten Klagen einen Streitwert von über USD 1,000.000,00 erreichte.
- Im Jahre 2005 wurden 325 Urteile gefällt[1].

---

* Markus Stender ist Rechtsanwalt und Partner der Sozietät Stender/Deuretsbacher/Heher, Wien.

1 Quelle: Homepage des International Court of Arbitration www.iccwbo.org.

Es ist daher durchaus wahrscheinlich, dass sich ein Insolvenzverwalter[2] mit einer Schiedsvereinbarung oder einem laufenden Schiedsverfahren konfrontiert sieht. Hieran knüpfen sich mannigfaltige Fragen, die sich teils aus den nationalen Insolvenzgesetzen ergeben, wie etwa die Frage der Unterbrechung eines laufenden Schiedsverfahrens infolge der Eröffnung einer Insolvenz, teilweise aber auch aus rein praktischer Sicht, wie etwa die Frage, ob der Insolvenzverwalter eine Forderung gegen einen Schuldner der Gemeinschuldnerin im Wege eines (internationalen) Schiedsverfahrens eintreiben kann und muß; sohin ob ein Insolvenzverwalter an die von der späteren Gemeinschuldnerin getroffene Schiedsvereinbarung gebunden ist.

1.3 Einige dieser Fragen wurden bereits von prominenteren Vortragenden dieses 2. Kieler Insolvenzrechtlichen Symposiums behandelt. Aus der Sicht des praktizierenden Rechtsanwaltes erscheint es mir angebracht, dem insolvenzrechtlichen Praktiker einige Grundsätze des grenzüberschreitenden (internationalen) Schiedsverfahrens näher zu bringen und vielleicht den einen oder anderen Denkanstoß zu geben. Es werden daher im folgenden jene Überlegungen erörtert, die meines Erachtens vor dem Eingehen einer Schiedsvereinbarung (Abschluß eines Schiedsvertrages) anzustellen sind, um im weiteren einen Abriß über den Gang eines Schiedsverfahrens (beides im Kontext mit insolvenzrechtlichen Themen nur dort, wo dringende Fragen auftauchen) zu geben, der keinesfalls den Anspruch auf Vollständigkeit erheben will.

II. Abschluss einer Schiedsvereinbarung?

2.1 Auch der Insolvenzverwalter kann vor die Frage gestellt sein, ob er eine bestehende oder künftige Streitigkeit durch ein nationales staatliches Gericht oder ein Schiedsgericht entschieden haben will. Selbstverständlich wird diese Entscheidung nicht autonom, sondern insbesondere die Schiedsvereinbarung in Übereinkunft mit dem Gegenüber (Vertragspartner, Gegner) getroffen. In der Insolvenzpraxis werden Schiedsverträge insbesondere im Zusammenhang mit Unternehmenskaufverträgen abgeschlossen.

2.2 Will der Insolvenzverwalter eine Schiedsvereinbarung abschließen (einen Schiedsvertrag abschließen), hat er jedenfalls zuvor im Regelfall die Genehmigung der Gerichte einzuholen[3].

Denkbar ist auch der Abschluß einer Schiedsvereinbarung über einen Anfechtungsanspruch[4], freilich wie der Verweis auf König[5] zeigt, ist diese Frage nicht unstrittig. Dies gilt auch für das deutsche Recht[6].

---

2 Masseverwalter nach österreichischer Diktion.

3 § 116 Abs. 2 öKO, § 160 Abs. 2 Nr. 3 dInsO.

4 *Riel,* in: Konecny/Schubert, Insolvenzgesetze, RZ 13 zu § 116.

5 *König,* Anfechtung^2 RZ 436.

6 Vgl. hierzu neben vielen anderen *Flöther,* Auswirkungen des inländischen Insolvenzverfahrens auf Schiedsverfahren und Schiedsabrede, 61 ff mwN.

2.3 Vorstehendes führt zwingend zur Frage der (objektiven) Schiedsfähigkeit. Gegenstand einer Schiedsvereinbarung können grundsätzlich alle vermögensrechtlichen Ansprüche sein, die vor die ordentlichen Gerichte gehören. Nicht (ausschließlich) vermögensrechtliche Ansprüche sind dann schiedsfähig, wenn die Parteien über den Gegenstand des Streites einen Vergleich abzuschließen fähig sind.[7]

Für die objektive Schiedsfähigkeit wird in jedem Fall auf die Vergleichsfähigkeit der Rechtssache abgestellt, wobei für das deutsche Recht unter Vergleich im Sinne der Bestimmungen des § 1030 ZPO sowohl der zivilrechtliche (§ 779 BGB) als auch der prozessrechtliche (§ 307 ZPO) Begriff zu verstehen ist. Der Streitgegenstand muß einen Vergleich rechtlich zulassen (objektive Vergleichs- oder Schiedsfähigkeit) und die Parteien müssen zu diesem Vergleich berechtigt sein (subjektive Vergleichs- oder Schiedsfähigkeit)[8]. Man bedenke zum Beispiel eine Situation, in der der Gemeinschuldner eine Schiedsvereinbarung über die Abtretung einer Beteiligung an eine juristische Person getroffen hat. Es würde sich um einen Rechtsgestaltungsanspruch handeln, bei dem die zwingend die Frage der Schiedsfähigkeit, im Sinn der Vergleichsfähigkeit stellt.

Österreich hat sich im Zusammenhang mit der Frage der Schiedsfähigkeit nicht vermögensrechtlicher Ansprüche für eine Übernahme der deutschen Lösung (im Vergleich zur schweizerischen Regelung) entschieden, als für nicht vermögensrechtliche Ansprüche ausdrücklich angeordnet wurde, dass diese dann schiedsfähig sind, wenn Sie vergleichsfähig sind[9].

2.4 Wie wichtig die Klärung der Frage der objektiven und subjektiven Schiedsfähigkeit ist, zeigt sich daran, dass in Ermangelung derselben dies zur Aufhebung des Schiedsspruches durch die staatlichen Gerichte führt[10].

2.5 Schon die Auseinandersetzung mit der Frage der objektiven und subjektiven Schiedsfähigkeit veranschaulicht, wie immanent wichtig es für den Anwender – Insolvenz-/Masseverwalter – ist, sich Klarheit darüber zu verschaffen, ob und in welchen Streitgegenständen er eine Schiedsvereinbarung eingeht respektive eingehen kann.

---

7 § 582 öZPO; § 1030 dZPO.

8 *Henn*, Schiedsverfahrensrecht, Handbuch für die Praxis[3] RZ 23.

9 Vgl. hierzu *Oberhammer,* in: Kloiber-Rechberger-Oberhammer-Haller, Das neue Schiedsrecht Erl. 40–42 zu § 582 öZPO.

10 § 611 Abs. 2 Z. 2 öZPO; § 1060 Abs. 2 Nr. 2 a dZPO.

III. Nationales, internationales Schiedsverfahren und Verfahrensrecht

3.1 Grundsätzlich spricht man bei Beteiligten in einem Schiedsverfahren aus mehreren Staaten von internationalen, aus ein und demselben Staat von nationalen Schiedsverfahren.

3.2 Werden bei nationalen Schiedsverfahren keine besonderen Regeln (wie etwa das Statut des Ständigen Schiedsgerichtes beim deutschen Ausschuß für Schiedsgerichtswesen oder für Österreich die Schieds- und Schlichtungsordnung des ständigen Schiedsgerichtes der Wirtschaftskammer Wien) vereinbart, gelten die schiedsgerichtlichen Bestimmungen der Zivilprozessordnung.

3.3 In internationalen Schiedsverfahren werden in der Praxis stets institutionalisierte Schiedsverfahrensordnungen herangezogen, wie etwa die bereits erwähnte Schiedsgerichtsordnung der Internationalen Handelskammer (International Chamber of Commerce), Schiedsgerichtsordnung des London Court of International Arbitration/LCIA, Schiedsgerichtsordnung der American Arbitration Association/AAA, Schieds- und Schlichtungsordnung des internationalen Schiedsgerichtes der Wirtschaftskammer Österreich u. a.

3.4 Das bedeutet nicht, dass die nationalen Schiedsrechte hierdurch derogiert werden. Vielmehr zeigt sich in Fortführung des zu Punkt II. Ausgeführten, dass der Vereinbarung des Schiedsortes (Sitz des Schiedsgerichtes) wiederum immanente Bedeutung zukommt.

3.5 Im Regelfall gilt, dass das Verfahrensrecht jenes Staates zur Anwendung kommt, in dem das Schiedsgericht seinen (vereinbarten) Sitz hat. Es wird daher statt an die sonstigen Kriterien der internationalen Zuständigkeit an den Sitz des Schiedsgerichtes angeknüpft, also an ein von den Parteien, hilfsweise vom Schiedsgericht selbst festgelegtes Kriterium[11].

3.6 Aber selbst wenn der Sitz des Schiedsgerichtes nicht im Inland liegt, sehen nationale Schiedsordnungen die Anwendung von Verfahrensvorschriften vor[12]. In Deutschland sind dies etwa die Klage bei staatlichen Gerichten, einstweilige Maßnahmen bei staatlichen Gerichten, Anerkennung und Vollstreckung von Schiedssprüchen[13].

---

11 *Rechberger*, in: Kloiber et. al. aaO, 76 mit Verweis auf § 595 öZPO und § 1043 dZPO, siehe auch § 1025 dZPO.
12 § 577 öZPO.
13 §§ 1032, 1033, 1025 Abs. 4 iVm §§ 1061–1065 dZPO.

IV. Schiedsort, Aufhebung und Vollstreckbarkeit eines Schiedsspruches

4.1 Vor der Einigung auf einen bestimmten Schiedsort sollte dieser daher stets einer nationalen Prüfung unterzogen werden, nämlich inwieweit gewisse Regeln und Verfahrensgänge mit nationalem Recht (das am Schiedsort geltende Recht) konform gehen. Hervorzuheben hierbei sind die nationalen Regelungen, die eine Aufhebung von Schiedssprüchen durch staatliche Gerichte ermöglichen. Es würde den Rahmen dieses Beitrags sprengen, auf alle einzelnen Gründe auch nur nach deutschem und österreichischem Recht, die zu einer Aufhebung eines Schiedsspruches führen können, einzugehen. Es darf daher an dieser Stelle grundsätzlich auf § 611 der österreichischen ZPO, den § 1059 deutsche ZPO und Artikel 34 des UNCITRAL-Modellgesetzes verwiesen werden. Hervorzuheben wären jedenfalls die mangelnde Schiedsvereinbarung, die Verletzung des rechtlichen Gehörs, die mangelnde objektive oder subjektive Schiedsfähigkeit, Verstöße gegen die Grundwertungen der nationalen Rechtsordnung (Ordre Public).

4.2 Dem Schiedsort kommt daher Bedeutung nicht nur bei der Auswahl desselben zu, sondern auch bei der Prüfung der Frage, ob trotz einer getroffenen Schiedsvereinbarung ein Schiedsverfahren eingeleitet werden soll. Ergibt etwa die Prüfung der Frage, dass die nationale Rechtsordnung (am Sitz des künftigen Schiedsgerichtes) die Vereinbarung einer Schiedsklausel im Wege des wechselseitigen Austausches von Telefaxkopien unzulässig ist, führt dies zu einer unzulässigen Schiedsvereinbarung, die zwangsläufig die Aufhebung des Schiedsspruches (oftmals nach sehr kostenintensiven, langwierigen und teuren Schiedsverfahren) nach sich zieht. In solch einem Fall wären die staatlichen Gerichte mit dem Hinweis anzurufen, dass keine gültige Schiedsvereinbarung getroffen wurde. Die Haftungsfrage möchte ich an dieser Stelle nicht weiter behandeln.

4.3 Ähnliches gilt für die Frage der Vollstreckbarkeit von Schiedsurteilen. Auch hier ist vor Abschluss einer Schiedsvereinbarung zu prüfen, ob ein Schiedsspruch in jenem Staat, in dem der Kläger oder Beklagte seinen gewöhnlichen Aufenthalt oder Sitz hat, überhaupt vollstreckbar ist. Es ist daher als erster Schritt zu prüfen, ob bilaterale Vollstreckungsabkommen bestehen[14].

4.4 Lohnen wird sich ein Blick in die New York Convention[15]. Derzeit sind ca. 151 Staaten diesem Übereinkommen beigetreten, aktuell auch die Islamische Republik Iran. Selbstverständlich bedeutet die reine Unterzeichnung der New York Convention noch nicht, dass ein Schiedsspruch auch tatsächlich vollstreckt werden kann, bedarf es doch eines weiteren Studiums allfälliger Vorbehalte[16]. Dennoch,

---

14 Z.B. das am 30. Juni 2959 in Bonn unterzeichnete Deutsch-Belgische-Abkommen über die gegenseitige Anerkennung und Vollstreckung von gerichtlichen Entscheidungen, Schiedssprüchen und öffentlichen Urkunden in Zivil- und Handelssachen.

15 New Yorker Übereinkommen über die Anerkennung und Vollstreckung ausländischer Schiedssprüche vom 10.6.1958 (UN-Übereinkommen).

16 Vgl. Artikel V UN-Übereinkommen.

selbst bei vorbehaltloser Unterzeichnung der New York Convention sind einzelstaatliche Besonderheiten im Einzelfall zu prüfen.

Im Hinblick auf das Beispiel der Islamischen Republik Iran sei erwähnt, dass die Einleitung von Schiedsverfahren auf Basis von Schiedsklauseln in Verträgen mit der iranischen öffentlichen Hand gem. Artikel 139 der iranischen Verfassung von der Zustimmung des Ministerrates und des Parlaments abhängig ist. Diese Bestimmung findet übrigens auch dann Anwendung, wenn staatliche iranische Unternehmen in Form des Privatrechtes auftreten, wie etwa bei der National Iranian Oil Company (NIOC), ein auch deutsche Unternehmen wichtiger Vertragspartner.

4.5 Dass auch selbst ein im Ausland ergangenes Schiedsurteil in Ermangelung der Zustimmung des iranischen Parlaments nicht vollstreckbar ist, ergibt sich aus (iranischen) Ordre Public Erwägungen ebenso wie aus dem ausdrücklichen Vorbehalt der Islamischen Republik Iran zur New York Convention[17].

V. Prozesskostensicherheit

5.1 Ein im Schiedsverfahren nicht selten vorkommendes Thema ist jenes der Prozesskostensicherheit; ein gerne und viel geübtes, wenn auch meist nur prozesstaktisches Mittel. Nationale Zivilprozessordnungen sehen in der Regel Bestimmungen und Bedingungen für die Leistung von Prozesskostensicherheit vor[18].

5.2 Das Prozesskostensicherheitsbestimmungen in nationalen Zivilprozessordnungen in Verfahren vor staatlichen Gerichten anwendbar sind, ist unstrittig. Soweit es sich um keine zwingenden Bestimmungen der jeweils nationalen Schiedsgerichtesordnungen (in Deutschland und Österreich Teil der Zivilprozessordnung, in z.B. Großbritannien der Arbitration Act 1996) handelt, sind diese Prozesskostensicherheitsbestimmungen in Schiedsverfahren nicht anwendbar. Nur dort, wo weder Parteien[19] noch Schiedsrichter über das anzuwendende Verfahren beschließen, bilden die nationalen Bestimmungen zum Schiedsverfahren im Regelfall unmittelbar anzuwendendes Verfahrensrecht. Für den Spielraum, der ungeregelt geblieben ist, aber nicht mehr die Grundelemente eines entscheidungsausgerichteten Verfahrens berührt, haben die Schiedsrichter „freies Ermessen“[20]. Daraus folgt, dass dort, wo die Parteien eine institutionelle Schiedsordnung vereinbart haben (z.B. ICC), nationale Bestimmungen zur Prozesskostensicherheit im Regelfall nicht mehr zur Anwendung kommen.

5.3 So sieht etwa Artikel 8 der ICC-Regeln vor, dass das Schiedsgericht berechtigt ist, vorläufige oder sichernde Maßnahmen (wie etwa auch Prozesskostensicherhei-

17 Zum speziellen Thema Iran vgl. *Bälz*, Schiedsklauseln in Verträgen mit der iranischen öffentlichen Hand, SchiedsVZ 2006, Heft 1, 28.

18 Z.B. § 57 öZPO.

19 Z.B. bereits in der Schiedsvereinbarung oder den sogenannten „Terms of Reference“.

20 *Fasching*, Schiedsgericht und Schiedsverfahren im österreichischen und internationalen Recht, 99.

ten) anzuordnen. Dementsprechend obliegt es in aller Regel dem Schiedsgericht, hierüber selbst zu entscheiden[21]. Auch in diesem Zusammenhang ist stets auf das nationale Recht (am Sitz des Schiedsgerichtes) Bedacht zu nehmen. Wurde etwa das Schiedsgericht in London tätig (als Sitz) entschieden nationale Gerichte, dort letztlich das House of Lords, über eine Prozesskostensicherheit im Fall „Ken-Ren“[22]. Es schien das staatliche Gericht durchaus Kompetenz zu besitzen zur Festlegung der Prozesskostensicherheit im Sinne des „Arbitration Act“. Freilich im Jahr 1996 wurde der englische „Arbitration Act“ dahingehend modifiziert, dass eine Prozesskostensicherheit ausschließlich nur mehr beim Schiedsgericht beantragt werden kann[23].

VI. Anwendbares Recht

6.1 Letztlich sei das im Schiedsverfahren anwendbare Recht erörtert. In Ermangelung einer zulässigen Rechtswahl kommen die allgemeinen Regeln zur Anwendung. Dies bedeutet freilich noch nicht, dass nunmehr nach den Regeln des Internationalen Privatrechtes, der Kollisions- und Verweisungsnormen vorzugehen ist, sondern vielmehr ist es nach den einschlägigen Bestimmungen[24] dem Schiedsgericht überlassen, jene Rechtsvorschriften anzuwenden, die es für angemessen erachtet (in Übereinstimmung mit den Bestimmungen des Vertrages, bestehenden Handelsbräuchen udgl.).

6.2 Naturgemäß kommt der Rechtswahl erhebliche Bedeutung zu. In der schiedsgerichtlichen Praxis ist es häufig der Fall, dass kein Recht eines Staates gewählt wird, in dem eine Partei ihren Sitz hat, sondern wird oft der Ausweg zu einem Drittstaatenrecht gesucht. In diesem Fall ist besondere Vorsicht und die Beiziehung nationaler Experten geboten (vgl. nur die punktuell in diesem Beitrag erwähnten Problematiken). Es steht den Parteien eines Schiedsverfahrens allerdings auch frei, allgemeines kodifiziertes Recht, wie etwa die „lex mercartoria“ oder die „UNIDROIT Principles of International Commercial Contracts“ zu vereinbaren. Auch deren Kenntnis wäre von Vorteil.

6.3 Grundsätzlich gilt für das Schiedsgericht, dass die Vereinbarung des Rechtes oder der Rechtsordnung eines bestimmten Staates, sofern die Parteien nicht ausdrücklich etwas anderes vereinbart haben, als unmittelbare Verweisung auf das materielle Recht dieses Staates und nicht auf sein Kollisionsrecht zu verstehen ist[25].

---

21 ICC-Case No. 9076/JK/DK, 2nd Partial Award, Lausanne Company (Iran) vs. Allgemeine Baugesellschaft A. Porr AG (Austria) – Losinger AG (Switzerland).

22 [1994] 2 Lloyd's Rep. 109, Voest-Alpine Aktiengesellschaft vs. Ken-Ren.

23 Für weitere Nachweise *Derains/Schwartz,* A Guide to the New ICC-Rules of Arbitration.

24 Artikel 28 Abs. 1 UNCITRAL-Modellgesetz, § 1051 Abs. 4 dZPO, Artikel 17 Abs. 2 ICC-Schiedsordnung.

25 In diesem Sinne nunmehr ausdrücklich § 603 Abs. 1 öZPO; § 1051 Abs. 1 dZPO.

VII. Zusammenfassung

Wenngleich dieser Beitrag sich nicht unmittelbar mit den insolvenzrechtlichen Themen, im Sinne des 2. Kieler Insolvenzrechtssymposiums beschäftigt, so möge er dem insolvenzrechtlichen Praktiker doch ein gedanklicher Anstoß sein, Grundlagen, Natur und Anwendungsbereich des Schiedsrechtes immer dort zu durchleuchten, wo ihm Schiedsverträge, Schiedsvereinbarungen und die Forderung nach Abschluss von Schiedsverträgen (z.B. bei Unternehmensverkäufen aus der Insolvenz) begegnen. Der insolvenzrechtliche Praktiker sollte sich daher, neben den von mir hier nicht erörterten Fragen wie z.B. Unterbrechung eines anhängigen Schiedsverfahrens bei Insolvenzeröffnung, stets vor Augen halten, dass dem Abschluss von Schiedsvereinbarungen (naturgemäß auch der Eintritt in laufende Schiedsverfahren) die gedankliche Auseinandersetzung mit dem gesamten Schiedsverfahren sowie den Konsequenzen eines Schiedsurteiles, insbesondere im Hinblick auf dessen Durchsetzbarkeit, vorangehen sollte. Eine vertiefte Auseinandersetzung oder die Beiziehung von Schiedsrechtspraktikern erscheint ratsam.

Voraussetzungen für eine erfolgreiche Unternehmenssanierung in der Insolvenz

Peter Leonhardt[1]

Nicht jedes Unternehmen ist sanierungsfähig. Aber die Erfahrungen des Verfassers haben gezeigt, dass eine Vielzahl von Unternehmen entgegen weitläufiger Meinung und auch entgegen der Einschätzung vieler Kollegen gerettet werden kann. Beispielhaft sind BORSIG aus der BABCOCK-Gruppe, die börsennotierte SENATOR ENTERTAINMENT AG, das Berliner Traditionsunternehmen HERLITZ und nicht zuletzt die BLUE-BAND Hotelgruppe mit ihrem Flaggschiff HOTEL BERLIN AG.

1. Die Thesen

Der Verfasser möchte mit den nachfolgenden Thesen niemanden angreifen, sondern vielmehr zur Diskussion anregen:

These 1

Die Mehrheit der deutschen Insolvenzverwalter ist nicht in der Lage, Sanierung und Restrukturierungen von Unternehmen erfolgreich durchzuführen.

These 2

Die Auswahl der jeweiligen Insolvenzverwalter für das jeweilige Insolvenzverfahren ist mangelhaft.

These 3

Die Überwachung der Insolvenzverwalter bei der Durchführung von Insolvenzverfahren ist unzureichend.

These 1:
Die Mehrheit der deutschen Insolvenzverwalter ist nicht in der Lage, Sanierung und Restrukturierungen von Unternehmen erfolgreich durchzuführen.

---

1 Der Autor ist Rechtsanwalt und Insolvenzverwalter in Berlin und namensgebender Sozius der Kanzlei Rechtsanwälte Leonhardt & Partner GbR. Leonhardt & Partner ist eines der größeren deutschen Insolvenzverwalterbüros mit Sitzen in Berlin-Brandenburg, Schleswig-Holstein und Nordrhein-Westfalen. Das Büro ist schwerpunktmäßig mit Sanierungen von Unternehmen beschäftigt. Der Beitrag geht auf den gleichnamigen Vortrag des Autors auf dem 2. Insolvenzrechtlichen Symposium in Kiel 2006 zurück.

Zunächst sollen Zahlen diese These untermauern:

Insolvenzstatistik: Planverfahren 1999 bis 2004

	Unternehmensinsolvenzanträge mit **eingereichten** Insolvenzplänen	Unternehmensinsolvenzen mit Insolvenzplänen	eröffnete Unternehmensinsolvenzen	Anteil der Insolvenzpläne an eröffneten U-Insolvenzen
Jahr 1999	47	24	9.564	0,25%
Jahr 2000	76	56	11.673	0,48%
Jahr 2001	96	79	14.646	0,54%
Jahr 2002	158	121	21.513	0,56%
Jahr 2003	162	126	23.060	0,55%
Jahr 2004	208	168	23.247	0,72%

Diese Zahlen zeichnen ein ziemlich katastrophales Bild hinsichtlich der Sanierung durch das Insolvenzplanverfahren. Es ist keinesfalls so, dass die Verfahren ungeeignet wären für die Durchführung von Insolvenzplänen, sondern eher die Verwalter. Aus Verwalterkreisen ist immer wieder zu hören „das geht doch gar nicht" oder „das ist mir zu kompliziert" ebenso wie „das wird nicht leistungsgerecht bezahlt". Dabei übersehen die Kritiker, dass es die primäre Aufgabe des Verwalters ist, die Gläubigerinteressen wahrzunehmen.[2] Dies geschieht am besten dadurch, dass das gemeinschuldnerische Unternehmen erhalten wird: Die Vermögensgegenstände sind dann mit dem „going concern-Wert" – dem Fortführungswert – zu bewerten. Der Wert des Unternehmens ist so deutlich höher als unter Zerschlagungsgesichtspunkten. Zugleich bedeutet die einhergehende Rettung von Arbeitsplätzen erhebliche Einsparungen bei Masseschulden und Sozialplankosten.

Die zweite Sanierungsmöglichkeit besteht in der Bildung von Auffanggesellschaften und der anschließenden sog. übertragenden Sanierung in Form des „asset deals". Hierbei werden die Vermögensgegenstände an einen neuen Rechtsträger verkauft und übereignet, während die Schulden in der insolventen Gesellschaft verbleiben.[3] Der Verkaufserlös dient zur Befriedigung der Gläubiger der insolven-

2 BVerfG, Beschluss vom 23.5.2006, 1 BvR 2530/04.

3 Dieser Verkauf der Vermögensgegenstände an eine neue Gesellschaft ohne zugleich die Verbindlichkeiten zu übertragen bricht – heute unproblematisch – mit dem lange Zeit herrschenden

ten Gesellschaft. Die übertragende Sanierung ist im Vergleich zum Insolvenzplan oft der einfachere und schnellere Weg, ein Unternehmen zu sanieren. Jedoch ist die übertragende Sanierung dann unmöglich, wenn beispielsweise unübertragbare persönliche Eigenschaften bei einer Übertragung auf einen neuen Unternehmensträger verloren gingen oder es um ein Großunternehmen geht, das mit seiner Vielzahl von Kunden und Lieferverträgen faktisch kaum in angemessener Zeit und in Anbetracht der Umstände übertragbar ist.

Es gibt zur Anzahl der übertragenden Sanierungen keine statistischen Erhebungen und damit stirbt die Hoffnung, dass übertragende Sanierungen zumindest häufiger Anwendung finden als das Insolvenzplanverfahren, nicht. An dem Bild der Insolvenzverwalter in der Öffentlichkeit ändert dies nichts: So schreibt das MANAGERMAGAZIN *„Die Zerschlagung des Unternehmens ist der Normalfall“*; im HANDELSBLATT erfährt man *„Die Insolvenzverwalter können nicht einmal Bilanzen lesen“*; die FAZ konstatiert, dass es eine *„ungenutzte Sanierungsalternative“* gibt.

These 2:
Die Auswahl der jeweiligen Insolvenzverwalter für das jeweilige Insolvenzverfahren ist mangelhaft.

Zunächst sollte die Aufmerksamkeit auf die entscheidende gesetzliche Regelung gerichtet sein:

> **§ 56 Bestellung des Insolvenzverwalters**
>
> (1) Zum Insolvenzverwalter ist eine für den jeweiligen Einzelfall geeignete, insbesondere geschäftskundige und von den Gläubigern und dem Schuldner unabhängige natürliche Person zu bestellen.

Es stellt sich die Frage, ob nicht der Richter durch den Gesetzgeber bei der Auswahl des geeigneten Verwalters nahezu allein gelassen wurde. Die Regelung des § 56 Abs. 1 InsO gilt für alle Insolvenzverfahren einschließlich der Verbraucherinsolvenzen, die wohl als unterste Messlatte anzusehen sind. Darüber hinaus ermöglicht die Vorschrift wenn überhaupt nur eine **Negativauswahl:** Es lässt sich allein erkennen, wer nicht geeignet ist. Wer für das jeweilige Verfahren geeignet ist, erschließt sich nicht. Schon JAEGER[4] hat darauf hingewiesen, dass die Auswahl des Verwalters die Schicksalsfrage des Konkurses sei. UHLENBRUCK[5] führt aus, dass es auf das Vertrauen des Richters ankomme. Beides ist richtig und als Erkenntnis bei allen Richterinnen und Richtern vorhanden. Sie geben bei der Auswahl ihr Bestes. Gleichwohl bleibt es bei den tendenziell schlechten Ergebnissen im Insolvenzverfahren. Die Auswahl des jeweiligen Verwalters kann daher nicht immer optimal sein.

Grundsatz ‚keine Übertragung des Vermögens ohne die Schulden‘, vgl. auch § 413 BGB a.F., der aus dem Gesetz gestrichen wurde.

4 *Jaeger,* Kommentar zur KO, 2. Band, 6./7. Auflage (1936), § 78 Rn. 7.

5 *Uhlenbruck,* in: Uhlenbruck, Kommentar zur InsO, 12. Aufl., § 56 Rn. 10.

Ein älteres Beispiel aus Berlin zeigt, wie in Einzelfällen die Auswahl des Verwalters erfolgt, wenn nach Aktenlage entschieden wird:

> Der Richter X bekam einen Nachlasskonkurs vorgelegt. Der Einzelanwalt A hatte einen sehr kurzen Konkursantrag gestellt, in dem er nur kurz die wesentlichen Punkte mitteilte: Herr Max Müller sei verstorben, der Nachlass sei überschuldet und er bitte um zügige Einsetzung eines Konkursverwalters bzw. Sachverständigen, mit dem er die Einzelheiten, insbesondere auch die Erstellung einer Vermögensübersicht besprechen könne. Aufgrund des Allerweltsnamens des Gemeinschuldners und der Eilbedürftigkeit setzte der Richter X den Konkursverwalter Paul Alt ein. Zwar genügte Alt bereits lange nicht mehr den Anforderungen des Gerichts, aber er hatte schließlich ein Büro und man hat als Richter auch eine soziale Verantwortung – X wollte Alt sozusagen das Gnadenbrot geben. Allerdings war Max Müller Inhaber eines größeren Berliner Konzerns, der aus einer Vielzahl von Firmen bestand. Das Ergebnis war: Die Verfahrensabwicklung verlief chaotisch. Sie dauerte nahezu 15 Jahre. Am Ende waren alle Beteiligten froh, dass nicht mehr passiert ist.

Dieser Fall ist zugegebenermaßen beispielhaft eklatant, aber er zeigt, dass die Aktenlage allein regelmäßig kein hinreichendes Bild über die Situation des zu bearbeitenden Insolvenzverfahrens ergibt.

Im Ergebnis deuten das ungünstige Zahlenbild, die schlechte öffentliche Meinung über Insolvenzverfahren und das Entscheiden nach Aktenlage auf eine mangelhafte Auswahl hin.

These 3:
Die Überwachung der Insolvenzverwalter bei der Durchführung von Insolvenzverfahren ist unzureichend.

Schon im Jahre 1928 forderte der Berliner Konkursrichter LEOPOLD LEVY: „Es muss mehr Aufsicht ausgeübt werden“. Die Aufsicht ist heute in § 58 InsO geregelt:

> **§ 58 Aufsicht des Insolvenzgerichts**
>
> (1) Der Insolvenzverwalter steht unter der Aufsicht des Insolvenzgerichts. Das Gericht kann jederzeit einzelne Auskünfte oder einen Bericht über den Sachstand und die Geschäftsführung von ihm verlangen.
>
> (2) Erfüllt der Verwalter seine Pflichten nicht, so kann das Gericht nach vorheriger Androhung Zwangsgeld gegen ihn festsetzen. Das einzelne Zwangsgeld darf den Betrag von EUR 25.000,00 nicht übersteigen. Gegen den Beschluß steht dem Verwalter die sofortige Beschwerde zu.
>
> (3) Abs. 2 gilt entsprechend für die Durchsetzung der Herausgabepflichten eines entlassenen Verwalters.

Zwei Sachverhalte sind bei der Aufsicht sorgfältig zu trennen: Kriminelles Handeln und inkompetentes Handeln.

Zugegebenermaßen können kriminelle Handlungen eines Verwalters – wie in jedem anderen Lebensbereich – nicht vollständig ausgeschlossen werden. Die Presse greift die Straftaten einzelner Verwalter gerne auf: So schrieb der SPIEGEL im Jahr 2003 über den *„Griff in die Masse“*; die ESSLINGER ZEITUNG berichtete am 6.7.2005 *„Der Insolvenzverwalter muss ins Gefängnis“*, das HANDELSBLATT am 3.8.2005 *„Das schmutzige Geschäft mit der Pleite“*. Regelmäßig ist auch dem InDat-Report ähnliches zu entnehmen: *Verhaftung, Bestechung, Strafverfahren,* vgl. 10–11/2004, S. 4; 09/2004, S. 4; 08/2004, S. 4; 03/2004, S. 4.

Bei kriminellen Handlungen ist sorgfältig zu prüfen, inwieweit die Gerichte ihrer Aufsichtspflicht nachgekommen sind. Erstaunlich ist es schon, wenn ein Verwalter – wie geschehen – jahrelang die gesamten Massen seiner Verfahren über ein einziges Bankkonto abwickelt, ohne dass dies auffällt. Rechtspfleger und Richter müssen ein feines Gespür dafür entwickeln, welchem Verwalter zu trauen ist. Hinzu treten dann die Überwachungspflichten. Wichtig ist auch, ob ein Gläubigerausschuss eingesetzt ist. Bei größeren Verfahren sollte im ersten Termin auf eine Einsetzung hingewirkt werden. Eine Überprüfung des Verwalters ausschließlich bei der Schlussrechnung ist häufig, wie auch mein Beispiel mit 15jähriger Verfahrensdauer zeigt, zu wenig. Insbesondere bei länger andauernden Verfahren erscheint eine stichprobenartige Kontrolle während des Verfahrens sinnvoll. Da die Gerichte nur subsidiär haften,[6] sind auch die Gläubiger im ureigensten Interesse gefordert.

Natürlich hat das Gericht keinesfalls eine Zweckmäßigkeitskontrolle einzelner Verwalterhandlungen vorzunehmen. Der Rechtspfleger oder Richter kann nicht erkennen, ob das abgewickelte Unternehmen sanierungsfähig war. Was aber ersichtlich ist, sind die „Fremdkosten“, die ein Verwalter bei der Abwicklung aufgewendet hat. Es gibt Verwalter, die sich ein Satellitensystem von Unternehmensberatern und Unterstützern aufgebaut haben, die großzügig aus der Masse bedient werden. Im Einzelfall mag dies recht sein. Allerdings müsste es zu einer deutlichen Verminderung der Verwaltervergütung führen, da der Verwalter durch die Fremdleistungen von seinen Aufgaben entlastet wird.

Hinsichtlich der dritten These – der unzureichenden Überwachung des Verwalters – ist auf den Einzelfall abzustellen. Zu fordern ist grundsätzlich eine erhöhte Aufmerksamkeit, die bei Auffälligkeiten eines Verwalters zum sofortigen Eingreifen des Gerichts führt, sei es durch die Bestellung eines Sachverständigen, durch einen einfachen Anruf oder eine Mitteilung an den Gläubigerausschuss.

2. Der Lösungsansatz: Verwaltercontrolling

Einigkeit besteht darüber, dass der Insolvenzverwalter die Zentralfigur des Insolvenzverfahrens ist.[7] Fraglich ist, anhand welcher Kriterien der Insolvenzverwalter auszuwählen ist. Schon früher genannte und zum Teil von der Richterschaft geforderte Kriterien sind u. a.

- die Erreichbarkeit des Verwalters,
- die Einsatzbereitschaft,
- keine Interessenkollision,
- Erfahrung,

---

6 *Kuhn/Uhlenbruck,* Kommentar zur KO, 11. Aufl., § 83 Rn. 7; OLG ZIP 1991, 1367.
7 MünchKommInsO-*Graeber,* Band I, § 56 Rn. 1.

- die Erledigung der formellen, für das Gericht wichtigen Aufgaben,
- die Pünktlichkeit des Verwalters,
- die ordentliche Berichterstattung und
- die gewissenhafte Prüfung der Tabelle.

So richtig wie dieser Katalog ist, so selbstverständlich ist er. Es sind die bekannten „preußischen Tugenden“. Die eigentliche Aufgabe, nämlich eine Eignung zur Sanierung von Unternehmen festzustellen, ist damit nicht gelöst. HAARMEYER[8] fordert neuerdings, dass die Auswahl an objektiven Qualitätskriterien zu messen sein müsse. Ein Verwaltercontrolling könnte ein Lösungsvorschlag sein.

a) Prämissen

Notwendig wäre zunächst, eine gerichtliche Vergleichsstatistik zu entwickeln. Dies setzt eine Mindestbeobachtungszeit der Verwaltertätigkeit voraus, denn die Verschiedenartigkeit der Insolvenzverfahren lässt erst nach einiger Zeit verwertbare Ergebnisse erwarten. Die Statistik sollte nach Art und Größe der Insolvenzverfahren eingeschränkt werden; keinesfalls sollte sie alle Insolvenzverfahren eines Gerichts erfassen, sondern sie sollte sich auf Unternehmensinsolvenzen einer bestimmten Größe beschränken. Daher sind folgende Prämissen festzulegen:

- Die Controllingzeit soll mindestens drei Jahren betragen,
- es werden ausschließlich Unternehmensinsolvenzen beobachtet und
- die Unternehmen sollen eine Mindestgröße von mindestens 10 Arbeitnehmern und/oder mindestens EUR 500.000,00 Jahresumsatz haben.

Natürlich können andere Kriterien gewählt oder diese Kriterien anders gefasst werden. Ergebnis soll ein Leistungsvergleich sein, der auf messbare Vergleichskriterien zurückgeht. Hierzu sind folgende Kriterien in den Leistungsvergleich einzubeziehen:

- Anzahl der bearbeiteten Insolvenzverfahren, unterteilt in
  - Anzahl Unternehmenssanierungen
    - durch Insolvenzplan
    - durch übertragende Sanierung
  - Anzahl Unternehmensliquidationen
- Branche
- erhaltene Arbeitsplätze
- erzielte Quoten für die Gläubiger
- Verfahrensdauer
- Ausschüttungsgeschwindigkeit.

---

8 *Haarmeyer,* ZInsO 2005, 337 ff.

b) Die Akzeptanz der Gläubiger als Richtschnur

Das Insolvenzverfahren dient der bestmöglichen Gläubigerbefriedigung.[9] Der Insolvenzverwalter ist daher in erster Linie Dienstleister für die Gläubiger. Ein Verwaltercontrolling sollte demnach auch die Zufriedenheit der Gläubiger mit dem Verwalter widerspiegeln. Wesentliche Gläubigergruppen sind Arbeitnehmer und Betriebsrat, Banken, Lieferanten, Kreditversicherung, institutionelle Gläubiger wie die Arbeitsagentur und der Pensionssicherungsverein sowie staatliche Gläubiger. Bei der Bewertung der Zufriedenheit sollten insbesondere folgende Kriterien zugrunde gelegt werden:

- frühzeitige Information über den jeweiligen Verfahrensstand ggf. per Internet
- Erreichbarkeit des Verwalters bei telefonischen Fragen
- Auskunftsbereitschaft des Verwalters und seines Teams, z.B. Beantwortung von schriftlichen Anfragen
- Einsetzung eines Gläubigerausschusses
- Verhandlungsbereitschaft des Verwalters
- Insolvenz- und Sanierungserfahrung des Verwalters
- Branchenkompetenz des Verwalters und seines Teams
- Geschwindigkeit des Verfahrensablaufs

c) Formalisierung eines Verwaltercontrollings

Ein Verwaltercontrolling macht die Entwicklung von Statistikformularen für die Gerichte erforderlich. Sinnvoll wäre ein Fragebogen, der nach Beendigung eines Insolvenzverfahrens vom Insolvenzverwalter eingereicht wird. Dies könnte zusammen mit dem Schlussbericht erfolgen. Damit soll keinesfalls einer weiteren Bürokratisierung das Wort geredet werden. Ebenso wird die Auswahl des Verwalters eine Entscheidung des jeweiligen Richters bleiben. Diese soll wie bisher von Verantwortung und Gespür geprägt sein, jedoch unter Zuhilfenahme objektiver Kriterien.

3. Fazit

Das von BUSCH vertretene DETMOLDER MODELL[10] trifft den Punkt: Die „Kunden" des Insolvenzverwalters sind die Gläubiger. Das Ziel aller Beteiligten muss die Sanierung sein, diese muss auf der Pool-Position stehen. Nur so ist das beste Ergebnis für die Gläubiger zu erreichen. Folglich sollten die Gläubiger in das Verfahren eingebunden werden. Die Transparenz des Verfahrens muss erhöht, ein Teil der Verantwortung auf die Gläubigerschaft übertragen werden,[11] und zwar schon zu Beginn des Verfahrens. Die zum Teil auch von den Gerichten vertretene Meinung, ein vorgeschlagener Verwalter dürfe keinesfalls ausgewählt werden, ist

---

9 BVerfG, Beschluss v. 23.5.2006, 1 BvR 2530/04.
10 *Busch Peter*, DZWIR 2004, 353 ff.
11 So auch das „Detmolder Modell", vgl. Fn. 12.

unsinnig, weil die Gläubiger als vorrangig Interessierte einen Verwalter ihrer Wahl mit dem Vorschlag aus dem Rennen bringen könnten. UHLENBRUCK[12] hat seine Ablehnung des Vorschlagsrechts der Gläubiger nunmehr ausdrücklich aufgegeben und vertritt heute die hier vertretene Auffassung.

Unternehmen müssen rechtzeitig den Schritt in die Insolvenz wagen, um damit diese strategische Option für eine Sanierung nutzen zu können. Die Umsetzung kann in einem Insolvenzplan oder in einer übertragenden Sanierung bestehen und ihr Erfolg hängt von der richtigen Verwalterauswahl im Einzelfall ab. Kriterien für die Wahl wurden dargelegt. Die Bestellung sollte soweit wie möglich transparent und nachvollziehbar sein. Dazu ist nicht zuletzt die Kommunikationsbereitschaft aller Beteiligten im Vorfeld der Insolvenz erforderlich. Im Ergebnis könnte die Zahl der in der Insolvenz sanierten Unternehmen stetig zunehmen. In der Öffentlichkeit hätte der Gedanke, dass die Insolvenz eine strategische Option zur Unternehmenssanierung ist, eine Chance. Es ist die Verantwortung der Insolvenzverwalter, die Gläubiger bestmöglich zu befriedigen und dabei Unternehmen und Arbeitsplätze zu erhalten.

---

12 *Uhlenbruck,* in: Uhlenbruck, Kommentar zur InsO, 12. Aufl., § 56 Rn. 11; noch anders: *Uhlenbruck,* in: KTS 1989, S. 229 ff. In diesem Zusammenhang ist interessant, dass *Uhlenbruck* jetzt auch der Eigenverwaltung nicht mehr so skeptisch gegenüber steht.

Grenzüberschreitende Konzerninsolvenzen – Ende eines Irrweges?

*Solveig Lieder**

I. Einleitung

Rasant entwickelte sich seit Inkrafttreten der Verordnung (EG) Nr. 1346/2000 des Rates v. 29.5.2000 über Insolvenzverfahren (EuInsVO) die Rechtsprechung[1] zu grenzüberschreitenden Konzerninsolvenzverfahren in Europa. Die Varianten der praktischen Behandlung von Insolvenzverfahren über Unternehmensgruppen mit Gesellschaften in verschiedenen europäischen Mitgliedstaaten wurden Dank phantasievoller Rechtsfortbildung durch die Gemeinschaftsgerichte zunehmend unüberschaubar. Die rechtswissenschaftliche Lehre schaute diesem Treiben erstaunt zu und geriet bald ins Schwanken, ob diese Entwicklung mit Begeisterung oder mit Skepsis zu kommentieren sei[2]. Eine solche Situation ruft nach Klarstellung durch eine übergeordnete Instanz. Dementsprechend gespannt wurde die Entscheidung des EuGH auf eine Vorlage durch den Supreme Court of Ireland vom 27.7.2004[3] erwartet, welche die erhoffte Klarstellung zu versprechen schien.

Die auf die Vorlage des Supreme Court of Ireland im Verfahren Parmalat/Eurofood am 2.5.2006 ergangene Entscheidung des EuGH[4] soll im Folgenden vorgestellt werden (III.), insbesondere soll eine Prognose über ihre Auswirkungen auf die Entwicklung im grenzüberschreitenden Konzerninsolvenzrecht gestellt werden (IV.). Um die Bedeutung der fünf Vorlagefragen des Supreme Court of Ireland im Kontext von Konzerninsolvenzen zu verdeutlichen, soll zunächst die Problematik selbiger und die hieran anknüpfende Entwicklung in der Rechtsprechung kurz zusammengefasst werden (II.).

---

* Dr. iur., Rechtsanwältin, Hamburg.

1 Vgl. hierzu nur beispielhaft die Verfahren *Daisytek* (High Court of Justice Leeds, B. v. 16.5.2003, ZIP 2003, 1362; AG Düsseldorf, B. v. 6.6.2003, DZWIR 2003, 437, *dass.*, B. v. 12.3.2004, DZWIR 2004, 432); *Automold* (AG Köln, B. v. 23.1.2004, DZWIR 2004, 434); *Hettlage* (AG München, B. v. 4.5.2004, ZIP 2004, 962); *EMBIC* (AG Mönchengladbach, B. v. 27.4.2004, DZWIR 2004, 437); *Collins & Aikmann* (Landesgericht Leoben, B. v. 31.8.2005, NZI 2005, 646).

2 Tendenziell positiv beurteilt wurde die Entwicklung von *Braun*, NZI 2004, V ff.; skeptisch zeigen sich hingegen *Mankowski*, EWiR 2003, 1239 f.; *Paulus*, ZIP 2003, 1725; *Sabel*, NZI 2004, 126.

3 Supreme Court of Ireland (Dublin), B. v. 27.7.2004, DZWIR 2005, 60 ff.

4 EuGH, Urt. v. 2.5.2006, Rs. C-341/04, ZIP 2006, 907.

II. Die Problematik grenzüberschreitender Konzerninsolvenzverfahren

Angesichts der Gewichtung der zur EuInsVO ergangenen Rechtsprechung und Literatur ist zu konstatieren, dass die meisten Probleme im Zusammenhang mit der Anwendung dieser Verordnung im Rahmen von Insolvenzverfahren über grenzüberschreitend konzernmäßig verbundene Unternehmen auftreten. Dies allein ist nicht erstaunlich, da Insolvenzverfahren über Konzernunternehmen den Prototyp grenzüberschreitender Insolvenzverfahren darstellen[5]. Weiter noch gibt es jedoch eine Vielzahl von Problemen, die nicht nur anlässlich von Insolvenzverfahren über Konzernunternehmen auftreten, sondern die gerade aus der Konzernverbundenheit des insolventen Unternehmens resultieren. Das Phänomen Konzern als solches bereitet im Rahmen grenzüberschreitender Insolvenzverfahren im Lichte der EuInsVO Probleme. Es stellt sich die Frage, ob und wie dieses Phänomen der rechtlichen Unabhängigkeit bei gleichzeitiger wirtschaftlicher und faktischer Abhängigkeit[6] im Konzern verbundener Unternehmen in der Insolvenz eines oder mehrerer Gruppenmitglieder Berücksichtigung finden kann und muss. Die diesbezügliche Aussage des Verordnungsgebers ist eindeutig. Die EuInsVO trifft lediglich Regelungen für Insolvenzverfahren über einzelne Rechtssubjekte, Konzerninsolvenzen sind von einer Regelung ausgenommen. Nach dem Konzept der EuInsVO ist ein Insolvenzverfahren über ein rechtlich selbständiges Unternehmen unabhängig von einer etwaigen Verbindung mit anderen solventen oder insolventen Unternehmen abzuwickeln. Allein es fehlt die Akzeptanz dieser gesetzgeberischen Entscheidung auf Seiten der Praxis, zunehmend auch in der Literatur[7]. Die Nichtberücksichtigung der Konzernrealität werde den Ansprüchen eines modernen Insolvenzrechts nicht gerecht[8].

Diese mit der Enthaltsamkeit des Verordnungsgebers hinsichtlich der Regelung von Konzernsachverhalten kollidierende Ansicht hat die Praxis dazu bewogen, eigene Wege zur Lösung von grenzüberschreitenden Konzerninsolvenzkonstellationen zu suchen. Erstaunlich schnell durchgesetzt hat sich hierbei eine Zuständigkeitskonzentration für Insolvenzverfahren über mehrere Konzernunternehmen am Sitz der Konzernmutter. Hierfür wurden schlicht Hauptinsolvenzverfahren über inländische und ausländische Tochtergesellschaften eines Konzerns durch das für die Insolvenz der Muttergesellschaft zuständige Gericht eröffnet[9]. Ob die-

5 *Ehricke*, EWS 2002, 101 f.; *Mankowski*, NZI 2004, 450, 452; *Pannen/Riedemann*, NZI 2004, 646, 647 f.; *Paulus*, EWiR 2004, 493; *Smid*, FS-Geimer, 1215, 1219; *ders.*, DZWIR 2004, 397.

6 Vgl. *Forum Europaeum Konzernrecht*, ZGR 1998, 672, 740

7 *Ehricke*, EWS 2002, 101 f.; *Lüer*, FS-Greiner, 201, 213; *Mankowski*, NZI 2004, 450, 452; *Paulus*, EWiR 2004, 493.

8 *Paulus*, EWiR 2004, 493, 494.

9 Erstmals im Fall *Daisytek* durch den High Court of Justice Leeds, B. v. 16.5.2003, ZIP 2003, 1362; dem folgend AG München, B. v. 4.5.2004, ZIP 2004, 962 (*Hettlage*); High Court of Justice Birmingham, B. v. 18.4.2005, NZI 2005, 467 (*MG Rover*) u. a.

ser Weg mit der Zuständigkeitsregelung der EuInsVO vereinbar ist, war von Anfang an äußerst fraglich und streitig[10].

1. Zuständigkeitsregelung der EuInsVO

Für die Eröffnung eines gemäß Art. 16 und Art. 4 EuInsVO in allen Mitgliedstaaten Wirkung entfaltenden Hauptinsolvenzverfahrens führt für das eröffnende Gericht kein Weg an der Regelung der internationalen Zuständigkeit in Art. 3 Abs. 1 EuInsVO vorbei, die folgendermaßen lautet:

> „Für die Eröffnung des Insolvenzverfahrens sind die Gerichte des Mitgliedstaats zuständig, in dessen Gebiet der Schuldner den Mittelpunkt der hauptsächlichen Interessen hat. Bei Gesellschaften und juristischen Personen wird bis zum Beweis des Gegenteils vermutet, dass der Mittelpunkt der hauptsächlichen Interessen der Ort des satzungsgemäßen Sitzes ist."

Gerade Satz 2 scheint hinreichend die Vorstellung des Verordnungsgebers deutlich zu machen, dass bei Insolvenz von Gesellschaften und juristischen Personen – unabhängig davon, ob sie in einen Konzern eingebunden sind – die Eröffnungszuständigkeit an deren satzungsgemäßem Sitz liegen soll. Doch hat der Verordnungsgeber diese Regel als Vermutung formuliert und Vermutungen sind bekanntlich widerleglich. So ist es diese Vermutungsregel des Art. 3 Abs.1 Satz 2 EuInsVO, die sich die Praxis zunutze gemacht hat, um einen Konzerninsolvenzgerichtsstand zu kreieren, den die EuInsVO so nicht vorsieht. Es galt demnach im Einzelfall darzulegen, dass der Mittelpunkt der hauptsächlichen Interessen einer Konzerntochter nicht der Ort ihres satzungsgemäßen Sitzes ist.

Interessant ist in diesem Zusammenhang der Erwägungsgrund 13 zur EuInsVO, mit dem der Verordnungsgeber sein Verständnis vom gemäß Art. 3 Abs. 1 Satz 1 für die Bestimmung der internationalen Zuständigkeit maßgeblichen Begriff des Mittelpunktes der hauptsächlichen Interessen näher erläutert:

> „Als Mittelpunkt der hauptsächlichen Interessen sollte der Ort gelten, an dem der Schuldner gewöhnlich der Verwaltung seiner Interessen nachgeht und damit für Dritte feststellbar ist."

Auf den ersten Blick ist kaum ersichtlich, welchen Interpretationsspielraum diese vom Verordnungsgeber wohl als Interpretationshilfe geäußerte Erwägung bietet.

2. Der Weg der Praxis

Indes zeigte sich die Rechtsprechung äußerst kreativ in der Interpretation der genannten Vorgaben des Verordnungsgebers. Um das Ziel einer Zuständigkeitskonzentration am Sitz der Konzernmutter zu erreichen, argumentierten die Gerichte der Mitgliedstaaten mitunter durchaus plausibel. Zunächst wurde die Vermu-

---

10 *Mankowski*, EWiR 2003, 767; *ders.*, EWiR 2003, 1239 f.; *Paulus*, EWiR 2003, 709; *ders.* ZIP 2003, 1725; *Sabel*, NZI 2004, 126.

tungsregel des Art. 3 Abs. 1 Satz 2 EuInsVO zu einer Zweifelsregel degradiert[11], wonach der Mittelpunkt der hauptsächlichen Interessen der Konzerntochter lediglich dann an deren satzungsmäßigem Sitz zu verorten ist, wenn dieser nicht erkennbar woanders liegt. Im Hinblick auf die Erkennbarkeit soll hiernach maßgeblich auf die Großgläubiger abzustellen sein, die oftmals unmittelbar mit der Konzernmutter verhandeln[12]. Hieran anknüpfend misst die Rechtsprechung dem Ort der Entscheidungskontrolle[13], die in vielen Fällen bei der Konzernmutter liegt, eine große Bedeutung zu, hinter der das operative Geschäft der Konzerntochter zurücktritt. Auf diese Weise lässt sich die Zuständigkeit für Insolvenzverfahren über Konzerntöchter in vielen Fällen leicht am Sitz der Konzernmutter begründen.

Da derartige Entscheidungen eines Gerichts am Sitz der Muttergesellschaft insbesondere im Staat des Sitzes des Tochterunternehmens, wo man sich seiner Zuständigkeit und möglicherweise eines lukrativen Insolvenzverwaltungsauftrages beraubt sieht, in der Regel für Unmut sorgen, ist ein Wettlauf um die Ersteröffnung eines Hauptinsolvenzverfahrens über Tochtergesellschaften entstanden, für den neben der eigentlichen Frage der internationalen Zuständigkeit im Sinne der EuInsVO auch der Zeitpunkt der Wirkungsentfaltung einer Eröffnungsentscheidung im Sinne von Art. 16 EuInsVO von Bedeutung ist.

III. Vorlage durch den Supreme Court of Ireland

Diese Problematik der Bestimmung der internationalen Zuständigkeit im Hinblick auf Insolvenzverfahren über Konzerntöchter, die Wirkung unberechtigter Inanspruchnahme der internationalen Zuständigkeit und die Frage nach dem Zeitpunkt der Wirkungsentfaltung im Sinne des Art. 16 EuInsVO ist Gegenstand der EuGH-Vorlage durch den Supreme Court of Ireland[14] im Verfahren Parmalat/Eurofood.

1. Die Frage nach dem Mittelpunkt der hauptsächlichen Interessen

Die – nicht nur angesichts der geschilderten Entwicklung in der Rechtsprechung – zentrale Frage des Supreme Court of Ireland ist die nach der Bestimmung des Mittelpunktes der hauptsächlichen Interessen und damit der internationalen Zuständigkeit gemäß Art. 3 Abs. 1 EuInsVO für das Insolvenzverfahren über eine Konzerntochter, wenn Mutter und Tochter ihren Sitz in verschiedenen Staaten

---

11 *Huber*, ZZP 114 (2001), 133, 141; *Kolmann*, Kooperationsmodelle, 284 f.

12 So Richter *McGonigal* High Court of Justice Leeds, B. v. 16.5.2003, ZIP 2003, 1362, im Verfahren Daisytek.

13 So das Tribunale Civile di Parma, Urt. v. 19.2.2004, ZIP 2004, 1220, im Verfahren Eurofood/Parmalat; unterstützt durch die englische Literatur: vgl. *Moss/Fletcher/Isaacs-Moss/Smith*, The EC Regulation on Insolvency Proceedings, RdNr. 8.39.

14 Supreme Court Dublin, EuGH-Vorlage v. 27.7.2004, 147/04, DZWIR 2005, 60.

haben[15]. Das vorlegende Gericht teilte in diesem Zusammenhang mit, dass die italienische Muttergesellschaft kraft Beteiligung die Geschäftspolitik der Tochter zu kontrollieren in der Lage sei und unterstellte zudem als Tatsache, dass die irische Konzerntochter der Verwaltung ihrer Geschäftsinteressen für Dritte erkennbar an ihrem eingetragenen Sitz in Irland nachgehe. Damit hatte der EuGH über die in Rechtsprechung und Literatur intensiv diskutierte Frage[16] zu entscheiden, ob für die Bestimmung des Mittelpunktes der hauptsächlichen Interessen auf die operative Geschäftstätigkeit der Tochtergesellschaft oder auf die Verwaltungskontrolle durch die Konzernmutter abzustellen ist. Es kann daher nicht wundern, dass angesichts dieser Fragestellung der Entscheidung des EuGH von der Literatur ein hohes Klärungspotential zugesprochen wurde[17]. Und tatsächlich fällt die Antwort des EuGH auf diese konkrete Frage sehr eindeutig aus, indem dieser auf die Regelung des Art. 3 Abs. 1 Satz 2 EuInsVO verweist und feststellt, dass die hierin aufgestellte Vermutung zugunsten des satzungsmäßigen Sitzes nicht allein mit der Verwaltungskontrolle durch die Muttergesellschaft zu widerlegen sei, wenn die Tochtergesellschaft im Mitgliedstaat ihres Sitzes einer Tätigkeit nachgeht[18]. Damit hat der EuGH klargestellt, dass es sich bei Art. 3 Abs. 1 Satz 2 EuInsVO keineswegs um eine Zweifelsregel handelt, sondern der Vermutung Regelwirkung zukommt[19]. Soweit war die Entscheidung des EuGH wünschenswert und durchaus vorhersehbar. Dennoch ist die Frage nach der Bestimmung des Mittelpunktes der hauptsächlichen Interessen einer Konzerntochter hiermit keineswegs vollständig geklärt – was ebenfalls vorauszusehen war. Denn der EuGH führt konsequent aus, dass die Vermutung des Art. 3 Abs.1 Satz 2 EuInsVO nur entkräftet werden könne, wenn belegt wird, dass für Dritte feststellbar die Lage in Wirklichkeit nicht derjenigen entspricht, die der Vermutung am satzungsmäßigen Sitz zugrunde liegt. Diese Aussage des EuGH stellt im Zusammenhang der Fragestellung durch das vorlegende Gericht und vor dem Hintergrund der Argumentation anderer europäischer Gerichte zur Begründung des Mittelpunktes der hauptsächlichen Interessen am Sitz der Konzernmutter durchaus ein Problem dar. Denn viele Gerichte haben sich zur Begründung des Mittelpunktes der hauptsächlichen Interessen am Sitz der Konzernmutter eben nicht allein auf die Verwaltungskontrolle durch selbige gestützt, sondern haben insbesondere dargelegt, dass hiermit die wesentlichen Aktivitäten auch im Sinne des Erwägungsgrundes 13 für Dritte erkennbar gerade nicht am Sitz der Tochtergesellschaft liegen, da insbesondere wichtige Verträge mit der Konzernmutter geschlossen wurden, diese also den Gläubigern gegenüber als Ent-

---

15 EuGH, Urt. v. 2.5.2006, Rs. C-341/04, ZIP 2006, 907, Nr. 26ff.

16 Wobei die deutsche Literatur nahezu einstimmig für die Maßgeblichkeit des operativen Geschäfts plädiert, vgl. *Herchen*, ZInsO 2004, 825, 828; *Konecny*, in: Neue Fragen des deutschen und internationalen Insolvenzrechts, 106, 115; *Lüer*, FS-Greiner, 201, 206ff.; *Pannen/Riedemann*, NZI 2004, 646, 651; *Ehricke*, EWS 2002, 101, 102f.; *Kübler*, FS-Gerhardt 2004; *Smid*, DZWIR 2003, 397ff.; *Wimmer*, ZInsO 2005, 119, 122.

17 Vgl. *Eidenmüller*, EBOR 6 (2005), 423, 430f.; *Smid*, Anm. zu Supreme Court of Ireland, B. v. 27.7.2004, DZWIR 2005, 64, 65; *Wimmer*, ZInsO 2005, 119ff.

18 EuGH, Urt. v. 2.5.2006, Rs. C-341/04, ZIP 2006, 907, Nr. 36 f.

19 *Poertzgen/Adam*, ZInsO 2006, 505, 506.

scheidungsträgerin aufgetreten ist[20]. Die Beantwortung der Vorlage des Supreme Court of Ireland, der die Frage danach, welche konkreten Verwaltungstätigkeiten für welche Gläubiger erkennbar sein müssen, der Beurteilung durch den EuGH geschickt entzogen hat, indem er die Erkennbarkeit maßgeblicher Tätigkeit am Sitz des Tochterunternehmens in Irland unterstellte, lässt in Zukunft (weiterhin) die Argumentation zu, dass durch unmittelbare Interaktionen zwischen der Konzernmutter und potentiellen Gläubigern der Tochtergesellschaft für Dritte erkennbar die wirkliche Lage nicht der durch die Vermutung des Art. 3 Abs. 1 Satz 2 EuInsVO unterstellten entspreche. Ohne Zweifel ist eine derartige Interpretation nicht im Sinne des Verordnungsgebers und auch nicht im Sinne des EuGH, denn dieser hat sich entgegen Mutmaßungen in der Literatur[21] keineswegs einer Formulierung seiner Haltung zur Entwicklung im grenzüberschreitenden Konzerninsolvenzrecht enthalten, sondern so deutlich, wie ihm dies eben aufgrund der Vorlagefragen möglich war, eine ablehnende Tendenz gegenüber der Etablierung eines Konzerinsolvenzgerichtsstandes am Sitz der Konzernmutter gezeigt. Jedoch waren dem EuGH durch die Formulierung der Vorlagefragen im Hinblick auf eine Klarstellung hinsichtlich der Auslegung der Erkennbarkeit für Dritte im Sinne des Erwägungsgrund 13 die Hände gebunden, womit den Gerichten der Mitgliedstaaten – insbesondere den englischen, die in der bisherigen Entwicklung die Tendenz aufweisen, dort wo sich nur der geringste Interpretationsspielraum anbietet, den Willen des Verordnungsgebers „miss zu verstehen“ – die Möglichkeit der Zuständigkeitskonzentration nicht vollständig abgeschnitten wurde.

2. Automatische Anerkennung, Überprüfbarkeit einer Eröffnungsentscheidung und ordre public

Mit diesem Interpretationsspielraum hinsichtlich der Verortung des Mittelpunktes der hauptsächlichen Interessen einer Konzerntochter hat auch die weitere Vorlagefrage, danach ob das Gericht eines Mitgliedstaates zur Überprüfung der in einem anderen Mitgliedstaat unter Inanspruchnahme der internationalen Zuständigkeit ergangenen Eröffnung eines Hauptinsolvenzverfahrens berechtigt ist bzw. diese gemäß Art. 16 Abs. 1 EuInsVO trotz Zweifeln anzuerkennen habe, nicht an Bedeutung verloren. So ist es hilfreich, dass der EuGH klarzustellen hatte und klargestellt hat, dass unter Berücksichtigung des der EuInsVO zugrunde liegenden Grundsatzes des gegenseitigen Vertrauens eine Überprüfung einer Eröffnungsentscheidung durch das Gericht eines anderen Mitgliedstaates nicht erfolgen kann[22]. Zwar ist eine Anerkennung in diesem Sinne trotz Zweifeln an der Zuständigkeit des eröffnenden Gerichtes bisher in der Regel anstandslos erfolgt[23], doch ist angesichts des steigenden Unmutes über ungerechtfertigte Inanspruchnahme der in-

20 High Court of Justice Leeds, B. v. 16.5.2003, ZIP 2003, 1362 (*Daisytek*).

21 *Poertzgen/Adam*, ZInsO 2006, 505, 507.

22 EuGH, Urt. v. 2.5.2006, Rs. C-341/04, ZIP 2006, 907, Nr. 42 ff.

23 Eine Ausnahme bildete hier lediglich eine Entscheidung des AG Düsseldorf, B. v. 6.6.2003, DZWIR 2003, 437, die jedoch später durch das AG Düsseldorf selber mit B. v. 12.3.2004, DZWIR 2004, 432, korrigiert wurde.

ternationalen Zuständigkeit eine Änderung in der Haltung der sich in ihrer Zuständigkeit beraubt sehenden Gerichte nicht auszuschließen. Die diesbezügliche Klarstellung durch den EuGH gewährleistet unter diesem Aspekt, wenn auch keine neue Rechtserkenntnis, so doch wenigstens eine Sicherung bestehender Erkenntnisse und Handhabung.

Ähnlich zu beurteilen ist die weitere dem EuGH durch den Supreme Court of Ireland vorgelegte Frage danach, ob ein Mitgliedstaat gemäß Art. 17 EuInsVO verpflichtet ist, die Eröffnungsentscheidung eines anderen Mitgliedstaates anzuerkennen, wenn diese unter Verstoß gegen die durch den ordre public des erstgenannten Staates garantierten Verfahrensmodalitäten ergangen ist. Literatur und Rechtsprechung waren sich bisher weitgehend einig, dass die Meßlatte für einen ordre public-Verstoß gemäß Art. 26 EuInsVO und eine auf diese gestützte Versagung der Anerkennung einer ausländischen Eröffnungsentscheidung sehr hoch anzulegen sei[24]. Diese Ansicht hat der EuGH unter Hinweis auf seine eigene Rechtsprechung zum Brüsseler Übereinkommen[25] bestätigt. Etwas irritierend ist in diesem Zusammenhang die in der Literatur[26] geäußerte Kritik, dass der EuGH für die Auslegung des ordre public auf das nationale Recht abstellt. Allein der ordre public der Mitgliedstaaten und damit die Verfahrensgarantien desselben sind nach Art. 26 EuInsVO maßgeblich[27], was bereits vor der Entscheidung des EuGH bekannt und unbestritten war. Für die Befürchtung[28] einer Verlagerung der Kompetenzstreitigkeiten auf die Ebene des ordre public besteht insbesondere deshalb keine Veranlassung, da der EuGH der Anwendung des ordre public Vorbehalts zur Abwehr ungerechtfertigter Inanspruchnahme der internationalen Zuständigkeit eine klare Absage erteilt hat[29] und sich bereits in vorangegangenen Entscheidungen gezeigt hat[30], dass die irrtümliche Inanspruchnahme der internationalen Zuständigkeit selten allein auf dem Verstoß gegen Verfahrensrechte – etwa die Nichtbeachtung des rechtliche Gehörs – beruht.

3. Der Zeitpunkt der Eröffnungsentscheidung

Mit dem unter III. 1. aufgezeigten Fortbestand der Möglichkeit einer Zuständigkeitskonzentration am Sitz der Konzernmutter in Zusammenhang mit der unter III. 2. bestätigten Verpflichtung zur Anerkennung von Entscheidungen, auch wenn diese auf einer ungerechtfertigten Inanspruchnahme der internationalen Zuständigkeit beruhen, bleibt auch der zeitliche Wettlauf um die Ersteröffnung

24 Vgl. *Duursma-Kepplinger/Duursma/Chalupsky-Duursma-Kepplinger,* Art. 26 RdNr. 7; *Smid,* Deutsches und Europäisches Internationales Insolvenzrecht, Art. 26 RdNr. 7; *Herchen,* ZInsO 2004, 61, 65; *Lüer,* FS-Greiner, 201, 211; vgl. auch Oberster Gerichtshof Wien, B. v. 17.3.2005, NZI 2005, 465.
25 EuGH, Urt. v. 28.3.2000, Rs. C-7/98, ZIP 2000, 859.
26 *Knof/Mock,* Anm. zu EuGH, Urt. v. 2.5.2006, ZIP 2006, 911, 915.
27 *Duursma-Kepplinger/Duursma/Chalupsky-Duursma-Kepplinger,* Art. 26 RdNr. 7; *Smid,* Deutsches und Europäisches Internationales Insolvenzrecht, Art. 26 RdNr. 7.
28 *Knof/Mock,* Anm. zu EuGH, Urt. v. 2.5.2006, ZIP 2006, 911, 915.
29 Was auch *Knof/Mock,* Anm. zu EuGH, Urt. v. 2.5.2006, ZIP 2006, 911, 915 erkennen.
30 High Court of Justice Leeds, B. v. 16.5.2003, ZIP 2003, 1362 (*Daisytek*), dazu *Herchen,* ZInsO 2004, 61, 65.

von Hauptsinsolvenzverfahren über Konzerntochtergesellschaften ein Thema. In diesem Zusammenhang hatte der EuGH auf die Vorlage des Supreme Court of Ireland zu entscheiden, ob die Bestellung eines vorläufigen Insolvenzverwalters (im Vorlageverfahren ein provisional liquidator nach irischem Recht), durch die die Unternehmensführung ihre Handlungsbefugnisse verliert, eine Verfahrenseröffnung im Sinne des Art. 16 Abs. 1 Unterabsatz 1 EuInsVO darstellt. Die entsprechende Vorlagefrage weckte im Vorfeld der Entscheidung des EuGH in Deutschland besonderes Interesse[31], da eine Befürwortung der Einordnung der Bestellung eines vorläufigen Verwalters vor Eröffnung des eigentlichen Insolvenzverfahrens als die Wirkungen des Art. 16 Abs. 1 EuInsVO entfaltende Eröffnungsentscheidung durch den EuGH im Hinblick auf die regelmäßige Einsetzung eines vorläufigen Insolvenzverwalters im Eröffnungsverfahren nach §§ 21 ff. der deutschen InsO die Position des deutschen Insolvenzrechts im Rahmen des Wettlaufs um die Ersteröffnungsentscheidung erheblich zu stärken geeignet schien[32]. Die Erfahrung aus der Entwicklung insbesondere im Hinblick auf die Eröffnung von Insolvenzverfahren über Tochtergesellschaften hat ergeben, dass Deutschland hier aufgrund der Dauer des Eröffnungsverfahrens[33] – das als der Entscheidung über die Eröffnung eines Insolvenzverfahrens vorangehendes Verfahren bisher nicht als Hauptverfahren im Sinne des Art. 16 EuInsVO eingeordnet wurde und auch nicht im Anhang A der Verordnung aufgeführt ist – den Wettlauf insbesondere gegen englische Gericht, die nach dem nationalen Recht in der Regel sehr schnell ein Insolvenzverfahren eröffnen, meistens verliert. Wäre schon die Bestellung eines vorläufigen Insolvenzverwalters gemäß §§ 21 ff. InsO als Eröffnungsentscheidung einzuordnen, so hätte Deutschland sogar einen ausgesprochenen Wettbewerbsvorteil[34].

Der EuGH antwortet auf die Vorlagefrage des Supreme Court klar und in einer die Allgemeingültigkeit gewährenden Losgelöstheit von dem der Vorlage zugrunde liegenden Fall des irischen provisional liquidators, indem er vier Merkmale nennt, die ein Insolvenzverfahren aufweisen muss, um die in Art. 16 EuInsVO genannte Wirkung zu entfalten. Hiernach „muss es sich um ein (im Anhang A zur Verordnung aufgeführtes) Gesamtverfahren handeln, das die Insolvenz des Schuldners voraussetzt, und den zumindest teilweisen Vermögensbeschlag gegen den Schuldner sowie die Bestellung eines (in Anhang C zur Verordnung aufgeführten) Verwalters zur Folge hat“[35]. In den ersten Stellungnahmen zu dieser Entscheidung des EuGH wurde frohlockt, dass diese Merkmale bei der Bestellung eines vorläufigen Insolvenzverwalters nach deutschem Recht vorliegen und Deutschland damit eine

31 *Smid*, Anm. zu Supreme Court of Ireland, B. v. 27.7.2004, DZWIR 2005, 64, *Schilling/Schmidt*, ZInsO 2006, 113 und *Wimmer*, ZInsO 2005, 119, 125 ff.
32 *Schilling/Schmidt*, ZInsO 2006, 113 und *Wimmer*, ZInsO 2005, 119, 125 ff.
33 Die auf der Möglichkeit der Vorfinanzierung durch Insolvenzgeld gemäß §§ 183 ff. SGB 3 beruht, dazu *Lakies*, NZA 2000, 565 ff.
34 *Schilling/Schmidt*, ZInsO 2006, 113.
35 EuGH, Urt. v. 2.5.2006, Rs. C-341/04, ZIP 2006, 907, Nr. 58.

vollkommen neue Position im Wettlauf um die Ersteröffnung einnimmt[36]. Diese Einschätzung beruht jedoch auf einer zu undifferenzierten Betrachtung. Zweifelhaft ist im Hinblick auf das Eröffnungsverfahren nach deutschem Recht nämlich insbesondere die Voraussetzung des Vermögensbeschlags gegen den Schuldner. Der EuGH erläutert hierzu, dass ein Vermögensbeschlag dann vorliege, wenn der Schuldner die Befugnisse zur Verwaltung seines Vermögens verliert[37]. Hiernach kann im deutschen Insolvenzrecht ein solcher Vermögensbeschlag unzweifelhaft bestenfalls in der Anordnung des Übergangs der Verwaltungs- und Verfügungsbefugnis auf einen – in praxi eher selten eingesetzten – so genannten „starken" vorläufigen Insolvenzverwalter gemäß § 22 Abs. 1 InsO zu sehen sein[38]. Auch die Formulierung des EuGH, dass ein „zumindest teilweiser Vermögensbeschlag gegen den Schuldner"[39] ausreiche, mag dazu verleiten, die „unvollkommene", weil ausdrücklich nur zur Sicherung (noch nicht zur Verwertung! – vgl. § 22 Abs. 1 Nr. 1 InsO) erfolgende Beschlagnahme des Vermögens des Schuldners als im Sinne des EuGH und vor allem des Art. 16 EuInsVO ausreichen zu lassen. Abgesehen von der geringen praktischen Relevanz dieser Konstellation der Einsetzung eines „starken" vorläufigen Insolvenzverwalters, stößt die Annahme, dass die Bestellung eines solchen die Wirkungen einer Eröffnungsentscheidung im Sinne des Art. 16 EuInsVO entfaltet, aufgrund der Struktur des deutschen Insolvenzrechts auf erhebliche Bedenken. Das deutsche Insolvenzrecht differenziert deutlich zwischen der vorläufigen Beschlagnahme des schuldnerischen Vermögens zu Sicherungszwecken gemäß §§ 21, 22 InsO und der konkurslichen Beschlagnahme, die durch den Eröffnungsbeschluss gemäß §§ 27, 35 InsO bewirkt wird. Mit der Einsetzung eines vorläufigen Insolvenzverwalters und der Anordnung von Sicherungsmaßnahmen i.S.v. §§ 21, 22 InsO wird im deutschen Insolvenzrecht gerade noch nicht über die Eröffnung eines Insolvenzverfahrens im Sinne des Anhang A zur Verordnung entschieden und eine solche ist zu diesem Zeitpunkt – aufgrund der Möglichkeit der Abweisung mangels Masse – auch noch keineswegs gesichert. Nicht zuletzt macht gerade die in der Praxis extensiv genutzte Möglichkeit die Lohn- und Gehaltszahlungen für Arbeitnehmer des schuldnerischen Unternehmens für die letzten drei Monate *vor* Eröffnung des Insolvenzverfahrens über das staatlich gewährte Insolvenzgeld zu finanzieren[40], diese Differenzierung notwendig.

Im Ergebnis ist die Antwort des EuGH auf die entsprechende Vorlagefrage bedenklich. Denn diese legt durchaus auch für das deutsche Recht eine der Einsetzung des provisional liquidators vergleichbare Auslegung – somit die Annahme einer die Wirkung des Art. 16 EuInsVO entfaltenden Eröffnungsentscheidung durch Einsetzung eines vorläufigen Insolvenzverwalters gemäß § 22 Abs. 1 InsO – nahe, da der EuGH nicht hinreichend zwischen dem *vorläufigen* Verlust der Verwaltungs-

36 *Poertzgen/Adam*, ZInsO 2006, 505, 508, *Knof/Mock*, Anm. zu EuGH, Urt. v. 2.5.2006, ZIP 2006, 911, 912.
37 EuGH, Urt. v. 2.5.2006, Rs. C-341/04, ZIP 2006, 907, Nr. 54.
38 Dahingehend die Interpretation von *Knof/Mock*, Anm. zu EuGH, Urt. v. 2.5.2006, ZIP 2006, 911, 912.
39 EuGH, Urt. v. 2.5.2006, Rs. C-341/04, ZIP 2006, 907, Nr. 46.
40 Dazu *Lakies*, NZA 2000, 565 ff.

und Verfügungsbefugnis des Schuldners zugunsten des vorläufigen Insolvenzverwalters unter einer lediglich *der Sicherung und Erhaltung* dienenden Beschlagnahme des schuldnerischen Vermögens auf der einen Seite (nämlich vor Eröffnung des Insolvenzverfahrens) und dem endgültigen Verlust der Verwaltungs- und Verfügungsbefugnis des Schuldners zum Zwecke der Verwertung des Vermögens zur Befriedigung der Gläubiger auf der anderen Seite (im eröffneten Insolvenzverfahren) differenziert. Dies, obwohl der Entwicklungsgeschichte der EuInsVO zu entnehmen ist, dass der Verordnungsgeber auf eine derartige Differenzierung durchaus Wert legt[41]. Hier hat eine Korrektur bzw. differenzierte Auslegung der Aussage des EuGH im Wege einer vernünftigen Subsumtion der Systematik des nationalen Insolvenzrechts unter den inhaltlichen Anwendungsbereich der EuInsVO zu erfolgen. Diese lässt – jedenfalls bezogen auf das deutsche Recht[42] – eine Einordnung vorläufiger Sicherungsmaßnahmen im Eröffnungsverfahren als wirksame Verfahrenseröffnung nicht zu.

IV. Ausblick auf die Auswirkungen der Entscheidung

Die zitierte Entscheidung des EuGH ist im Ergebnis zwiespältig zu betrachten. Im Hinblick auf die Kriterien zur Bestimmung des Mittelpunktes der hauptsächlichen Interessen und damit der internationalen Zuständigkeit für die Eröffnung eines Insolvenzverfahrens über eines Konzerntochter wird deutlich, dass der EuGH die bisherige Entwicklung in der Rechtsprechung, die in einer faktischen Etablierung eines Konzerninsolvenzgerichtsstandes am Sitz des Mutterunternehmens gipfelte, jedenfalls nicht stützt. Einen endgültigen Riegel konnte der EuGH dieser Entwicklung dennoch nicht vorschieben, da die Anforderungen und Kriterien der Erkennbarkeit der Interessenverwaltung des Schuldners für die Gläubiger in der Vorlage durch den Supreme Court of Ireland nicht zur Diskussion und Entscheidung gestellt wurde und damit ein weites Interpretationsfeld zur Widerlegung der Vermutung des Art. 3 Abs. 1 Satz 2 EuInsVO bestehen bleibt. Es ist zu prognostizieren, dass die Gerichte diesen Spielraum ausgiebig nutzen werden.

Vor dieser Prämisse ist die Bestätigung durch den EuGH, dass die in einem Mitgliedstaat ergangene Eröffnungsentscheidung auch bei Zweifeln über die Zuständigkeit von dem Gericht eines anderen Mitgliedstaates weder einer Überprüfung unterzogen und dieser in der Regel auch nicht unter Berufung auf einen Verstoß gegen den nationalen ordre public die Anerkennung versagt werden kann, zwar nicht schädlich, jedoch dürfte der der Nutzen dieser Klarstellung angesichts der

41 Vgl. *Virgós/Schmit*, Erläuternder Bericht zur EuInsÜ, Nr. 199, dazu *Wimmer*, ZInsO 2005, 119, 125.

42 Inwieweit in diesem Sinne auch die irische Justiz die Funktion des provisional liquidators kritisch auf deren Vereinbarkeit mit der freilich im Ergebnis aus dem irischen Blickwinkel günstigen Entscheidung des EuGH untersuchen sollte, da auch hier an eine vom Verordnungsgeber nicht erwünschte Vermengung vorläufiger Sicherungsmaßnahmen mit der Eröffnung des tatsächlichen Insolvenzverfahrens denkbar ist, sei an dieser Stelle dahingestellt.

Einigkeit, die diesbezüglich schon zuvor unter den europäischen Gerichten bestand, nicht überragend sein.

Zu kritisieren ist die starke Ausdehnung des Begriffs der Verfahrenseröffnung im Sinne des Art. 16 EuInsVO, die nach der vom EuGH gewählten Formulierung zu einer Einordnung der Bestellung eines vorläufigen Insolvenzverwalters als universelle Wirkung entfaltende Eröffnungsentscheidung führt, sofern mit dieser ein irgendwie gearteter Vermögensbeschlag und ein Verlust der Verwaltungs- und Verfügungsbefugnis des Schuldners einhergehen. Bei vernünftiger Auslegung kann dies vom EuGH nicht so gemeint sein, jedoch führt die im Hinblick auf die Voraussetzung des Vermögensbeschlags sehr allgemein gehaltene Formulierung des EuGH zu großer Rechtsunsicherheit, da hiermit angesichts der unterschiedlichen Gestaltungen der Insolvenzverfahren und verschiedenen Funktionen eines vorläufigen Insolvenzverwalters nach den diversen Rechtsordnungen schwer zu überblicken ist, nach welcher Rechtsordnung bei Einsetzung eines in diesem so bezeichneten vorläufigen Insolvenzverwalters die vom EuGH aufgestellten vier Voraussetzungen für eine Wirkungsentfaltung im Sinne einer Eröffnungsentscheidung nach Art. 16 EuInsVO tatsächlich erfüllt sind. Hier sind in Zukunft vermehrt Streitigkeiten über eine adäquate Subsumtion des nationalen Rechts unter die vom EuGH genannten Voraussetzungen, insbesondere die Anforderungen an den Vermögensbeschlag zu erwarten.

In der Gesamtschau entfaltet die Entscheidung des EuGH kein ausreichendes Potential, der Interpretationsfreude der Gemeinschaftsgerichte klare und unüberwindbare Grenzen zu setzen und diese damit zur Raison zu bringen. Die weitere Entwicklung auf dem Gebiet der grenzüberschreitenden Konzerninsolvenzen bleibt damit weiterhin offen und spannend.

Das schwedische Ausführungsgesetz zur Europäischen Insolvenzverordnung

*Katrin Lindenberg**

Am 1. Januar 2006 ist in Schweden nach vierjähriger Vorbereitungszeit[1] ein Ausführungsgesetz[2] zur Europäischen Insolvenzverordnung[3] in Kraft getreten. Mit nur vier Paragraphen ist es deutlich kürzer als die deutsche Regelung in Art. 102 §§ 1–11 EGInsO. Der im deutsch-schwedischen Rechtsverkehr tätige Jurist wird nicht umhin kommen, sich mit dem Gesetz vertraut zu machen. Um ihm den Einstieg zu erleichtern, werden im Folgenden die einzelnen Normen vorgestellt.

> *§ 1 Dieses Gesetz komplettiert die Verordnung (EG) Nr. 1346/2000 des Rates vom 29. Mai 2000 über Insolvenzverfahren (Insolvenzverordnung).*
>
> *Insolvenzverfahren nach schwedischem Recht sind nach der Insolvenzverordnung Konkurs und Unternehmensrekonstruktion.*[4]

In Satz 1 verdeutlicht die Norm den Sinn und Zweck des Gesetzes, die Ergänzung der Europäischen Insolvenzverordnung.

Satz 2 stellt klar, dass das schwedische Konkursverfahren (*konkurs*[5]) und die Unternehmensrekonstruktion (*företagsrekonstruktion*)[6] von der Verordnung erfasst werden. Auf das Schuldensanierungsverfahren (*skuldsanering*)[7], das eine Restschuldbefreiung für natürliche Personen vorsieht, ist das Ausführungsgesetz nicht anwendbar. Da Satz 2 lediglich wiederholt, was sich bereits aus Anhang A zur EuInsVO ergibt, kommt ihm nur klarstellende Bedeutung zu.

---

* Dr. iur.

1 Gutachten im Auftrag des schwedischen Justizministeriums, Ds 2002:59; Lagrådsremiss EU:s insolvensreglering vom 15.9.2005; Regierungsvorlage proposition 2005/06:37 EU:s insolvensreglering vom 20.10.2005.

2 Lag (2005:1046) med kompletterande bestämmelser till insolvensförordningen, ausgefertigt am 08.12.2005, in Kraft getreten am 1.1.2006.

3 Verordnung (EG) Nr. 1346 des Rates vom 28.5.2000 über Insolvenzverfahren, ABl EG Nr. L 160 vom 30.6.2000, S. 1–18.

4 Übersetzung von der Verfasserin.

5 Konkurslag (SFS 1987:672) vom 11.6.1987, in Kraft getreten am 1.1.1988, i.d.F. vom 1.7.2004 (SFS 2004:431). Jedes Gesetz hat eine Nummer in der amtlichen Sammlung der Gesetzestexte (SFS = Svensk författningssamling). Das Konkursgesetz ist das 672. Gesetz des Jahres 1987.

6 Lag (1996:764) om företagsrekonstruktion vom 13.6.1996, in Kraft getreten am 1.9.1996, i.d.F. vom 1.1.2004 (2003:549).

7 Skuldsaneringslag (SFS 1994:334) vom 19.5.1994, in Kraft getreten am 1.7.1994, i.d.F. vom 1.12.1997.

§ 2 Ein Antrag auf Eröffnung des Konkurs- oder Unternehmensrekonstruktionsverfahrens wird als Antrag auf Eröffnung eines Verfahrens nach Art. 3 Abs. 1 Insolvenzverordnung angesehen (Hauptinsolvenzverfahren), wenn nicht angegeben wird, dass er sich auf ein Verfahren nach Art. 3 Abs. 2 Insolvenzverordnung (territorial begrenztes Verfahren) richtet. Der Antragsteller muss die Umstände beweisen, die die internationale Zuständigkeit schwedischer Gerichte begründen und die das Verfahren nach der Insolvenzverordnung, auf das sich der Antrag bezieht, voraussetzt.

Ein Antrag wird abgewiesen, wenn der Grund für den Antrag aus ihm nicht hervorgeht und der Antragsteller einer Aufforderung, dem Mangel abzuhelfen, nicht nachkommt.

Gemäß Abs. 1 S. 2 richtet sich der Antrag im Zweifel auf die Eröffnung eines Hauptinsolvenzverfahrens, nicht auf ein Sekundär- oder Partikularverfahren. Der Vorrang des Hauptinsolvenzverfahrens geht so weit, dass kein territorial begrenztes Verfahren eröffnet werden kann, wenn die Eröffnung des Hauptinsolvenzverfahrens möglich ist[8].

Es obliegt dem Antragsteller, die zuständigkeitsbegründenden Umstände darzulegen und zu beweisen (Abs. 1 S. 2). Kommt er der Aufforderung, einem Mangel abzuhelfen, nicht nach, wird sein Antrag abgewiesen (Abs. 2). Diese Regelung ist vor dem Hintergrund zu sehen, dass der Antragsteller häufig über Informationen verfügt, die das Gericht benötigt, um beurteilen zu können, ob und für welche Verfahrensart schwedische Gerichte international zuständig sind[9].

§ 3 Ist in einem Mitgliedsstaat ein Hauptinsolvenzverfahren beschlossen worden, und betrifft das Verfahren einen Schuldner, der in Schweden eine Niederlassung unterhält, ist der Beschluss dem Gesellschaftsamt (bolagsverket) zwecks Bekanntgabe zu melden. Auch in anderen Fällen darf eine solche Meldung vorgenommen werden. Das Insolvenzverfahren wird in den Post- och Inrikes Tidningar bekannt gegeben.

Die Vorschriften schwedischer Gesetze über die Frage der Eintragung von Konkursbeschlüssen in öffentliche Register gelten auch, wenn in einem anderen Mitgliedsstaat ein Hauptinsolvenzverfahren eröffnet worden ist. Der Beschluss wird dem Gesellschaftsamt (bolagsverket) gemeldet, das die registerführende Stelle unterrichtet.

Die Regierung darf Vorschriften über den Inhalt der Anmeldung zur Bekanntgabe nach Absatz 1 und zur Registrierung nach Absatz 2 mitteilen.

Für die Bekanntgabe und die Bearbeitung der Anmeldung zur Registrierung darf das Gesellschaftsamt (bolagsverket) Abgaben verlangen. Die Regierung darf Vorschriften über die Höhe der Abgaben mitteilen.

In Abs. 1 S. 1 macht das Gesetz von der in Art. 21 Abs. 2 S. 1 EuInsVO eröffneten Möglichkeit einer obligatorischen Bekanntmachung Gebrauch, wenn der Schuldner in Schweden eine Niederlassung unterhält. Die Vorschrift richtet sich an den ausländischen Verwalter. Zuständig für die öffentliche Bekanntgabe ist das Gesell-

8 Ds 2002:59, S. 151; Lagrådsremiss EU:s insolvensregelring, S. 46; prop. 2005/06:37, S. 48.
9 Ds 2002:59, S. 151.

schaftsamt *(bolagsverket)*, das die jeweilige registerführende Stelle unterrichtet. Der ausländische Verwalter braucht sich daher nur an eine einzige Stelle zu wenden, die alles Weitere veranlasst. Häufig wird die Bekanntgabe daran scheitern, dass dem ausländischen Verwalter das schwedische Ausführungsgesetz nicht bekannt ist.

Die Bekanntgabe erfolgt in dem amtlichen Bekanntmachungsblatt *„Post- och Inrikes Tidningar"* (Abs. 1 S. 3).

In anderen Mitgliedsstaaten erlassene Konkursbeschlüsse werden wie schwedische in öffentliche Register eingetragen (Abs. 2). Eine dem schwedischen Recht unbekannte Eintragung ist durch eine entsprechende inländische zu substituieren. Nur wenn feststeht, dass das schwedische Recht keine Eintragung kennt, die der ausländischen nahe kommt, kann von einer Eintragung abgesehen werden.

Der Inhalt der Anmeldung zwecks Bekanntgabe ergibt sich aus § 3 der Verordnung über die Bekanntgabe und Registereintragung gewisser Insolvenzverfahren[10]. Danach soll die Anmeldung Angaben über den Schuldner enthalten, über das Gericht, das den Beschluss erlassen hat, sowie das Datum der Beschlussfassung und die Person des Verwalters. Außerdem soll der Verwalter mitteilen, ob es sich um ein Hauptinsolvenzverfahren oder ein territorial beschränktes Verfahren handelt.

Aufgrund der Verordnungsermächtigung in Abs. 4 hat die Regierung eine Bekanntgabeverordnung erlassen, die für Anmeldungen, die eine öffentliche Bekanntmachung betreffen, eine Gebühr in Höhe von 600,– SKR (ca. 65,– €) vorsieht, bei Registerangelegenheiten in Höhe von 800,– SKR (ca. 85,– €).

> *§ 4 In Schweden haben der Konkursverwalter und der Rekonstrukteur die in Art. 22 Abs. 2 Insolvenzverordnung vorgesehene Pflicht zur Registrierung und die in Art. 40 Insolvenzverordnung vorgesehene Pflicht zur Unterrichtung.*

Die Pflicht zur Registrierung und zur Unterrichtung der Gläubiger hat in Schweden der Insolvenzverwalter, nicht das Insolvenzgericht.

Schlussfolgerung

Im Vergleich zu den deutschen Ausführungsvorschriften fällt auf, dass in Schweden insbesondere eine Regelung über das Vorgehen bei positiven Kompetenzkonflikten fehlt (vgl. Art. 102 §§ 3, 4 EGInsO). Damit bleibt diese Frage der Rechtsprechung überlassen, die bisher über keine nennenswerten Fälle zu entscheiden gehabt hat.

---

10 Förordning (SFS 2005:1056) om kungörande och registrering av vissa insolvensförfaranden, ausgefertigt am 8.12.1995, in Kraft getreten am 1.1.2006.

Haftung der Kreditinstitute wegen Ausführung treuwidriger Verfügungen des Insolvenzverwalters als Inhaber von offenen Treuhandkonten

Stefan Smid

Thesen

I. Pflichtwidrigkeit der Umbuchung massezugehöriger Gelder auf Konten, die auf den eigenen Namen des Insolvenzverwalters geführt werden

1. Der Insolvenzverwalter handelt pflichtwidrig, wenn er die Bank anweist, aus offenen Treuhandkonten massezugehörige Gelder auf eigene, von dem Kreditinstitut für ihn persönlich geführte Konten zu überweisen.

2. Der Insolvenzverwalter verwirklicht damit regelmäßig den Straftatbestand der Untreue (§ 266 StGB).

II. Dies gilt auch für sog. Poolkonten

3. An der Pflichtwidrigkeit des Insolvenzverwalters ändert sich nichts, wenn sein eigenes, von dem Kreditinstitut für ihn persönlich geführtes Konto als „Poolkonto" bezeichnet wird, auf das der Insolvenzverwalter Gelder von einer Mehr- bzw. Vielzahl von offenen Treuhandkonten einer Mehr- bzw. Vielzahl betroffener Massen zu überweisen anweist.

Denn durch die Überweisungen auf das als Poolkonto bezeichnete Eigenkonto des Insolvenzverwalters werden die massezugehörigen Gelder nicht anders dem Zugriff der Gläubiger des Insolvenzverwalters ausgesetzt, als wären nur die Gelder dort verbucht, die nur einer Insolvenzmasse zugehört hatten. Zudem laufen die Massen Gefahr, dass die Gelder ununterscheidbar vermengt werden. Dies wird durch die Anfertigung von Kontoauszügen durch den Insolvenzverwalter nicht gehindert, da damit – soweit aus einem praktischen Fall bekannt – regelmäßig angestrebt wird, die Organe der Gläubigerselbstverwaltung und die Gerichte (die Rechtspfleger) über den wahren Verbleib massezugehöriger Gelder zu täuschen.

4. Es bedarf insoweit keines gesetzlichen Verbots von „Poolkonten", wie sie in einer niedersächsischen Initiative begehrt werden; es *ist* dem Insolvenzverwalter nach geltendem Recht bereits verboten, auf eigene, auf seinen Namen geführte Konten, wie immer sie zur Täuschung des Publikums oder der Kontrollorgane bezeichnet sein mögen, massezugehörige Gelder umbuchen zu lassen.

Die Gesetzesinitiative mag auf Versäumnisse der betroffenen Insolvenzgerichte verweisen; hier ist nicht der Gesetzgeber gefragt, sondern die Richteraufsicht, die spätestens aufgrund von Amtshaftungsfällen eintreten muss.

III. Tatbestandsmäßiges Handeln der Bank iSe rechtswidrigen Beihilfe zur unerlaubten Handlung des Insolvenzverwalter (Untreue)

5. Wird – wie in einem Fall der Jahre 2001 bis 2005 in Niedersachsen und Sachsen-Anhalt von einem Insolvenzverwalter (oder Gesamtvollstreckungs- oder Konkursverwalter) eine Bank angewiesen, massezugehörige auf einem offenen Treuhandkonto gutgeschriebene Beträge ein eigenes, auf Namen des Insolvenzverwalters geführten Konto zu überweisen und dort gutzuschreiben, leisten die beteiligten Mitarbeiter der Bank objektiv Beihilfe zur Untreue des Verwalters.

6. Die Bank handelt aber im allgemeinen in Erfüllung ihrer vertraglichen Verpflichtungen. Sie führt Überweisungen aus, soweit nach den mit dem Konteninhaber (dem Bankkunden) vereinbarten Bedingungen hierfür die Voraussetzungen vorliegen. Im allgemeinen liegen keine über die vertraglich konstituierten Innenbeziehungen zwischen Bank und Bankkunden hinausreichenden Pflichten der Bank vor, die diese bei der Ausführung von Überweisungsaufträgen zu beachten hat.

7. Die Ausführung von Überweisungsaufträgen stellt sich in diesen Fällen indes jedenfalls dann nicht als berufsadäquate, rechtlich neutrale Handlung dar, wenn aufgrund der Umstände des vom Täter den Mitarbeitern der Bank abverlangten Handelns diese auf das Unerlaubte des Vorgangs haben schließen müssen.

8. Der BGH (BGH, NStZ 2000, S. 34) fasst dies so: Zielt das Handeln des Haupttäters ausschließlich darauf ab, eine strafbare Handlung zu begehen, und weiß dies der Hilfeleistende, so ist sein Tatbeitrag als Beihilfeleistung zu werten. In diesem Fall verliert sein Tun stets den ‚Alltagscharakter'; es ist als Solidarisierung mit dem Täter zu deuten und dann auch nicht mehr als ‚sozialadäquat' anzusehen. Weiß der Hilfeleistende dagegen nicht, wie der von ihm geleistete Beitrag vom Haupttäter verwendet wird, hält er es lediglich für möglich, dass sein Tun zur Begehung einer Straftat genutzt wird, so ist sein Handeln regelmäßig noch nicht als strafbare Beihilfehandlung zu beurteilen, es sei denn, das von ihm erkannte Risiko strafbaren Verhaltens des von ihm Unterstützten war derart hoch, dass er sich mit seiner Hilfeleistung ‚die Förderung eines erkennbar tatgeneigten Täters angelegen sein' ließ.

9. Die Tatbestandsmäßigkeit der Beihilfehandlung indiziert nach allgemeinen Kriterien ihre Rechtswidrigkeit.

IV. Verschulden der ausführenden Mitarbeiter der Bank

10. Die Pflichtverletzung des Insolvenzverwalters hat nicht zur Folge, dass wegen der Überschreitung seiner Rechtsmacht seine Rechtshandlungen unwirksam gewesen wären. Die Überschreitung seiner Pflichten und daraus folgenden Befugnisse im Innenverhältnisse führt bereits nach allgemeinen Grundsätzen im Außenverhältnis nicht zur Unwirksamkeit des Handelns des Insolvenzverwalters.

11. Eine Beihilfe der Bank bei einer durch den Insolvenzverwalter Mühl verwirklichten Schädigungshandlung setzt voraus, dass deren Mitarbeiter in zurechenbarer Weise den Vorsatz hatten, die Untreue Mühls (§ 823 Abs. 2 BGB iVm § 266 StGB[1]) zu unterstützen.

12. In Betracht kommt eine Beteiligung an der Untreue begangen durch den Insolvenzverwalter durch die eingeschalteten Mitarbeiter der Bank als Gehilfe begangen im Wege psychischer Beihilfe. Diese Beteiligungsform reicht zivilrechtlich für die Begründung einer eigenen Haftung des Helfers aus.[2] Zivilrechtlich führt diese – strafrechtlich geringste[3] – Form der Teilnahme im deutschen bürgerlichen Recht zu einer gesamtschuldnerischen Haftung des Teilnehmers neben dem Täter. Denn dies ordnet § 830 Abs. 1 BGB bei einer gemeinschaftlichen Verursachung eines Schadens an; und § 830 Abs. 2 BGB stellt die Tatbeiträge von Anstiftern und Gehilfen denen von Mittätern gleich.

13. Da die Bank diese Konten in der beschriebenen Form angeboten und entsprechend als Treuhand-Insolvenzmassekonten geführt hat, ist ihr aber auch die Kenntnis der rechtlichen Reichweite zuzurechnen, die damit verbunden ist. Die Bank „weiß" daher insbesondere, dass der Insolvenzverwalter an bestimmte insolvenzrechtliche Pflichten gebunden ist. Bei der Ausführung von Überweisungsaufträgen ist der Bank bekannt, dass der Insolvenzverwalter nicht frei über eigene Mittel verfügt, sondern im Rahmen der ihm treuhänderisch überantworteten Masseverwaltung handelt.

14. Handelt es sich bei der ausführenden Bank um ein Kreditinstitut, mit dem der Insolvenzverwalter auch außerhalb der ihm übertragenen Masseverwaltungen in laufender Geschäftsbeziehung steht und der seine wirtschaftlichen Verhältnisse daher im banküblichen Umfang bekannt sein müssen, trifft die Mitarbeiter der Bank wegen der objektiv iSe Beihilfeleistung tatbestandsmäßigen Förderung der Untreue des Insolvenzverwalters ein Schuldvorwurf.

15. Im Einzelfall kann sich der gegen die Mitarbeiter der Bank erhobene Vorwurf des Kennen-Müssens iSe Inkaufnahme der Förderung der Untreuehandlung des Insolvenzverwalters im Rahmen eines *dolus eventualis* aus der zeitlichen Häufung

1 Vgl. *Hadding/Häuser* § 37 RdNr. 37 aE.
2 BGHZ 63, 124, 130.
3 Vgl. *Roxin* Allgemeiner Teil Band 2, 2003, § 26 RdNr. 197 ff.; *Tröndle/Fischer* StGB Kommentar, 52. Aufl., 2004, § 27 RdNr. 6.

von Untreuehandlungen ebenso wie aus dem Umfang der betroffenen Gelder ergeben.

16. Die Mitarbeiter der Bank verstoßen durch die Ausführung von Überweisungsaufträgen der hier behandelten Art gegen sie treffende Verbote. Nach § 11 Geldwäschegesetz ist die Bank ordnungsgeld- bzw. strafbewehrt verpflichtet, der Staatsanwaltschaft dann Anzeige erstatten, wenn eine Finanztransaktion iSv § 1 Abs 6 GeldwäscheG vorliegt. Dies ist nicht allein bei Bareinzahlungen der Fall, sondern auch immer dann, wenn Geldbewegungen bzw. Vermögensverschiebungen vorgenommen werden. Muss die Bank den Verdacht haben, dass eine für den Tatbestand des § 261 StGB maßgebliche Vortat des Überweisenden (Anweisenden bzw. Vertragspartners des Überweisungsvertrages) vorliegen kann, greift § 11 GeldwäscheG ein. Dies ist hier die durch den Insolvenzverwalter durch die Aufhebung der treuhandmäßigen Aussonderung der massezugehörigen Gelder begangene Untreue gem. § 266 StGB.[4]

V. Zurechnung an den Rechtsträger Bankunternehmen

17. Die Anforderungen des § 11 GeldwäscheG betreffen zunächst die einzelne natürliche Person des Bankmitarbeiters.[5] Diese werden nach allgemeinen Grundsätzen der Wissenszurechnung der Bank zugerechnet.[6] Die bankrechtliche Literatur versucht in diesem Zusammenhang, die Wissenszurechnung an einem „inneren Bankgeheimnis“ scheitern zu lassen.[7] Das ist deshalb nicht überzeugend, weil der zur Anzeige gesetzlich Verpflichtete nicht der einzelne Bankmitarbeiter, sondern das Bankinstitut ist.[8]

18. Fraglich ist, ob die Bank darauf vertrauen konnte, die gesetzlich vorgeschriebene Aufsicht des Insolvenzgerichts über die Amtsführung des Insolvenzverwalters gewährleiste, dass die von ihm in Auftrag gegebenen Überweisungen (ab 1.1.2002: die von ihm gestellten Anträge auf Abschluss eines Überweisungsvertrages) sich im Rahmen seiner Pflichten bewegten. Die Prüfung der Tätigkeit des Insolvenzverwalters durch das Insolvenzgericht kann sich aber nur auf abgeschlossene Vorgänge beziehen; regelmäßig kann daher das Insolvenzgericht im Einzelfall nur auf ein vorangegangenes pflichtwidriges Verhalten des Verwalters reagieren. Dritte können daher nicht darauf vertrauen, dass der Insolvenzverwalter im Rahmen seiner Amtsmacht handelt, soweit seine Handlungen im übrigen als pflichtwidrig erscheinen müssen.

---

4 *Hadding/Häuser* § 42 RdNr. 20 mwNachw, 24.
5 *Hadding/Häuser* § 42 RdNr. 101.
6 *Hadding/Häuser* § 39 RdNr. 14.
7 *Hadding/Häuser* (Fußn. 70).
8 *Hadding/Häuser* § 39 RdNr. 15.

VI. Wissenszurechnung innerhalb der Bank

19. Nach der Judikatur des BGH genügend ist hierfür die Kenntnis eines Mitglieds eines Organs der juristischen Person. Es ist insofern nicht entscheidend, ob diese Person mit dem operativen Geschäft unmittelbar etwas zu tun hat.[9] Denn wie der IX. Zivilsenat feststellt, ist das Wissen eines vertretungsberechtigten Organmitglieds als wissendes Organ anzusehen und damit auch der juristischen Person zuzurechen.[10] Aus alledem folgert der BGH für eine Bank auf die Notwendigkeit eines internen Informationsaustausches. Der IX. Zivilsenat führt aus, dass Informationen, die auf der Führungsebene vorhanden sind, soweit sie für diejenigen bedeutsam sind, welche im direkten Kontakt mit den Kunden der Bank Rechtsgeschäfte vornehmen, an diese weitergegeben werden müssen. Daher ist in der Organisation der Bank ein Informationsfluss von oben nach unten einzurichten. Umgekehrt ist sicherzustellen, dass Erkenntnisse, die von einzelnen Angestellten gewonnen werden, jedoch auch für andere Mitarbeiter und spätere Geschäftsvorgänge erheblich sind, die erforderliche „Breitenwirkung“ sicherzustellen, was durch die Organisation eines Informationsflusses von unten nach oben ebenso wie in einem horizontalen filialübergreifenden Austausch zu gewährleisten ist.[11]

---

9 BHH, Urt. v. 1.3.1984, IX ZR 34/83, ZIP 1984, 809.
10 BGHZ 109, 327, 331.
11 BGH, Urt. v. 1.6.1989, III ZR 271/87, ZIP 1989, 1108; BGH, Urt. v. 15.1.2004, IX ZR 152/00, ZIP 2004, 843.

Die Bestellung des Insolvenzverwalters nach dem „Detmolder Modell"

Klaus-Peter Busch

I. Auswahlentscheidung im Streit

Am 1.1.1999 ist die alte Konkurs- und Vergleichsordnung durch die Insolvenzordnung abgelöst worden. Anfang des Jahres konnten wir ihren fünften Geburtstag feiern. Trotz dieses noch jugendlichen Alters hat die Insolvenzordnung bereits manche Änderungen erlebt. Der Reformbedarf besteht aber unzweifelhaft weiter.

Die Bund-Länder-Arbeitsgruppe „Insolvenzrecht" war deshalb beauftragt, zur 73. Konferenz der Justizminister im Juni 2002 zu Problemen und Schwachstellen des Regelinsolvenzverfahrens zu berichten[1]. Ein wesentlicher Aspekt dieses Berichts ist die häufig als „Schicksalsfrage der Insolvenz"[2] bezeichnete Problematik der Auswahl des Insolvenzverwalters durch das Insolvenzgericht. *Graeber* hat sich dahingehend geäußert, die Auswahl des Insolvenzverwalters sei der wichtigste Beitrag, den der Richter im Insolvenzverfahren zu leisten habe[3].

Es handelt sich hier um das derzeit wohl am intensivsten und streitigsten diskutierte Thema des modernen deutschen Insolvenzrechts[4], das eine besondere Aktualität durch zwei beim Bundesverfassungsgericht anhängig gewesene Verfassungsbeschwerden erlangt hat. Am 3.8.2004 hat das Bundesverfassungsgericht nun in der Sache entschieden.[5] Insbesondere rügten die Beschwerdeführer die von manchen Insolvenzgerichten geübte Praxis des „closed shop" bei der Verwalterauswahl.

Die Verfassungsbeschwerden und viele Kritiker des gerichtlichen Auswahlverfahrens bezogen sich auf ein Schreiben des Insolvenzgerichts Alzey vom 27.10.1999. Mit diesem Schreiben beantwortete der dortige Kollege die Anfrage und Bitte eines

---

1 Probleme der praktischen Anwendungen und Schwachstellen des Regelinsolvenzverfahrens – Abschlussbericht der Bund-Länder-Arbeitsgruppe „Insolvenzrecht" zur 73. Konferenz der Justizministerinnen und Justizminister vom 10. bis 12.6.2002 in Weimar.

2 Jaeger/*Weber*, KO, 8. Aufl., Bd. II, 1973, § 78 Rdn. 7.

3 INDat-Report 2004, 18, 20.

4 Bund-Länder-Arbeitsgruppe „Insolvenzrecht", aaO (Fn. 1), S. 53. Auch der Berlin/Brandenburger Arbeitskreis für Insolvenzrecht hat zu diesem Thema bereits häufiger Veranstaltungen durchgeführt: im August 2000 eine Diskussionsrunde zur Aus- und Abwahl des Insolvenzverwalters u.a. mit *Graeber*, *B. Kübler* und *Busch*; im September 2001 eine Vortragsveranstaltung zur Auswahl und Bestellung des Insolvenzverwalters mit *Smid* (DZWIR 2001, 485) und *Frind* (DZWIR 2001, 497).

5 BVerfG, Beschluss vom 3.8.2004 – 1 BvR 135/00 und 1086/01, DZWIR 2004, 370. Vgl. dazu auch *Smid*, „Rechtsschutz" gegen Insolvenzrichter, DZWIR 2004, 359.

Rechtsanwalts, ihn bei zukünftigen Insolvenzverwalterbestellungen zu berücksichtigen:

> „Ihre Anfrage von der letzten Woche hinsichtlich der Einsetzung als Insolvenzverwalter möchte ich wie folgt beantworten: Im Hinblick auf den relativ geringen Umfang des Insolvenzdezernats beim AG Alzey ist die Einsetzung einer weiteren Person als Insolvenzverwalter nicht geplant. Wie Ihnen bekannt ist, arbeite ich bereits seit Jahren mit zwei Rechtsanwaltskanzleien mit gutem Erfolg zusammen. Die Arbeit dieser Rechtsanwälte hat mir keinen Anlass gegeben, mich nach weiteren Verwaltern umzusehen. ... Darüber hinaus hat sich die Zusammenarbeit zwischen Ihnen und der zuständigen Rechtspflegerin in dem einzigen Konkursverfahren, in dem ich Sie ... im Jahr 1994 eingesetzt habe, nicht zur Zufriedenheit dieser Rechtspflegerin entwickelt. Da sie aber im Insolvenzverfahren nach Eröffnung die gesamte Arbeit machen muss, ist es wichtig, sie mit einer Person ihres Vertrauens als Insolvenzverwalter zu konfrontieren.“[6]

II. Auswahlentscheidung kein Akt der Rechtsprechung

Mit diesem Schreiben des AG Alzey tendierte die Aussicht des Bewerbers, zukünftig dort als Verwalter eingesetzt zu werden, gleichsam gegen Null. Verständlich, dass er zunächst versuchte, beim OLG Koblenz sein vermeintliches Recht auf eine faire Chance durchzusetzen.

Die abweisende Entscheidung des OLG Koblenz sah in dem Schreiben des Insolvenzrichters aus Alzey jedoch lediglich eine Meinungsäußerung ohne Bindungswirkung. Rechtsmittel seien aber nur gegen richterliche Entscheidungen möglich.

Da der Insolvenzrichter bei der Auswahl des Insolvenzverwalters nach dem Gesetz in richterlicher Unabhängigkeit entscheide, handele er als Organ der Rechtspflege und nicht als Justizverwaltung. Seine Ablehnung der Bestellung sei deshalb auch nicht als Justizverwaltungsakt zu qualifizieren, der nach § 23 EGGVG angefochten werden könne[7]. Art. 19 Abs. 4 GG gewähre zwar Rechtsschutz durch, aber nicht gegen den Richter.

Dieser Entscheidung ist das Bundesverfassungsgericht nun entgegengetreten.

Mit Beschluss vom 3.8.2004 legt das Bundesverfassungsgericht dar, dass die Entscheidung im Vorauswahlverfahren schon deshalb kein Rechtsprechungsakt sei, weil der Richter zwar in richterlicher Unabhängigkeit tätig werde, aber nicht in seiner Funktion als Instanz der unbeteiligten Streitbeilegung[8]. Vorauswahlverfahren und die konkrete Auswahlentscheidung stünden nebeneinander. Da die Vorauswahlentscheidung aber einen nicht unerheblichen Einfluss auf die beruflichen Betätigungsmöglichkeiten des Interessenten habe, müsse jeder Bewerber zumindest eine gleiche Chance erhalten, entsprechend seiner in § 56 Abs. 1 InsO vorausgesetzten Eignung berücksichtigt zu werden. Die Komplementärfunktion des Ver-

---

6 ZIP 2000, 507.
7 OLG Koblenz v. 16.12.1999 – 12 VA 5/99, ZIP 2000, 507, 508.
8 BVerfG v. 3.8.2004, aaO (Fn. 5), III 1 a) aa).

fahrensrechts gebiete eine der Bedeutung des Rechts aus Art. 12 Abs. 1 GG angemessene Verfahrensgestaltung auch schon im Vorfeld der Auswahlentscheidung[9]. Da ein Bewerber nur dann eine Chance auf die Ausübung des Amtes als Insolvenzverwalter habe, wenn das Vorauswahlverfahren willkürfrei ausgestaltet sei, müsse die Gewährleistung dieser Chancengleichheit einer gerichtlichen Überprüfung zugänglich sein[10].

Funktional zuständig zur Verwalterbestellung ist nach §§ 56 InsO i. V. m. 18 Abs. 1 Nr. 1 RPflG allein der Insolvenzrichter, der in richterlicher Unabhängigkeit seine Entscheidung zu treffen hat. Dieses gilt im Übrigen auch für die Ernennung von Sachverständigen nach § 404 ZPO. Die richterliche Entscheidung wird weder durch Befindlichkeiten der Rechtspflegerin noch durch Wünsche der Justizverwaltung bestimmt. Sie richtet sich aus allein an den gesetzlichen Vorgaben des § 56 Abs. 1 InsO. Zum Insolvenzverwalter ist danach eine für den jeweiligen Einzelfall geeignete, insbesondere geschäftskundige und von den Gläubigern und dem Schuldner unabhängige natürliche Person zu bestellen. Ist der Richter in seiner Auswahlentscheidung unabhängig, ist er grundsätzlich auch befugt, Bewerber in eine Liste aufzunehmen oder aus dieser zu streichen[11]. Er handelt auch insoweit nicht als abhängiger Teil der Justizverwaltung[12]; jedoch hat er das vom Bundesverfassungsgericht hervorgehobene Gebot fairer Chancengleichheit zu beachten[13].

III. Auswahlentscheidung nach Listen

Nach den Erkenntnissen der Bund-Länder-Arbeitsgruppe „Insolvenzrecht“ werden von den Insolvenzgerichten zur Verwalterauswahl Listen in unterschiedlichsten Formen geführt[14].

Zum einen werden sie durch die computergestützte Bearbeitung der Insolvenzverfahren vorgegeben, denn eine sachgerechte Bearbeitung ist nur möglich, wenn in Frage kommende Personen vor der eigentlichen Auswahlentscheidung bereits im Fachsystem mit allen Daten voreingetragen und so der automatischen Übernahme bei der Formularbearbeitung zugänglich sind. Zwar könnte der Richter jede beliebige Person in seinen „Beschluss“ aufnehmen. Er müsste dann jedoch im jeweiligen Einzelfall alle persönlichen Daten des auszuwählenden Verwalters, nebst Telefon- und Faxnummer sowie seiner gültigen Anschrift selbst in seinen Text aufnehmen und würde so auf die Erleichterungen verzichten, die ihm die computergestützte Bearbeitung bietet. Das angesichts der richterlichen Belastung anzunehmen, wäre zumindest in den Standardfällen wohl eher praxisfremd.

---

9 BVerfG v. 3.8.2004, aaO (Fn. 5), III 2 a) cc).
10 BVerfG v. 3.8.2004, aaO (Fn. 5), III 2 b).
11 *Smid*, Auswahl und Bestellung des Insolvenzverwalters durch das Insolvenzgericht als Rechtsfrage betrachtet, DZWIR 2001, 485, 490.
12 So aber Kübler/Prütting/*Lüke*, InsO, § 56 Rdn. 14.
13 BVerfG v. 3.8.2004, aaO (Fn. 5), III 1 a) cc).
14 Bund-Länder-Arbeitsgruppe „Insolvenzrecht“, aaO (Fn. 1), S. 8.

Neben dieser Computerliste, die man auch lediglich als technisches Adressenregister qualifizieren könnte, können zwei Grundtypen von Listen unterschieden werden, die bei Insolvenzgerichten geführt werden: geschlossene und offene Listen:

1. Geschlossene Listen

Listen werden als geschlossene geführt, wenn nur beim Ausscheiden einer Person ein neuer Bewerber eingetragen und nur aus dieser Liste regelmäßig Rechtsanwälte, Wirtschaftsprüfer, Diplom-Kaufleute und Steuerberater vom Insolvenzgericht zu Verwaltern bestellt werden. Außenstehenden wird der Zugang zu diesen Listen verweigert. Wesentlich ist, dass solche Listen nur dann als „geschlossen" bezeichnet werden können, wenn sie über einen längeren Zeitraum hinweg unverändert, ja unveränderlich zur Grundlage der gerichtlichen Auswahlentscheidung gemacht werden.

Ein solches Verhalten, das gemeinhin als „closed shop" bezeichnet wird, verletzt, das hat das Bundesverfassungsgericht in seiner Entscheidung vom 3.8.2004 unterstrichen, nicht nur das Grundrecht der potentiellen Bewerber um das Amt des Insolvenzverwalters aus Art. 12 Abs. 1 GG auf berufliche Betätigungsmöglichkeit als Insolvenzverwalter[15], sondern auch den Gleichheitsgrundsatz aus Art. 3 Abs. 1 GG, da jedem Bewerber das Recht auf eine faire Chance zuzubilligen sei[16].

Das Auswahlverhalten beim AG Alzey genügt diesen verfassungsrechtlichen Geboten nicht, auch wenn nicht sicher ist, dass der dortige Insolvenzrichter sich bei zukünftigen Verwalterbestellungen anders entscheidet und eine für den anstehenden Fall geeignetere Person zum Verwalter bestellt[17].

Ein stetiger Wechsel der Verwalter ist für die Verfahren eher kontraproduktiv, denn nur eine hinreichende Beschäftigung in Insolvenzverfahren garantiert eine Qualität in der Verfahrensabwicklung, die jeder Insolvenzrichter einzufordern hat[18]. Das Insolvenzgericht wird nicht für den Insolvenzverwalter tätig. Zwischen ihm und dem Verwalter besteht eben gerade kein Verhältnis wie das zwischen Auftraggeber und Kunde[19], sondern allein die Geeignetheit zur optimalen Abwicklung des Insolvenzverfahrens, so wie in § 56 Abs. 1 InsO gefordert, steht im Mittelpunkt der richterlichen Auswahlentscheidung.

Anderslautende Behauptungen aus Verwalterkreisen sind eher auf Konkurrenzneid als auf Sachlichkeit gebaut. Dennoch hat der Insolvenzrichter bereits im Verfahren der Vorauswahl der Kandidaten den Verfassungsgeboten aus Art. 12 Abs. 1 und Art. 3 Abs. 1 GG zu genügen.

---

15 BVerfG v. 3.8.2004, aaO (Fn. 5), III 1 a) cc).
16 BVerfG v. 3.8.2004, aaO (Fn. 5), III 1 a) cc).
17 Hierauf hat zutreffend schon das OLG Koblenz, aaO (Fn. 7), S. 508 hingewiesen.
18 *Graeber*, aaO (Fn. 5), S. 20.
19 *Smid*, aaO (Fn. 8), S. 488.

2. Offene Listen

Offene Listen werden nicht nur als technisch vorgegebene Adressenregister, sondern auch als eine Zusammenstellung fachlich geeigneter Personen oder als reine Merklisten[20] geführt. Diese Listen stehen grundsätzlich jedem Bewerber offen. Kriterium der Aufnahme mag neben dem Nachweis der persönlichen Eignung des Bewerbers, der Nachweis einer geeigneten Kanzleistruktur sein. Letzteres kann bedeuten, dass die Kanzlei im Gerichtsbezirk liegen und über eine technische Ausstattung verfügen muss, die der Zusammenarbeit mit dem Insolvenzgericht, z.B. bei der Tabellenerstellung, genügt.

Um hier mehr Transparenz und mehr Sachgerechtigkeit zu schaffen, haben *Kleine-Cosack*, *Prütting* und *Holzer* gar gefordert, solche Listen zwar anzuerkennen, diese jedoch in eine erste und in eine zweite Abteilung zu gliedern. Die Eintragung in die erste Abteilung soll die Anerkennung als Insolvenzverwalter, ein Abwicklungsbüro im Landgerichtsbezirk und mindestens drei Vollzeitkräfte als Sachbearbeiter für Insolvenzen voraussetzen. In die zweite Abteilung komme nur, wer anerkannter Insolvenzverwalter ist, fünf Jahre ununterbrochen in der Liste der ersten Abteilung stand, ein Abwicklungsbüro im OLG-Bezirk hat und mindestens zehn Vollzeitkräfte als zertifizierte Sachbearbeiter für Insolvenzen beschäftigt[21].

Diese Listenführung, verbunden mit scheinbaren Gerechtigkeitskriterien führt in der konkreten Einzelfallentscheidung nicht weiter. Der Vorschlag hat im Übrigen überwiegend Kritik erfahren und wird nicht mehr ernsthaft diskutiert. Er wird auch den Anforderungen des Bundesverfassungsgerichts an die Verwaltervorauswahl nicht gerecht, denn allein die nach § 56 Abs. 1 InsO vorauszusetzende individuelle Eignung des Bewerbers für den konkreten Insolvenzfall kann das entscheidende Kriterium für die Bewerberauswahl sein[22].

IV. Rechtsvergleich

Zur Beantwortung der Frage, ob Verwalterlisten für das Insolvenzverfahren überhaupt sinnvoll und hilfreich sein können, oder ob nicht doch über ein solches Formalitätskriterium[23] hinaus andere Gesichtspunkte, nämlich die schützenswerten Interessen der Gläubiger an der Sicherung der Vermögenssituation des Schuldners im Vordergrund stehen müssen und als solche auch bereits im Auswahlverfahren artikuliert werden dürfen, kann ein rechtsvergleichender Blick über unsere Grenzen hilfreich sein. Welchen Weg beschreiten andere Rechtsordnungen bei der Verwalterauswahl?

---

20 *A. Schmidt*, Insolvenzforum 2000, S. 15, 17.
21 Gutachten, Die Bestellung des Insolvenzverwalters, 2001, S. 65 ff.
22 BVerfG v. 3.8.2004, aaO (Fn. 5), III 1 a) cc).
23 *Smid*, aaO (Fn. 8), S. 494.

Das Spektrum ist weit gefächert, betrachtet man nur die europäische und die amerikanische Rechtsszene.

1. Italien

Italien beschränkt sich darauf, lediglich Ausschlusskriterien für die Verwalterauswahl zu bestimmen, ohne Positivvorgaben aufzustellen.

Art. 28 des königlichen Dekrets Nr. 267 vom 16.3.1942 lautet:

> „Der voll oder beschränkt Entmündigte, derjenige über den der Konkurs eröffnet wurde, oder der, der zu einer Strafe verurteilt wurde, welche die auch nur befristete Unfähigkeit zur Bekleidung eines öffentlichen Amtes zur Folge hat, darf nicht zum Masseverwalterbestellt werden oder verliert, wenn er bestellt wurde, sein Amt.
>
> Außerdem dürfen der Ehegatte, Verwandte und Verschwägerte des Gemeinschuldners bis zum vierten Grad, seine Gläubiger ... nicht zum Masseverwalter bestellt werden."

2. Dänemark, Finnland

In Dänemark und Finnland bestimmt allein die Ermessensentscheidung des Gerichts die Auswahl des Insolvenzverwalters.

In der Mehrzahl der wichtigen europäischen Rechtsordnungen sind jedoch Listensysteme bekannt und werden bei der Verwalterauswahl in recht unterschiedlicher Weise eingesetzt.

3. Belgien

In Belgien gibt es gemäß Art. 27 des belgischen Konkursgesetzes[24] gesetzlich vorgeschriebene Listen. Die Liste der möglichen Insolvenzverwalter wird aufgestellt durch die Generalversammlung des jeweiligen Handelsgerichts. Sie wird jährlich aktualisiert. Aufnahme in diese Listen finden nur Rechtsanwälte mit besonderer Ausbildung und mit besonderen Fähigkeiten. Die konkrete Auswahlentscheidung erfolgt durch den Präsidenten des zuständigen Handelsgerichts.

4. Frankreich

Auch Frankreich unterwirft den Zugang zur Liste der Insolvenzverwalter strengen berufsständischen Voraussetzungen. So sieht das französische Recht vor, dass zum Insolvenzverwalter grundsätzlich nur bestellt werden kann, wer eine mehrjährige Vorbereitungszeit und eine anschließende staatliche Prüfung absolviert hat. Nur ein solcher staatlich geprüfter Insolvenzverwalter findet Zugang zu den nationalen Insolvenzverwalterlisten, aus denen die Verwalter ausgewählt werden.

---

24 Belgisches Konkursgesetz vom 8.8.1997.

5. USA

Auch in den USA erfolgt die Insolvenzverwalterauswahl letztlich aus Listen, die durch staatliche Amtsträger, nämlich die „United States Trustees“ für bestimmte Regionen ausgewählt werden. Die Aufnahme in diese Listen ist durch Verwaltungsvorschriften detailliert geregelt[25]. Die Auswahl gelisteter Insolvenzverwalter für das konkrete Verfahren erfolgt in einigen Bundesstaaten durch Zufallsauswahl, auch durch den Einsatz von Computern[26].

6. Österreich

In Österreich ist durch die Insolvenzrechts-Novelle 2002 ein neuer Modus der Verwalterauswahl und -bestellung eingeführt worden[27]. Bewerber um das Amt des Insolvenzverwalters können sich in eine allgemein zugängliche Internetliste unter Angabe ihrer Ausbildung, ihrer Berufslaufbahn, ihrer Erfahrung als Insolvenzverwalter und der Organisation ihres Büros[28] eintragen. Das Gericht wählt den Verwalter für das anstehende Verfahren aus dieser Liste aus.

7. Niederlande

Obwohl es in den Niederlanden keine gesetzlichen Vorgaben für ein Listensystem gibt, haben sich doch berufsständische Listen herausgebildet. Diese Listen werden gebildet von den Mitgliedern der Niederländischen Vereinigung der Insolvenzanwälte. Aufnahme in diese Vereinigung finden nur Rechtsanwälte mit 7-jähriger Zulassung und dem Nachweis, mindestens 400 Stunden im Jahr in Insolvenzsachen gearbeitet zu haben. Zudem müssen sie ein von der Vereinigung der Insolvenzanwälte durchgeführtes Examen im Insolvenzrecht bestanden haben. Obwohl es sich bei der Liste der Vereinigung der Insolvenzanwälte lediglich um eine private Liste handelt, wählen die Gerichte ihre Verwalter bevorzugt aus dieser Liste aus. Grund dafür ist der hohe Qualitätsstandard und der gute Ruf der Mitlieder dieser Vereinigung.

8. Slowakei

Die Slowakei kennt Insolvenzverwalterlisten, deren Eintragungen durch Rechtsverordnung geregelt sind. Die Auswahl der Insolvenzverwalter erfolgt allein aus dieser Liste nach der Reihenfolge der Eintragungen[29], so dass der jeweilige Konkursrichter sich vor der Bestellung Gewissheit darüber verschaffen muss, welcher Verwalter aus der Liste als letzter berufen worden war[30].

---

25 Code of Federal Regulation (C. F. R., Abschnitt 58).
26 Bund-Länder-Arbeitsgruppe „Insolvenzrecht“, aaO (Fn. 1), S. 43.
27 *Mohr*, ZIK 2001, 114 ff.
28 *Mohr*, ZIK 2001, 115.
29 §§ 1, 2 der RVO des Justizministeriums Nr. 389/2002 i. V. m. § 11 RVO 493/1991.
30 *Paulina Pacherova/Jens Lowitzsch*, in: J. Lowitzsch, Das Insolvenzrecht Mittel- und Osteuropas, 2004, S. 239 f.

9. Polen

Eine Liste der Insolvenzverwalter mit bestimmten Qualifikationen kennt Polen.

Eine gesetzliche Regelung über die Qualifikation des Verwalters ist vorgesehen. Verwalter können Personen und Handelsgesellschaften werden, die im Besitz einer entsprechenden Lizenz sind[31].

10. Russland

Eine Kombination von Qualitätsanforderungen, verbunden mit einem Vorschlagsrecht der Standesorganisation und einem Ablehnungsrecht des Schuldners und der Gläubiger kennt Russland.

Bereits mit dem Insolvenzantrag hat der Antragsteller die selbstregulierende Organisation ähnlich einer Rechtsanwaltskammer zu benennen, deren Mitglied als Verwalter bestellt werden soll, Art. 37 Ziff. 2 Abs. 10, Art. 39 Ziff. 3 Abs. 10 InsG. Der Gläubiger darf in seinem Antrag zudem spezifische Anforderungen benennen, die für die Bestellung als Verwalter ausschlaggebend sein sollten, Art. 23 Ziff. 1 InsG. Das Gericht übermittelt der benannten berufständischen Kammer den Insolvenzantrag mit den Anforderungen an den Verwalter. Binnen fünf Tagen legt die Kammer eine Liste mit drei geeigneten Kandidaten vor, aus der Vertreter der Gläubiger und der Schuldner jeweils einen Kandidaten wieder streichen können. Den Verbliebenen soll das Wirtschaftsgericht zum Insolvenzverwalter ernennen[32].

11. England

In England schließlich unterliegt die Auswahl des Insolvenzverwalters weitgehend der Gläubigerautonomie. Die Bestellung des Verwalters kann im Einzelfall durch Sicherungsgläubiger erfolgen. Einschränkend ist normiert, dass in Unternehmensinsolvenzen nur Personen Insolvenzverwalter sein dürfen, die hierzu befähigt sind. Ein Tätigwerden als Insolvenzverwalter ohne diese Befähigung wird als Straftat gewertet[33].

12. Folgerungen

Dieser kurze Überblick macht deutlich, dass zwar in wichtigen Rechtskulturen Listensysteme bei der Auswahl von Insolvenzverwaltern in unterschiedlichsten Ausgestaltungen anzutreffen sind. In den beschriebenen Unterschieden wird m. E. aber zugleich die Hilflosigkeit deutlich, die zum Aufstellen solcher Insolvenzverwalterlisten geführt hat.

Schutz vor richterlicher Willkür, ein Streben nach gerechter Verteilung der Pfründe, die Sicherung vermeintlicher Qualitätsstandards und das Streben nach einer

---

31 *Lowitzsch,* Das Insolvenzrecht Mittel- und Osteuropas, 2004, S. 147.
32 *Natalia Spitzer,* in: J. Lowitzsch, Das Insolvenzrecht Mittel- und Osteuropas, S. 204 f.
33 § 389 Insolvency Act, zitiert nach Bund-Länder-Arbeitsgruppe „Insolvenzrecht", aaO (Fn. 1), S. 48.

von jeglichen Einflüssen freien Verwalterauswahl sind zu erkennen. Aber jedes noch so ausgefeilte, in allen Details sogar gesetzlich festgelegte Listensystem wirkt sinnentleert, wenn nicht zugleich die Frage beantwortet wird, zu wessen Schutz und Nutzen denn die Verwalterauswahl erfolgen soll. Das gilt auch für das von *Kleine-Cosack, Holzer* und *Prütting* vorgeschlagene Listensystem mit zwei Abteilungen und der Verpflichtung zur Auswahl nach Listenplatz[34]. Sicher kann nicht das Wohl der Verwalter und, um es mit *Smid*[35] zu sagen, die gerechte Besetzung vakanter Stellen mit Verwaltern ausschlaggebend sein. In allen Fällen der Insolvenz des Schuldners führt diese zu erheblichen Forderungsausfällen bei den Gläubigern. Sie tragen das Risiko für das geschäftliche Versagen des Schuldners. Die Gläubiger verdienen deshalb Schutz, zu ihrem Nutzen ist die Vermögenslage des Schuldners zu sichern. Auch der Unternehmenserhalt soll nicht das Vermögen des Schuldners schützen und dieses ihm erhalten. Den Gläubigern muss deshalb ein wesentlicher Einfluss auch auf die Verwalterauswahl zugebilligt werden.

Das gilt insbesondere nach der deutschen Insolvenzordnung, denn welcher Sinn ist einem Listensystem zu geben, wenn die erste Gläubigerversammlung nach Eröffnung des Verfahrens nach § 57 InsO eine andere Person als Verwalter wählen kann. Allein die individuelle Eignung des zu bestellenden Verwalters für das anstehende Verfahren kann das entscheidende Kriterium für die Bestellung sein. Ob der mögliche Verwalter diese Eignung besitzt, können am ehesten diejenigen beurteilen, die mit ihrem Wohl und Wehe von ihm abhängen: das sind die Gläubiger. Zu Recht stellt deshalb das Bundesverfassungsgericht fest, dass das Gläubigerinteresse in die Eignungsbewertung durch den Insolvenzrichter eingehen muss[36].

V. Gläubigereinfluss auf den Verfahrensgang

Das Insolvenzgericht hat nach § 5 InsO von Amts wegen alle Umstände zu ermitteln, die für das Insolvenzverfahren von Bedeutung sind. Es kann dazu gemäß § 5 Abs. 1 InsO auch Sachverständige einschalten und vernehmen. Der Einsatz eines solchen isolierten Sachverständigen[37] ist in vielen Fällen nicht nur möglich, sondern unter Beachtung des Verhältnismäßigkeitsgrundsatzes vor dem Ergreifen weiterer Sicherungsmaßnahmen auch geboten. Als weitere Sicherungsmaßnahme käme die Beauftragung eines vorläufigen Verwalters in Betracht, den das Gericht nach §§ 21, 22 Abs. 3, 22 Abs. 1 Nr. 3 InsO zugleich auch als Sachverständigen einsetzen könnte[38].

---

34 Die Bestellung des Insolvenzverwalters, Stellungnahme erstellt in Zusammenarbeit mit dem Gravenbrucher Kreis, 67 f.; dazu die ablehnende Stellungnahme einiger Mitglieder des Gravenbrucher Kreises, ZInsO 2001, 652.

35 *Smid*, aaO (Fn. 8), S. 494.

36 BVerfG v. 3.8.2004, aaO (Fn. 5), III 1 a) cc).

37 *Wessel*, Der Sachverständige im Insolvenzeröffnungsverfahren nach § 5 InsO, DZWIR 1999, 230, 231.

38 *Smid*, Erste Erfahrungen mit dem Insolvenzeröffnungsverfahren nach den §§ 21 ff. InsO, DZWIR 1999, 104, 106; *Uhlenbruck*, InsO, § 5 Rdn. 10.

Setzt das Gericht zunächst zur Ermittlung allein einen *Sachverständigen* ein, so finden über § 4 InsO die allgemeinen Regeln der §§ 402ff. ZPO entsprechende Anwendung[39]. Gemäß § 404 Abs. 3 ZPO stünde der Anfrage des Gerichts an die Beteiligten, wer als geeigneter Sachverständiger in Frage kommt, also grundsätzlich von Rechts wegen nichts entgegen[40], wenn auch nicht verkannt werden soll, dass die Rechtsstellung des Sachverständigen im Eröffnungsverfahren von derjenigen des Sachverständigen im Zivilprozess abweicht, denn das Insolvenzverfahren ist kein Parteiverfahren, sondern wird vom Grundsatz der Amtsermittlung getragen. Ob wegen der Eilbedürftigkeit der Entscheidung eine Anhörung der Beteiligten überhaupt sinnvoll ist, muss der Einzelfall zeigen.

Eine besondere Qualität erhält die Beauftragung des Sachverständigen dadurch, dass das Insolvenzgericht regelmäßig diesen im weiteren Verlauf des Verfahrens auch als vorläufigen *Verwalter* und später auch als Verwalter in dem konkreten Insolvenzverfahren einsetzen wird. Richtig ist es deshalb, insoweit von einer einheitlichen Auswahlentscheidung zu sprechen, die von wenigen Ausnahmen abgesehen für die gesamte Verfahrensdauer gültig bleibt[41].

Der Einfluss insbesondere der Gläubiger auf Verfahren der Zwangsvollstreckung, zu dem letztlich ja auch das Insolvenzverfahren gehört, ist auch im *Zwangsversteigungsgesetz* anerkannt. Dort sieht das Gesetz in § 150a ZVG ein Vorschlagsrecht bestimmter Institutionen im Hinblick auf die Person des Verwalters vor.

Schließlich hat der Gesetzgeber durch das Institut der *Eigenverwaltung* nicht nur die Rechtsposition des Schuldners bei der Abwicklung seines eigenen Insolvenzverfahrens gestärkt, sondern auch die gerichtliche Auswahlentscheidung den Interessen der Beteiligten geöffnet. Durch den vermehrt zu beobachtenden Austausch der Unternehmensvorstände vor Beantragung der Insolvenz durch anerkannte Insolvenzverwalter und dem nachfolgenden Antrag auf Eigenverwaltung wird die Auswahlentscheidung des Gerichts nicht unterlaufen oder aufgeweicht[42], sondern die Beteiligten nutzen allein ihre gesetzlich anerkannten Einflussmöglichkeiten auf das Insolvenzverfahren[43].

Dem will das „Detmolder Modell“ zur Auswahl des Insolvenzverwalters“ gerecht werden.

---

39 *Uhlenbruck*, aaO (Fn. 30), § 5 Rdn. 12; a. A. *Wessel*, aaO (Fn. 29), S. 231.

40 *Smid*, aaO (Fn. 8), S. 497, hält eine Anhörung der Gläubiger wegen Art. 103 Abs. 1 GG für geboten; eingehend unter Berücksichtigung der Rechtsprechung des Bundesverfassungsgerichts *ders.*, DZWIR 2004, 359.

41 *Mönning*, Die Auswahl des Verwalters als Problem der Qualitätssicherung, Kölner Schrift zur Insolvenzordnung, 2. Aufl., 375, 378; *Wessel*, aaO (Fn.), S. 231 spricht deshalb von der Funktion des Sachverständigen, die nicht statisch, sondern dynamisch sei.

42 *Schmahl*, Beschluss zu Babcock Borsig, ZIP 2002, 1636ff.

43 *Braun*, Zwei Insolvenzverwalter in der Eigenverwaltung, NZI 2003, 588, 589.

VI. Interessenkollision und Auswahlentscheidung

Grenze jeden anerkennenswerten Einflusses auf das Insolvenzverfahren ist die Unabhängigkeit des zu bestellenden Verwalters vom Schuldner und von dessen Gläubigern[44].

Auch wenn eine ausdrückliche gesetzliche Bestimmung über die Ausschließung oder Befangenheit des Insolvenzverwalters in der Insolvenzordnung fehlt, so ist der Verwalter dennoch verpflichtet, von sich aus dem Insolvenzgericht rechtzeitig einen Sachverhalt anzuzeigen, der bei unvoreingenommener, lebensnaher Betrachtungsweise die ernstliche Besorgnis rechtfertigen könnte, dass er, der Verwalter, an seiner Amtsführung verhindert ist[45].

Auch nach dem Verhaltenskodex der Mitglieder des Arbeitskreises der Insolvenzverwalter Deutschland e.V. hat der mögliche Verwalter die Übernahme jeglicher Tätigkeit in einem Insolvenzverfahren abzulehnen, wenn Gründe der Befangenheit vorliegen.

Es besteht mithin kein Anlass, aus diesen Gründen dem Schuldner und den Gläubigern jeden Einfluss auf das Auswahlverfahren des Gerichts zu verweigern.

VII. Das „Detmolder Modell“ zur Auswahl des Insolvenzverwalters – Ein Kooperations- und Konsensmodell

Die Bund-Länder-Arbeitsgruppe „Insolvenzrecht“ hat in ihrem Abschlussbericht zur 73. Konferenz der Justizminister in Weimar vorgeschlagen, § 56 Abs. 1 InsO klarstellend so zu fassen, dass die Auswahl des Insolvenzverwalters aus dem Kreis *aller* zur Übernahme von Insolvenzverwaltungen bereiten Bewerber zu erfolgen hat[46]. Die Konferenz der Bundesjustizminister hat diesen Vorschlag am 12.6.2002 einstimmig angenommen und damit zu erkennen gegeben, dass sie jede schematische Verwalterauswahl ablehnt[47]. In diesem Sinne ist auch die Entscheidung des Bundesverfassungsgerichts vom 3.8.2004 zu verstehen. Auch wenn nach dieser Entscheidung allen potentiellen Bewerbern um das Amt des Insolvenzverwalters eine faire Chance auf Beschäftigung durch das Insolvenzgericht einzuräumen ist, so ist dennoch nicht die gleichmäßige Verteilung von Erwerbschancen potentieller Verwalter, sondern allein die wirkungsvolle Insolvenzverwaltung Ziel des Insolvenzverfahrens.

---

44 *Prütting*, Die Unabhängigkeit des Insolvenzverwalters, ZIP 2002, 1965 ff.

45 BGH, NJW 1991, 982, 985; *Frind*, Neue Gefahren für die Unabhängigkeit des Insolvenzverwalters, ZInsO 2002, 745, 749.

46 Bund-Länder-Arbeitsgruppe „Insolvenzrecht“, aaO (Fn. 1), S. 54; *Graf-Schlicker/Remmert*, ZInsO 2002, 563 ff.

47 *Frind*, aaO (Fn. 37), 745.

Wegen der Fernwirkungen, die schon die Auswahl des Sachverständigen oder die des vorläufigen Insolvenzverwalters auf das weitere Verfahren hat, muss bereits im Vorfeld des Eröffnungsbeschlusses[48] ein Verfahren gefunden werden, das geeignet ist, diese Zielvorgabe zu erfüllen und das Anforderungsprofil an den möglichen Verwalter nach § 56 Abs. 1 InsO für das konkrete Insolvenzverfahren zu ermitteln. Ob ein Verwalter bzw. vorläufiger Verwalter für das Verfahren der Richtige ist, können – dieses ist bereits oben näher ausgeführt worden – am besten diejenigen beurteilen, die mit ihrem Wohl und Wehe von dem zukünftigen Verwalter abhängen: nämlich die Gläubiger.

§ 5 Abs. 2 InsO stellt es dem Insolvenzgericht frei, seine Entscheidung aufgrund mündlicher Verhandlung zu treffen. Verhandeln heißt aber auch Anhören der Beteiligten.

Das „Detmolder Modell" versucht, diese Möglichkeit auch bei der Verwalterauswahl auszuschöpfen.

Die mündliche Verhandlung bietet die Möglichkeit des Informationsaustausches und vertieft das gegenseitige Vertrauen der Beteiligten in das nur gemeinsam zu erreichende Ziel der Unternehmenssanierung und verbunden damit, der gemeinschaftlichen Gläubigerbefriedigung. Zugleich können die Anforderungen erörtert werden, die an die Person des zukünftigen Verwalters zu stellen sind. Der Zugang zum Verwalteramt wird damit nicht von den Zufälligkeiten der Bekanntheit eines Insolvenzbüros oder der Bekanntschaft zwischen potentiellen Insolvenzverwaltern, Richtern und Rechtspflegern abhängen[49], sondern hängt ab allein von der Geeignetheit für das konkrete Verfahren.

Der mögliche *Einwand*, im Zeitpunkt der Antragstellung seien dem Insolvenzgericht die Gläubiger, die das Gericht zur Verwalterauswahl anhören könnte, noch gar nicht bekannt, trifft nicht wirklich.

Hat das Gericht bereits im Vorfeld seine grundsätzliche Bereitschaft zur Anhörung der Gläubiger und gar zur Durchführung einer mündlichen Verhandlung signalisiert, kommen, das zeigt die Praxis, die das Verfahren bestimmenden Gläubiger frühzeitig mit der Bitte um Anhörung auf das Gericht zu.

In Insolvenzverfahren von größerer Bedeutung und Gewicht kommt es im Vorfeld der Insolvenz regelmäßig zu letzten Sanierungsrunden, in denen versucht wird, noch eine Lösung ohne Insolvenzverfahren zu erzielen. Hier finden sich Schuldner und die Gläubiger zusammen, die auch für ein zukünftiges Insolvenzverfahren bestimmend sind. Neben den Hausbanken des Schuldners werden in diesen Sanierungsrunden Vertreter des Betriebsrates als Vertreter der Arbeitnehmer, Gewerkschaftsvertreter, die Kreditversicherer und mögliche zukünftige Poolvertreter neben Vertretern staatlicher Bürgschaftsstellen anwesend sein. Aus diesem Kreis heraus wird die Kontaktaufnahme zum Insolvenzgericht erfolgen können.

---

48 *Smid*, aaO (Fn. 8), S. 485, 496.
49 BVerfG v. 3.8.2004, aaO (Fn. 5), III 2 b).

Gerade Großverfahren, die *Frind* schon wegen des Eilcharakters der Insolvenzverfahren für jede Gläubigerbeteiligung für unzugänglich hält[50], bieten über die Sanierungsrunden unmittelbaren Zugriff auf die das Verfahren bestimmenden Gläubiger. Unmittelbare Terminsbestimmung mit telefonischer Ladung der Beteiligten kann nach Kontaktaufnahme mit dem Gericht erfolgen. Dem Gebot der Eilentscheidung ist so ohne Weiteres genügt.

In Verfahren von geringerer Bedeutung, denen Sanierungsrunden nicht vorausgehen, kann das Gericht, falls es eine Anhörung der Gläubiger für geboten erachtet, dem Sachverständigen aufgeben, vorab einen groben Überblick über die möglichen Gläubiger zu erstellen[51]. Diese Gläubiger könnte das Gericht zur Verwalterauswahl anhören.

Ziel dieser gerichtlichen Anhörung, die man vielleicht auch als unechte Mediation bezeichnen könnte, ist es, den:

- am besten geeigneten,
- allseits gewünschten,
- unabhängigen und ohne Interessenkollision handelnden,
- sofort verfügbaren Verwalter bzw. vorläufigen Verwalter

für das Verfahren zu finden.

Bereits die Aussicht, einen Konsens über die Person des einzusetzenden Verwalters zu finden, rechtfertigt das beschriebene Verfahren.

Trifft im Unternehmen ein Verwalter ein, der dem übereinstimmenden Wunsch der Gläubiger und der Vertreter der Arbeitnehmer entspricht, stehen diesem nicht nur alle Türen offen. Sondern die durch das Insolvenzverfahren besonders psychisch belasteten Arbeitnehmer werden wieder motiviert. Ihre Arbeit wird nicht mehr darin bestehen, Ausschuss, sondern gut verkäufliche Ware zu produzieren.

Gelingt es nicht, in diesem Gerichtstermin einen Konsens zu finden, hat das „Detmolder Modell“ dennoch gegenüber der einsamen Schreibtischentscheidung nicht zu unterschätzende Vorteile. Die Beteiligten erfahren durch die mündliche Verhandlung, dass der Insolvenzrichter seine wohl wichtigste Entscheidung in dem Insolvenzverfahren mit großem Einsatz und mit großer Sorge um das Verfahrensziel der bestmöglichen Insolvenzverwaltung getroffen hat. Dass weder Festlegungen im Vorauswahlverfahren, noch die Sicherung von Pfründen ausschlaggebend waren. Dass nicht – noch andere – sachfremde Kriterien die gerichtliche Entscheidung bestimmt haben, sondern allein die Eignung als Insolvenzverwalter bzw. zunächst als vorläufiger Insolvenzverwalter für das konkrete Insolvenzverfahren. Insoweit entspricht das „Detmolder Modell“ der Verwalterauswahl in vollem Umfang den Vorgaben des Bundesverfassungsgerichts.

---

50 *Frind*, Die Bestellung des Insolvenzverwalters, DZWIR 2001, 497, 498.
51 *Smid*, aaO (Fn. 8), S. 497.

Die Scheu, ja vielleicht Abscheu vieler Kollegen, sich in dieser Weise den berechtigten Gläubigerinteressen zu öffnen, ist unbegründet.

Die Kontaktaufnahme mit den Gläubigern ist in den meisten Fällen sinnvoll, nicht nur weil der Insolvenzverwalter ohnehin später mit den Gläubigern zusammenarbeiten muss, sondern auch weil er von ihnen bereits in der ersten Gläubigerversammlung wieder abgewählt werden könnte[52].

Schutz vor unrechtmäßiger Einflussnahme der Gläubiger auf das Verfahren bietet nicht nur die Anwesenheit der Vertreter unterschiedlichster Interessen im Anhörungstermin, sondern bereits die richterliche Unabhängigkeit selbst.

Nicht zu überhören sind die Klagen der Insolvenzpraktiker über fehlende gerichtlich begleitete Krisenbewältigung im Insolvenzfall und die damit nicht selten verbundenen Verluste für die Sanierungsfähigkeit der betroffenen Unternehmen.

Offenbar fühlen sich zurzeit deutsche Unternehmen in anderen Mitgliedsstaaten der Europäischen Union besser aufgehoben als hier, wenn eine Insolvenz droht oder zumindest diese nicht ausgeschlossen werden kann.

So haben angeblich Unternehmen wie Schefenacker und die Hans Brochier GmbH & Co KG ihren Sitz nach London verlegt, um von den dortigen Insolvenzregeln profitieren zu können.

Als bei Brochier der Insolvenzfall tatsächlich eintrat, füllte das Unternehmen eine Art Formblatt aus, benannte einen Administrator und legte dieses dem High Court of Justice in London vor, der daraufhin das Verfahren auch eröffnete und den benannten Administrator bestätigte. – Das war's! –

Offensichtlich besteht ein Bedürfnis dafür, mehr Einfluss auf die Auswahl des Insolvenzverwalters nehmen zu können. Gewünscht wird sowohl aus der Sicht der betroffenen Unternehmen, als auch aus der Sicht der Gläubiger, durch Planbarkeit des Verfahrens mehr Effizienz erreichen zu können. Möglich ist dieses durch Kooperation und Konsens mit dem angerufenen Insolvenzgericht und nicht durch Konfrontation des jeweiligen Insolvenzrichters mit den anderen Beteiligten.

Leider halten auch heute noch viele deutsche Insolvenzrichter eine Person als Verwalter in einem Insolvenzverfahren bereits dann nicht mehr für einsetzbar, wenn diese Person von Schuldner- oder Gläubigerseite benannt wurde. Sie nennen es bildlich: Diese Person sei nun verbrannt.

Aus Gläubiger- und Schuldnersicht wird dagegen dem englischen Insolvenzrecht hohe Flexibilität attestiert, verbunden mit dem primären Zweck der Förderung des Unternehmergeistes. Das deutsche Insolvenzrecht wird nur als Vollstreckungsrecht zwecks gemeinschaftlicher Gläubigerbefriedigung gesehen, jeder Planbarkeit und auch berechtigten Wünschen zum Verfahrensablauf verschlossen.

---

52 Die Bund-Länder-Arbeitsgruppe „Insolvenzrecht" befürwortet das „Detmolder Modell" und spricht insoweit von einem runden Tisch, aaO (Fn. 1), S. 52.

Dem muss nicht so sein. Auch die deutsche Insolvenzordnung erlaubt es, den Unternehmergeist zu unterstützen und das Verfahren zur Förderung von Sanierungsoptionen nutzbar zu machen, wenn es denn dem nach § 1 InsO erklärten Ziel, das Unternehmen zu erhalten, dient.

Das „Detmolder Modell“ bietet sowohl dem schuldnerischen Unternehmen, als auch den Gläubigern, wozu auch die Arbeitnehmer mit ihren Vertretern gehören, die Möglichkeit, sich an das Insolvenzgericht mit der Bitte der Anhörung zum weiteren Gang des Verfahrens, insbesondere zur Auswahl des Verwalters, zu wenden.

Um Forderungen nicht in vollem Umfang abschreiben zu müssen, haben insbesondere die Gläubiger ein gesteigertes Interesse an einer optimalen Insolvenzverwaltung. Aber wie, unter Anwendung welcher Verfahrensgrundsätze kann dieses Interesse den ihm gebührenden Platz einnehmen? Im Vorwort zum Hamburger Kommentar zum Insolvenzrecht heißt es zutreffend: „Es sollte ... ein besonderes Augenmerk auf das Spannungsverhältnis zwischen rechtlichen Vorgaben einerseits und Gesichtspunkten wirtschaftlicher Effizienz andererseits gerichtet werden. Recht und wirtschaftliche Effizienz sind dabei nicht als Gegensatz, sondern als gleichberechtigte Parameter bei der Weiterentwicklung des Insolvenzrechts zu verstehen“[53]. Dem ist in vollem Umfang zuzustimmen.

Auch wenn die Auswahl des Verwalters der wichtigste Beitrag des Richters im Insolvenzverfahren ist, so fehlen ihm bei der Auswahl des vorläufigen Verwalters allein nach Aktenlage die für seine Entscheidung notwendigen Informationen. Er wird sie nur durch Kommunikation mit den Beteiligten des Insolvenzverfahrens von diesen bekommen können.

Entscheidend muss sein, den für das jeweilige konkrete Insolvenzverfahren besten Verwalter zu finden, der in der Lage ist, die Forderungen der Gläubiger im größten Umfang zu befriedigen und die nachgeordneten Insolvenzziele wie den Unternehmenserhalt und die Sicherung von Arbeitsplätzen zu verwirklichen. Ob der in Frage kommende Verwalter diese Eignung besitzt, können am ehesten diejenigen beurteilen, die mit ihrem Wohl und Wehe von ihm abhängen: Das sind die Gläubiger, die Arbeitnehmer und die Unternehmensvertreter.

In dem „Detmolder Modell“ als Kommunikations- und Konsensmodell ist ein Ansatz gefunden worden, der die berechtigten Interessen von Schuldnern und Gläubigern bereits im Eröffnungsverfahren den ihnen gebührenden Platz einräumt.

Wenn wir die in § 1 InsO aufgezeigten Ziele des Insolvenzverfahrens ernst nehmen, muss das Insolvenzgericht auch Anregungen aus dem Kreis der Gläubiger, der Gewerkschaften, der Betriebsräte und der Geschäftsführung gegenüber offen sein. Es ist sicher fehlerhaft, Anhörungs- oder Vorschlagsrechte von Beteiligten zu verneinen, weil sie erst im eröffneten Verfahren die Stellung von Insolvenzgläubi-

---

53 Hamburger Kommentar Vorwort V.

gern erlangen können[54], denn bereits der zulässige Insolvenzantrag löst die Amtsermittlungspflicht aus, deren Bestandteil auch die Anhörung der Beteiligten ist.

Es ist auch nicht gerechtfertigt, den von den Beteiligten benannten möglichen Verwalter als „verbrannt“ zu bezeichnen, denn die beschriebene Einbeziehung aller Beteiligten im Auswahlverfahren ist ein hinreichendes Korrektiv hinsichtlich Befürchtungen, der auszuwählende Verwalter sei nicht unabhängig und er stehe unter dem Einfluss und in der Abhängigkeit zu den Großgläubigern[55].

Das heißt, keiner der Beteiligten sollte Scheu haben, sein Anliegen dem Insolvenzgericht vorzutragen. Berücksichtigung kann ihr Anliegen allerdings nur dann finden, wenn es nicht nur rechtzeitig vorgebracht wird, sondern wenn dem Gericht auch gleichzeitig die Beteiligten benannt werden, die das Verfahren wesentlich mitbestimmen.

Wird das Verfahren nach dem „Detmolder Modell“ geführt, müssen die Beteiligten keine Angst haben, dass ihnen als Verwalter eine „Pappnase“ vorgesetzt wird. Das Verfahren ist, angesichts der Beteiligung aller, auch nach dem deutschen Insolvenzrecht planbar. Einem Sanierungserfolg steht dann das Insolvenzgericht nicht entgegen. Einer Flucht über den Kanal nach England bedarf es deshalb nicht mehr.

So wie jeder Bewerber um das Amt des Insolvenzverwalters einen Anspruch auf eine faire Chance und damit auch auf eine sachgerechte Beurteilung seiner Befähigung und Eignung für kommende Insolvenzverfahren geltend machen kann, muss auch jeder Gläubiger ein durch seine Anhörung verstärktes Recht auf Verfahrensbeteiligung bei der Bestellung des vorläufigen Insolvenzverwalters haben. Dieses gilt um so eher, als der Gesetzgeber ihm ein Rechtsmittel gegen die Bestellung des vorläufigen Verwalters nicht gewährt.

Nur die frühzeitige und sachgerechte Kommunikation mit allen Beteiligten kann die Torpedierung des Verfahrens durch Rechtsmittel verhindern und die Beteiligten davor bewahren, dass sie am Ende des Verfahrens aufgrund falscher Sachbehandlung vor einem Scherbenhaufen stehen.

Zuletzt hat sich das „Detmolder Modell“ in dem Verfahren Schieder-Möbel, einem Unternehmen mit ca. 11.000 Mitarbeitern und mehr als 100 Töchtern bewährt. Um nicht in die Gefahr der Insolvenzverschleppung zu kommen, musste die Unternehmensgruppe Insolvenzantrag stellen. Zugleich waren jedoch die Beteiligten bemüht, durch die Gewährung weiterer Kredite ein Fortbestehen des Unternehmens zu ermöglichen. In der vom Gericht anberaumten mündlichen Verhandlung wurde sehr bald klar, das die Verhandlungen über weitere Kredite massiv gestört, wenn nicht gar torpediert worden wären, wenn das Insolvenzgericht zur Sicherung der zukünftigen Insolvenzmasse einen vorläufigen Insolvenzverwalter eingesetzt hätte. Grund dafür war, dass die englischen Großgläubiger in diesem Fall

54 So aber *Frind,* Hamburger Kommentar, § 56 Rn. 38.
55 Münchener Kommentar-*Gräber,* § 56 Rn. 95f.

bereits von der Eröffnung des Insolvenzverfahrens ausgegangen wären, denn eine der Eröffnung vorausgehende Prüfungsphase, so wie wir sie kennen, ist dem englischen Insolvenzrecht fremd.

Die Bestellung eines Sachverständigen war deshalb die Lösung. Eine Entscheidung nach Aktenlage, so wie sie von vielen Insolvenzgerichten praktiziert wird, wäre dem nicht gerecht geworden. Die betroffenen Unternehmen konnten so ihre Insolvenzanträge nach erfolgreichen Verhandlungen mit den Kreditgebern zurücknehmen.

Das bereits 2004 konzipierte „Detmolder Modell“ ist ein Standortfaktor für ein flexibles Insolvenzrecht in Deutschland geworden, so dass es für eine Verlagerung deutscher Insolvenzen nach England immer weniger Gründe anzuführen gibt. Ein wichtiger Grund, dieses Modell in seiner ursprünglichen Konzeption hier noch einmal vorzustellen.

Stichwortverzeichnis

Stichwortverzeichnis

Bei Fragen zur Produktsicherheit wenden Sie sich bitte an:
If you have any questions regarding product safety,
please contact:

Walter de Gruyter GmbH
Genthiner Straße 13
10785 Berlin
productsafety@degruyterbrill.com